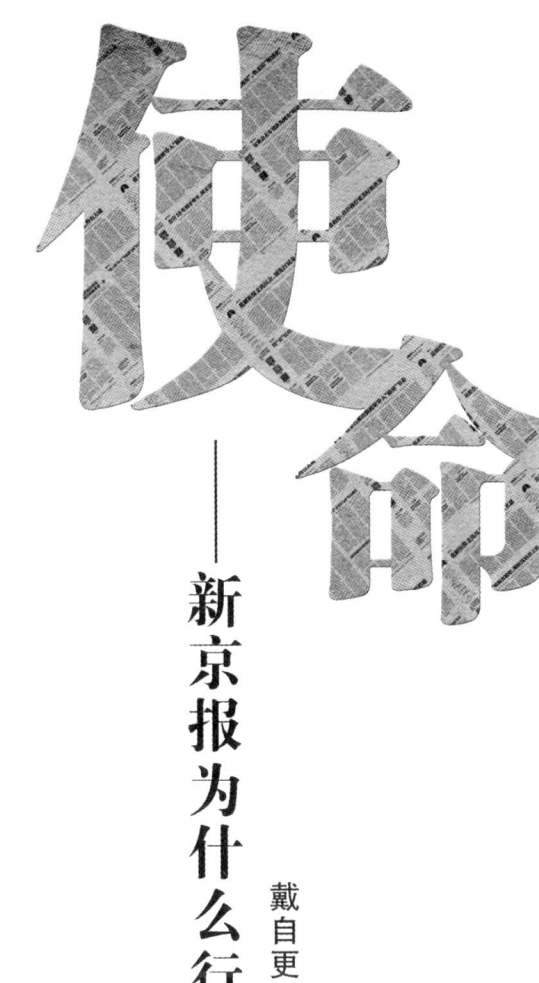

使命
—— 新京报为什么行？

戴自更 ◎ 主编

中央编译出版社
Central Compilation & Translation Press

图书在版编目 (CIP) 数据

使命：新京报为什么行？ ／ 戴自更主编 . —北京：中央编译出版社，2017.2
ISBN 978-7-5117-3248-4

I.①使… II.①戴… III.①报社－新闻工作－工作经验－北京
IV.① G219.241

中国版本图书馆 CIP 数据核字 (2016) 第 323494 号

使命：新京报为什么行？

出 版 人：葛海彦	
出版统筹：贾宇琰	
责任编辑：王丽芳	
责任印制：尹 珺	
出版发行：中央编译出版社	
地　　址：北京西城区车公庄大街乙 5 号鸿儒大厦 B 座 (100044)	
电　　话：(010) 52612345（总编室）	(010) 52612349（编辑室）
(010) 52612316（发行部）	(010) 52612317（网络销售）
(010) 52612346（馆配部）	(010) 55626985（读者服务部）
传　　真：(010) 66515838	
经　　销：全国新华书店	
印　　刷：北京紫瑞利印刷有限公司	
开　　本：787 毫米 ×1092 毫米　1/16	
字　　数：310 千字	
印　　张：22.75	
版　　次：2017 年 2 月第 1 版第 1 次印刷	
定　　价：58.00 元	
网　　址：www.cctphome.com	**邮　　箱**：cctp@cctphome.com
新浪微博：@ 中央编译出版社	**微　　信**：中央编译出版社（ID：cctphome）
淘宝店铺：中央编译出版社直销店 (http://shop108367160.taobao.com)	

凡有印装质量问题，本社负责调换，电话：010-55626985

《新京报》13年：变的是形态，不变的是灵魂（代序）

戴自更

很多人都觉得寒冬已经来了，而我们还能在这里如约相聚，这是很温暖的一件事。大家知道，这些日子，已经不止一家报纸传出了难以熬过这个冬天的消息。所以，今天能如约在这里向大家报告《新京报》这一年的成绩，也是一件非常不容易的事。

《新京报》创刊这13年里，世界有了太多的变化，《新京报》也跟着在变。前不久，河北保定的一个孩子掉进了枯井，是《新京报》记者第一时间赶到了救援现场进行报道，而关心这则新闻的读者不必再等待次日的报纸，他只要打开手机，就可以看到《新京报》记者的现场直播——我们的记者在现场坚守了三天三夜。

即使10年前，我们也很难想象会有这样的一天：《新京报》的含义不再只是一张报纸，而是一个可以7×24小时、全方位、全媒体提供新闻资讯的内容平台。《新京报》现在到底是什么？确实很难定义，它是一份具有公信力的报纸，同时还有即时新闻、移动端，有强大的微信矩阵、快捷的新闻直播、可称之为"上帝之眼"的动新闻，甚至还有"寻找中国创客"系列品牌活动。《新京报》每天产生的300多条原创内容，就是以各种媒体形态和传播方式呈现的。以前我们只有几10万的报纸订户，现在标注着《新京报》出品的新闻资讯的阅读量每天有上亿，在几大门户网站和移动端，《新京报》的新闻点击率始终排在前列。

有一些朋友跟我表达过这种好奇。我回答说，《新京报》从来就不是一成不变的传统媒体。在 PC 时代，《新京报》就做了新闻客户端和数字报，到了移动互联网时代，我们又率先抢占了微信公众号、视频等资讯风口。我们一直像夸父逐日一样跟着时代在奔跑，一直贴近并探索这个时代需要什么样的媒体，而我们又能创建什么样的媒体。

与我们在内容制作方面的努力成正比的是，《新京报》的市场份额、阅读数据、经营业绩比例都在发生变化：今年以来，传统的报纸业务占业绩的比例已经在 60% 左右，而新媒体的收入正在大幅增长，比如与腾讯合作的大燕网的营收增加了一倍，报社的版权收入和新媒体广告也增加了一倍。需要强调的是，在一片寒冬中，在那些曾经号称领先一方的报纸面临亏损或者停刊命运的时候，《新京报》的传统业务依然保持稳定，有机构预测，2016 年报纸的广告下滑了 29%，而《新京报》1—10 月份的广告收入增加了 4.1%，预计今年的利润还能增长。

病树前头、沉舟侧畔，《新京报》为何能够做到"风景这边独好"？原因在于《新京报》一直在顺势而为，一直在改变自己，不仅是产品形态，还有传播方式。但是，我想告诉大家的是，其实《新京报》从来没有变过：它的灵魂、它的情怀、它的新闻专业主义，不仅没有变过，甚至连动摇都没有。

13 年来，《新京报》始终坚守社会责任。《新京报》的创办，不是为了参与粉饰，不是为了交换利益，而是为了践行当时中央提出的满足人民的知情权、参与权、表达权、监督权。13 年来，我们逼近真相，报道真相，传播真相，就是想承担起这份责任。我们没完没了地呐喊呼号，就是希望法治得以落实，公平正义惠及更多公民；我们希望通过自己的文字，重构向上的价值，让社会变得更加的美好进步。诚然，以当下媒体的地位，我们有很多不如意处。但媒体在，媒体人的责任就在，比如精卫填海，比如西西弗斯推石。因为责任的驱使，正如大家看到的那样，《新京报》的记者总是出现在离新闻最近的地方。

13年来,《新京报》始终保持媒体应有的尊严。我们立志办一份纯粹的媒体：不媚俗，不盲从，相信常识，相信公理，有独立自主的价值判断，这是《新京报》的灵魂。我们希望，即使再过10年、20年、甚至更长的时间，当我们重新翻看这份报纸，依然不会脸红，不用找借口来为自己辩护：我们不曾在利益和权势面前迷失，没有讲过违背良知的话，没有写过违背常识的报道，没有利用话语权做交易。我们始终保持对真相的敬畏，对个体权利的尊重，对平等自由价值的推崇，即使为此付出所谓的代价，也坚持大道直行，无怨无悔。我们相信，只要新闻有尊严，民众才有尊严，只要新闻有力，这个社会就会有力。

13年来，《新京报》始终坚持新闻专业主义。以《新京报》名义发表的各种报道、尤其是舆论监督报道成千上万。有人问为什么碰了这么多硬钉子，《新京报》依然能屹立不倒？就因为我们坚守真实客观的原则，按照新闻规律生产新闻产品，摒弃强加在新闻上的桎梏，是我们一以贯之的办报理念。13年来，《新京报》以专业的手段、专业的水准为读者提供了迅速而准确的报道，揭露了很多被重重隐瞒的事实真相。从汶川地震、天津大爆炸到邢台洪灾系列报道，从定州血案、新泰把上访者关进精神病院到周永康背后的利益关系调查，《新京报》体现的不仅是锐气，还有精湛的专业能力。负责报道一切，对报道的一切负责，这是我们创刊时的口号，支撑这个口号的，就是新闻专业主义。我不知道为何有人要攻击新闻专业主义，没有新闻专业主义，怎么构建媒体公信力呢？

13年来，《新京报》不曾改变的还有与时俱进的创新。《新京报》在时政新闻民生化、社会新闻深度化、新闻评论常态化、报纸版式主流化等方面做了卓有成效的探索，不仅被都市类媒体，也为很多党报所借鉴。在拓展新媒体产品方面，借助原创内容优势，与拥有强大渠道资源的互联网企业合作，创建了大燕网、"我们"视频、动新闻等新媒体产品。《新京报》微博有2300

万粉丝，微信矩阵有 500 万粉丝。一些门户负责人告诉我，《新京报》的内容原创能力，是目前国内媒体中最好的。如果谦虚一点，我觉得后面加个"之一"比较好。在这个喧嚣躁动、有个自媒体就自称王者的当下，我想说的是，自媒体有它的空间，但就是把所有的自媒体加在一起，也做不出如《新京报》对天津爆炸这样的全媒体报道，而这，正是《新京报》能够在这个沧海横流的互联网时代占有主流地位的根本原因。

变与不变，已经相伴《新京报》走过了 13 年，我想未来还会结伴而行。变，考验的是我们的勇气和智慧，不变，考验的是我们的信念和定力。如果能把"变与不变"处理好，《新京报》应该还会有更加美好的前程。

最后我有两点想要在此表达：第一，请大家相信《新京报》，这是一份有灵魂、有底线、有品质的报纸；相信《新京报》人，这是一群有担当、有情怀、有专业能力和职业精神的人，他们以前做得很好，未来会做得更好。

第二，深深地感谢大家。感谢主管部门给了《新京报》的理解和关怀，为《新京报》提供了成长的空间和发展的机会；感谢各位广告商和合作伙伴，没有你们的信任和支持，我们不可能走到今天；感谢《新京报》的读者，共同的价值观让我们走到一起，未来我们还会给你们带去更多的惊喜。

从一出生就风华正茂，到努力创建中国最好的原创内容平台，《新京报》走过了 13 年的道路。这一路走来，有喜有悲，有坎坷，也有坦途，有荆棘遍地，也有繁花似锦，有山重水尽，也有峰回路转，难能可贵的是我们在一直向前。我们心怀远方、日复一日的辛勤劳作，就是为了找到属于我们、也属于大家的东西，我们相信一定能够找到。

本文系 2016 年 11 月 11 日《新京报》13 周年答谢活动上的讲话，有删节

目 录

一　报业的第三条道路　>>>　001

责任感使我们出类拔萃　　　　　　　　　　　　　　002

《新京报》的定位和新型都市报的崛起　戴自更　　　006

新型时政类都市报的特点　戴自更　　　　　　　　　012

选择一条全新的报业之路　戴自更　　　　　　　　　019

我们在为历史打草稿　杨林　　　　　　　　　　　　027

媒体融合与创新经营　戴自更　　　　　　　　　　　032

最难的是坚持　朱学东　　　　　　　　　　　　　　038

创办《新京报》，回归常识　张寒　　　　　　　　　050

办一份有尊严的报纸　戴自更　　　　　　　　　　　055

西西弗斯的命运和《新京报》的使命　戴自更　　　　058

不要忘记我们为什么出发　朱柳笛　　　　　　　　　061

二　办一份进步的美好的报纸——坚守新闻专业主义　>>>　069

理　念

舆论监督是《新京报》人的职业自觉　戴自更　　　　070

纸媒的未来——坚守新闻专业主义精神　曹保印　赵勇力　076

内容是一，其余都是零　王跃春　083

奋斗、创新和执行力成就《新京报》　戴自更　086

以读者为中心，提高报纸的核心竞争力　戴自更　091

评　论

观点新闻的时代：都市报为什么要做评论　戴自更　095

《新京报》评论：困惑与坚守　王爱军　097

报　道

灾难报道，靠脚还是靠脑子　刘炳路　103

网络时代，深度报道的轻逸与沉重　张寒　109

《新京报》深度报道实践的观察与思考　高钢　114

时事新闻的坚守与突破之路　武云溥　123

副刊势微的时代，《新京报》书评周刊如何"任性"？　涂志刚　132

《新京报》为什么要创办《逝者》栏目　戴自更　135

视　觉

读图时代的机遇　戴自更　137

《新京报》的新闻可视化探索　书红　许英剑　140

《新京报》的视觉传播模式　何龙盛　151

最流行的报纸版式　戴自更　156

《新京报》的视觉传播探索与经验　吕艺　159

三　风景这边独好——影响力营销　　>>>　　167

面对寒冬，《新京报》如何凭借优势资源逆势而上　戴自更　168

关于行业事业部运作的实践和思考　戴自更　174

附：《新京报》经营的原则及影响力营销理念　戴自更　180

《新京报》房地产广告业绩如何逆势增长　张学冬　187

投征分离需要大胆和任性　杨曦微　　　　　　　　　　194

　　《新京报》广告经营特色　周媛媛　　　　　　　　　　200

　　从"中国好广告"看平面媒体的品牌传播　董妍　　　　206

　　一份报纸的"品牌探戈"——《新京报》品牌分析

　　　　张树庭　孔清溪　李若曦　　　　　　　　　　　　217

四　以蜕为进——转型进行时 >>>　　　　　　　　　229

　　《新京报》转型：路在何方？　王跃春　　　　　　　　230

《新京报》"+互联网"

　　大燕网对《新京报》是一种创新　靳秒　李阳　　　　233

《新京报》"+资本"

　　"寻找中国创客"一出生就风华正茂　李晨　　　　　　238

版权战略

　　为什么今天还要强调知识产权保护　戴自更　　　　　247

　　十问《新京报》版权策略　李晨　冯琪　　　　　　　252

　　报纸做成内容商，底气来自哪里？　陈昌凤　　　　　257

融合报道

　　"不创新，毋宁死"媒体融合发展模式下的《新京报》　李晨　264

　　《新京报》两会报道：一次全媒体运作的成功实战

　　　　胡杰　全昌连　祝炳琨　　　　　　　　　　　　　272

　　纸媒也玩视频直播！《新京报》在下一盘多大的棋？　李晨　283

自主产品

　　《新京报》联手腾讯，"我们"要做最好的移动端新闻视频　二维酱　290

　　《新京报》动新闻：希望成为转型的先锋　于陆　冯琪　297

　　"热门话题"的4.0时代　李晨　冯琪　于陆　　　　　302

　　时政公众号"政事儿"如何实现"弯道超车"？　马俊茂　308

　　《新京报》书评周刊微信是怎么炼成的　马培杰　　　312

五	我的纸里包着我的火——《新京报》企业文化	>>>	317
	论"持久战" 戴自更		318
	往事如歌 戴自更		324
	《新京报》人的十种气质 戴自更		327
	一张报纸的模样就是一群报人灵魂的样子 朱学东		330
	《新京报》的精神气质 范以锦		340

■ 后记	>>>	350

一 报业的第三条道路

责任感使我们出类拔萃

北京这些日子风风雨雨，天空没有想象中那么澄澈。但是，天安门依然巍峨耸立，长安街依然车水马龙，香山的红叶还是如期而至，潭柘寺的钟声还是照样悠扬。时间伟大得无法遏止，该来的总归要来。《新京报》一声嘹亮的啼哭，划破千年古都的沉静。历史开始了。

155年前，卡尔·马克思创办了《新莱茵报》。152年前，亨利·雷蒙创办了《纽约时报》。85年前，邵飘萍创办了《京报》。54年前，《光明日报》和《南方日报》诞生在新中国的拂晓和黎明。4个月前，"光明"和"南方"一见钟情。3个月前，"光明"和"南方"共偕连理。今天，2003年11月11日，冰雪消融，多云转晴，《新京报》在中国首都北京横空出世。

《新京报》是全国第一家得到国家新闻出版总署批准，具有合法地位和受法律保护的媒体集团跨地区经营管理的报纸。作为一个试点，《新京报》是中国新闻出版和文化体制改革取得的重要成果，是光明报人的新选择，南方报人的新起点，中国报人的新理想。《新京报》一小步，中国报业一大步。

由于历史上进步报人邵飘萍创办的《京报》曾经烛照过一个时代，我们这张《新京报》的创刊，被外界广泛解读为一次伟大的复刊行动。这实在是一个善意的、富有创造性的误解。我们不敢掠人之美。但是我们也不能数典忘祖。作为有理想的当代中国报人，不能只向国外报业巅峰仰望，更要向本国史上难能可贵的报业传统致敬。知识分子的良心，从来就是奠定报业大厦的基石；知识分子的风骨，从来就是支撑报业大厦的脊梁。历史上的《京报》如此,《新京报》也理应如此。对国家和人民利益的看护,对理性的呼唤,对权力的制衡,对本真的逼近,对美好的追求,对公义的捍卫,对丑恶的鞭挞——这是媒体的普世价值和终极价值,也是中国执政党共产党所倡导的价值,那就是"权为民所用,情为民所系,利为民所谋"。

有责任感的政治家都明白这样一个道理:报业乃是社会生态链条中不能薄弱、不可或缺的一环。社会生态链条中如果缺了报业这一环,就好像林子中没有了鸟唱,田野上没有了蛙鸣,屋子里没有了猫叫;一个地区报业兴旺发达与否,乃是判断这个地区社会生活质量的一项重要指标,有责任感的政治家总是善于从中领悟效忠国家、造福社会、服务人民的道理。

责任感总使一些人出类拔萃!《新京报》至高无上的责任就是忠诚看护党、国家和人民的最高利益。《新京报》的口号是:"负责报道一切。"《新京报》致力于对报道的新闻负责,一切新闻和一切责任。有责任报道一切新闻,追求新闻的终极价值和普世价值;更有责任对报道的新闻负一切责任,包括政治责任、经济责任、文化责任和社会责任。《新京报》遵守国家政治制度和法律法规,尊重社区道德风尚和审美情趣;在体制内行使媒体的权力,开展建设性的舆论监督;认同意识形态产品属性,奉行社会效益优先原则;树立理性新闻观念,探索客观报道模式,努力重组事件、再现事实、还原真相;宣传有正负之分,新闻有真假之辨;有不可以报道的真新闻,但不可以报道假新闻;遵守新闻道德,尊重新闻规律,追求新闻价值,讲究新闻方法。

《新京报》标徽为"圆形长城烽火台"。圆形,象征地球和眼球,象征观察世界,象征全球视野和国际眼光。长城,象征中国和北京,象征守土有责的媒体责任意识,象征对国家和人民的发展、富足和安宁负责,象征媒体要讲政治意识、大局意识和责任意识;烽火台,中国最古老的媒体和传播方式,中国传统特色中效率最高的传播方式,象征媒体终极价值和基本元素,象征媒体要发挥预警和监督的战斗性。凤凰形火炬,火炬象征光明,寓意光明日报报业集团；凤凰作为南中国的神鸟，寓意南方日报报业集团；火炬和凤凰所传达的指引、探路、尝试、先锋、新生等内涵，寓意《新京报》就像不断扩大光明范围的探照灯，成为照亮时间和空间的良心。

《新京报》标准字是天安门城墙色底方正大标宋字体加粗反白。《新京报》符号总是跟天安门城墙颜色出现在一起，时刻提醒《新京报》人和国内外读者：《新京报》有浓厚的北京特色和中国特色；方正大标宋字体，表达与国际接轨和借助科技进步的愿望；加粗反白，突出镂刻效果，增强视觉冲击，象征《新京报》要成为一块传世招牌。

《新京报》将积极参与全球报业竞争，融入国际主流社会，接轨世界资本通道，创报业最现代化的经管体制，建国家最职业化的报业团队，办北京地区最国际化的严肃报纸；坚持三贴近原则，贴近北京群众，贴近北京实际，贴近北京生活；扎根北京，报道北京，服务北京，越是北京的，就越是中国的，也越是世界的，北京化就是国际化，北京特色就是国际特色；咬定高端市场，吸引中端市场，团结低端市场，成为北京政治界、经济界、文化界和主流社会的首选和必读的报纸。

当今世界，每一座伟大的城市都和一张能够代表这个城市形象的伟大的报纸联系在一起。报纸是城市的形象、门面和口碑。报纸办得不好，城市的形象就受损，城市的门面就难看，城市的口碑就不好。报纸更是城市的心灵，报纸办得难看，城市就美中不足。一座城市的报纸办得好不好，直接影响城市的投资环境和国际竞争力。从吸引外资的角度，为了国民经济的发展，为了增强城市的国际竞争力，《新京报》一定要好好办，要办好。

《新京报》是一张高起点的日报。光明日报报业集团和南方日报报业集团强强联合，互利互补，资源共享，《新京报》的优势不言而喻，势头可想而知。两大党报集团精心栽下的不是一棵小苗，而是高耸入云的参天大树！由于营养充足、准备充分，《新京报》将成为一张完全可以省略成长经过的报纸，正像那句宣传口号说的那样，"《新京报》一出生就风华正茂"。

没有什么力量能够留得住时间。没有什么力量能够止得住《新京报》这辆呼啸而来的列车。经过一代又一代政治家报人的努力,《新京报》必将成为新世纪新北京有责任感和影响力的报纸,一张与大国首都地位相称的报纸,一张承载中国报人光荣与梦想的报纸。

本文系 2003 年 11 月 11 日《新京报》发刊词

《新京报》的定位和新型都市报的崛起

戴自更

都市报兴起于20世纪90年代,经过近10年的发展,特别是进入新世纪以后,面临的最大问题是:下面的路该怎么走?众所周知,都市报崛起的土壤是计划经济向市场经济过渡,传统党报和机关报由于体制原因,在市场化进程中明显滞后,这就为都市报的诞生和壮大提供了机遇,使它们在一夜之间,如雨后春笋般在中国涌现出来,特别是占据了在中国经济和政治生活中占主导地位的广大城市,让广大市民知道报纸不仅是宣传工具,也可以是他们生活中密切相关的、不可或缺的东西。都市报超常发展的轨迹告诉我们,媒体市场化的道路不仅是必然趋势,而且可以爆发出无限生机和活力,从《华西都市报》到《南方都市报》《京华时报》等,这些例子我们见得太多了。

但是任何事物的发展都与时代密切相关,就如同机关报的式微、晚报的停滞、周末类报纸日趋沉寂一样,都市报的发展也面临着严重的危机:都市报在很大程度上是由于与传统机关报的逆反才取得成功的,是在与传统社会秩序的对立中成长起来的,因此或多或少地带有攻击性和破坏性的特点,而随着社会秩序的日趋完善,特别是随着城市中产阶层的出现,渴望社会稳定的诉求将越来越强烈,报纸作为媒体的一种形态,其功能除了揭露和监督,更多的要向读者提供有用的资讯和阅读上的愉悦,舆论监督只是其中的一项功能，报纸作为社会公器，更应该重视社会秩序的建构。

传统机关报面临的一个致命问题，就是僵化、呆板，不讲宣传效果，其结果必然是经营亏本、市场萎缩、读者厌烦。我一直在光明日报工作，对这种情况10分了解。传统机关报按目前的势头，我想最后只能走公益性道路，由国家养起来。前些天，我和新闻出版总署几位参与具体政策制定的负责人交换意见，他们的态度也相当明确，传统党报的改革已经到了关键阶段，如果现在这样的大环境不变，只能从市场中退出。他们提出"四级办党报"的构想，就是把传统机关报变成公益性报纸。

而都市类报纸呢，由于崛起于草莽，本来就是"另类"，为了杀出一条血路，追求市场份额，往往会用"非常"手段，厉行炒作、煽情等，以"无序化"对抗按部就班，以"语不惊人死不休"对抗"八股文"，以强烈的视觉刺激对抗四平八稳，以"一切从市场出发"对抗"一切从政治出发"，这样的结果，当然是让广大被"政治挂帅"的传统机关报搞得毫无报刊阅读兴趣的城市市民眼前一亮，同时潜意识中的逆反心理，使得读者有了不切实际的阅读诉求，而都市报为了迎合他们，不得不趋向格调不高、低级趣味等。这正是现在许多都市报急需解决的问题。

如何让报纸找到一条全新的道路：既有传统都市报贴近读者、注重服务的特点，又能正确把握导向，讲究品位、格调；既重视社会新闻的报道，又注重时政新闻的报道；既有经济效益，又有社会效益？我们能不能把这两者结合起来？《新京报》就想做这方面的尝试，它是一份都市类报纸，但我们不希望它仅仅是传统意义上的都市报，它应该有全新的东西，应该更强调责任感、建设性、包容性。

第一，《新京报》和传统都市报不一样，更加关注时政类新闻。对于一些重大会议，重要领导人活动，传统都市报常常是忽略或回避的，但我们觉得国家的政治经济生活、重要的会议跟每个人都是有关系的，一份综合类日报不关注这些问题是明显的失责，关键是用什么样的报道角度。传统的机关报可能发新华社的通稿，配发评论员的文章，都是宏观的，至于这次事件和原来有哪些不同，哪些是新的，会出台那些具体政策，特别是跟普通人会有什么关系，一般不会涉及。

《新京报》很关注时政新闻，并尝试做得更加完善。创刊以来，我们相继用很大篇幅报道中央经济工作会议、宣传思想工作会议和人才工作会议。人才工作会议结束后，我们要求编辑部连续3天做头条报道，解读会议精神，指出会议与每个人发展和成功的关系，采访对象涉及决策者、专家、普通人等，还配发4篇评论，讨论目前制约人才工作的问题，力争把这个专题做全、做透。许多人打电话、写信说我们做得要比传统党报都好，主管部门也给予高度评价。如温家宝总理出访美国，我们不仅用了大量的篇幅从独特的视角进行报道，还连续配发评论阐述"中美关系"的现状和前景；再如萨达姆被捕，我们在两天间用了20多个版来做，是国内报道此问题最详尽、最深入的，当天的报纸零售量上升70%。关注国家的重大政治生活、经济生活应该是以后《新京报》的主攻方向。

第二，《新京报》和传统都市报不一样，更注重报纸的责任感和建设性。比如昨天重庆井喷事件，根据上级的意见，只能用新华社通稿，但是我们派出的记者在第一时间到了现场，我们决定做现场新闻，我们用了三个版报道这一事件，其中近一半内容是自己记者采写的。这尽管没有完全按上级的要求发稿，但是我们把握得好，没有出轨，只是比通稿多报道了医院抢救场面、当事人的回忆，采访了专家和主管部门的意见等，由于许多是独家报道，采访范围广，事件的立体感强了。但是我们的报道与一些媒体急于给事件发生原因下定论有区别，我们的工作是尽可能还原事件真相，这就是我们负责任的态度。

《新京报》提出一个口号，就是"负责报道一切"，有人觉得这个口号太大了，但这是我们的努力目标，是我们的办报理念，这有两层意思：一是"负责任地报道一切"，还有一层意思是"对报道的一切负责任"。我们非常注意避免传统都市报偏激的报道风格,提倡"客观、公正、有立场"。比如关于SARS后遗症的报道,开始没有接到上级有关部门的明确意见,在责任心的驱使下,我们做了报道。我们觉得有责任告诉全社会,经过SARS灾难的人们如今依然在忍受煎熬,这些人的痛苦应该得到关注。我们做这个报道并不是指责当时的治疗措施不对,相反,我们在言论中明确指出在当时情况下采取的抢救方法是完全正确的,现在出现了后遗症,这不是谁的责任,但是政府应该切实关注他们的痛苦,找出好的解决办法。我们因这篇报道招来不少麻烦,但这不能说我们错了,只能说明我们是一份负责任的报纸。还有我们前一段报道北京市献血、用血制度存在的问题,也有很多人加以阻挠,但我们还是报道了,各界的反响很好,我们提出了很多建设性的意见,告诉大家用什么样的办法改变现有的献血制度,北京市有关方面应该是满意的。这与传统都市报只重"破"、不管"立"有明显区别的,我们更在意事情的解决,是本着与人为善的态度的,说高一点,是有着人文底蕴的和人文关怀的。

《新京报》每天有两个版的时评,这是最直接体现我们办报想法的。我们强调"积极、稳健、有见地"的评论风格。我们提出时评的功能是:提供判断时事的方式方法,探索认知世界的角度,贡献解决问题的战略战术,不追求一锤定音;尊重读者的思想权利,培养读者的思想能力,保护读者的思想成果,不谋求话语霸权。我们是媒体从业人员,深知肩负的责任非常重大,如果随意使用自己的话语权恐怕后果不堪设想。《新京报》目前有两个版的言论,主要刊登社论、时评和来信,你可以对我们的报道、社论等提出严肃的或者非常尖锐的批评,只要言之有理,我们同样会刊登,我们希望与读者心心相印,希望建立真正的互动。我们还开设了一个"更正与说明栏",对前一天报上的事实错误、观点错误进行更正,这也显示我们是负责任的报纸。

第三,《新京报》和传统都市报不一样,更加注意倡导新闻的准确度和客观性。我们追求平实、克制、有品位的风格，主张把报道的重点放在重组事件过程上，严格避免炒作；在报道时决不搀杂主观的评判，不得肆意渲染和宣泄。我们要求所有的记者在写稿的时候不得掺杂个人感情在里面，只能让读者在阅读过程中去体会，这是我们反复要求记者的。我们的标题大家都看到，全部用标宋体，内文走六栏，不加任何修饰，宋体字一直是我们传统文化的载体，这样处理版面比较清新，比较秀气，不那么张扬。我们在做标题时特别强调平实，尽可能用陈述句，没有任何炒作的含义，有人可能会觉得我们太"素"，视觉冲击不够，但这是皮毛，真正的新闻是不必使用过多形容词的，学新闻的人都知道。我想读者只关心发生了什么事情，这个事情的严重程度怎么样，用不着我们自己张扬。

从理论上讲，真正还原事实真相是非常难的，我当过记者我知道，你采访一个人可能写出来的东西跟他讲的完全不一样。一个记者真正的基本功，就是我讲了什么，你能完全写出来，做到了就不仅是合格，而是优秀了。准确度和客观性是新闻的生命，《新京报》的报道相对比较平实，叙述的风格很克制，要求他们少用形容词，这是我们这份报纸的外在风格，这种处理方式与现在流行的都市报的风格不一样，也与现在传统机关报的风格不一样，这是我们《新京报》的风格。

第四，《新京报》跟传统的都市报不一样，更加重视克服语言暴力倾向。我们尽可能减少或杜绝版面中的攻击性语言，和低级庸俗的东西。即使编辑、记者对这个事情非常恼火，非常深恶痛绝，也不要在版面上表达出来。语言暴力倾向源于"攻击性"，如果你追求只破不立，追求让人难堪，就会导致是很多不能克服的问题。语言暴力的深层次原因在办报理念，而不仅是在操作层面，首先要杜绝和克服的是传统都市报的偏激。

主持人要求我谈谈未来报业发展的趋势，限定的题目是传统机关报和都市报的融合，我认为真正的融合是不太可能的，因为两者的出发点和终点都不一样，作为一张全新的报纸，我们有许多好的条件，我们可以摒弃原来报业实践中存在的弊端,找一条更适合自己的路子,我们与《南方都市报》是合作伙伴,《新京报》的许多优秀人才来源于《南方都市报》,但我们不想再办一份北京版的《南方都市报》,报纸生命决定于人的创造力,《新京报》要想在北京生根、发展、壮大,就必须独辟蹊径,模仿的结果只能是被抛弃。我们既要传承都市报快捷、全面、讲究实效、贴近群众等优势,还要借鉴传统党报严谨、高格调等优点。我们不想把机关报和都市报进行简单的相加,而想走一条全新的道路,办一份严肃的、国际化的都市报。

本文系戴自更在2003年12月"新浪—京华传媒"新年论坛上的讲话,有删节

新型时政类都市报的特点

戴自更

我们办《新京报》的指导思想,一是来源于《南方都市报》的经验教训,一是对北京市场的摸索和体会。

我个人觉得,办报是基于一种对各种资源进行综合评估后的行为,同时许多的做法需要在实践中加以修正。每一个报社的领导人,都会对本报的办报理念作独特的思考和判断,并采取符合本报特点的措施,而这些思考和判断不具有重复性,因此我认为办报和搞研究不一样,不能拘泥于太多的理论的东西,关键在于能否找了一条适合自己报纸发展的路子,并且全力以赴地贯彻它。

今天我想讲两个问题:一、北京报业市场还有没有机会,二、都市报面临的问题和发展方向。

北京报业市场还有没有机会?

要回答这个问题,首先要搞清北京的报业市场到底有多大。好多人觉得北京的报业市场已经饱和了,这样的饱和理论差不多已经叫喊了许多年,最早是《生活时报》创办的时候,接着是《北京晨报》,后来是《京华时报》,去年是《新京报》。有人把我们比做鲶鱼,有没有第五条、第六条鲶鱼出现？我看是可能的，几天前，北青报办的《法制晚报》也创刊了，56个版，看上去第一感觉不错，相当有竞争力，现在北京的报业竞争更加激烈，但是我认为北京的市场还没有饱和，还有空间。

当初决定办《新京报》，许多人建议我们慎重考虑或干脆放弃，他们说北京的报业格局早已确定，没有机会了；北京的读者总量是一个常态，不会增加了；北京的广告份额已经瓜分完毕，不可能后来居上，等等，就跟《京华时报》初创时一样。但我们觉得这些是自欺欺人的鸵鸟逻辑，什么是市场"饱和"了？电视从14寸到34寸，从黑白到背投，一直有人在说饱和，但一直没有饱和。空调、手机、汽车也是一样。提出"饱和"论的人，否定了人的智慧和创造力，否定了社会在进步、经济在发展，否定了人类追求知识、追求真理、追求美好的努力。如果不是别有用心，就是信口开河。

玩过踩高跷游戏的人都知道，站着原地不动，肯定要倒下去，但是如果不断地走动，就能保持稳定。我们坚信只有动态的平衡，而没静态的平衡。报纸够不够，要由市场去检验，而不是道听途说，人云亦云。我们相信没有一样事物是一成不变、停滞不前的，报纸的格局也一样。

我们为什么要办《新京报》，我讲一个事例。我住的公寓还是比较高档的，140多户住家中不是经理，就是官员，大多有本科以上学历，有的还是从国外回来的。但是我了解一下，发现订报纸的也就十几户。这些人都有汽车，有的还不止一台，为什么不去订份报纸呢？一份报纸的价格只是全年物业管理费的20分之一，关键是我们目前的报纸还办得不好。在国外几乎每户人家都订有报纸，日本的每个宾馆的每个房间有早、中、晚的报纸供应，不能简单地说我们人民的文化素质低，而是我们的报纸离他们的要求有很大的差距。所以说，北京以至国内的报业市场是很大的。还以我所在的这栋楼为例，如果现在能让订报户翻一翻，应该不是天大的难事，但报纸的覆盖面就会增加一倍。北京有700万个家庭，有三分之一家庭订报，就是一个天文数字。

为什么北京有这么多的路牌广告，没有一个城市的路牌广告像北京这么多，价格那么高，因为北京平面媒体的影响力太弱了。广州的报业市场就比北京发达得多，平面媒体占广告份额的70%，电视只有30%，北京刚好倒过来，电视的媒体比平面媒体高得多。这是因为报纸办得不好，没有电视媒体的影响力大。正因为如此，我个人觉得北京的报业市场还是很有前途的。现在有人拿国外说事，说一个城市只能有一份至两份综合类报纸，因此要控制新办报纸，这种观点太牵强了，为什么这一两家报纸就是你呢？还是应该让市场去评判。北京都市类报纸现在没有七八家，也有五六家，大家都在各自的地盘里打拼，都有一点小成就，但没有做大做强的雄心壮志，这不能不说是个遗憾。我们不能总把报纸得不到群众欢迎的原因推给社会和主管部门，应该多在自己身上找问题。

关于报业市场问题，我认为可以看成是无边无际的，你在北京办好了，可以扩展到天津，辐射到石家庄、济南、沈阳等，还可以到更远的省市去办。在联合办报方面，国家新闻出版总署的态度也很明确，如果《新京报》的试点搞得成功，肯定会推广。国外的报业实践的成功经验告诉我们，任何一份报纸必须先立足于某一个地方，只要做大了，做强了，就可以辐射到其他地方。《纽约时报》源于纽约，但是可以辐射全美、全球，不仅为纽约读者所接受，也能为华盛顿、旧金山等其他地方读者接受。要谨记报业市场永远没有饱和的时候，我们做报纸永远是有机会的，关键在于你是不是比前者更强；要谨记鲜花永远在前方，我们永远在路上。

都市报面临的问题和发展方向

下面讲第二个问题，都市报面临的困难和发展方向。都市报的影响力和经济效益是目前国内其他类型的报纸没法抗衡的。为什么传统机关报不能起到应起的效果？最重要的一个原因是对新闻本义和新闻价值的理解不当。报纸是新闻纸，新闻纸与文件和政治宣传品还是有区别的，报纸必须遵循新闻规律、讲究新闻方法；不能把报纸的政治性、喉舌性与新闻价值规律对立起来，好像报纸的政治性、喉舌性与新闻价值规律水火不容，这实在是一大误区。举个例子：报道一场灾难事故，新闻的着眼点到底是灾难事件本身，还是某位领导的批示？传统机关报会毫不犹豫地选择后者，他们认为这是本质真实，如果选择前者，有人就会指责你没有理解新闻的本质真实，或者说有新闻观方面的问题。其实新闻就是新闻，为什么会有这么多禁忌？如果我们对事实真相的认识还要加上那么多的定语和修饰词，这和掩盖事实真相还有什么区别？

传统机关报感染力差的另一个原因是：忽视信息传播中必须坚持的双向互动和自主选择的原则，强调单向输灌。只唯上、只唯官，摆出一副教训人的口吻，居高临下，使广大读者产生了逆反心理，不但达不到主观宣传效果，反倒起到相反效果。有人可能会说，机关报坚持政治导向正确、强调报纸的指导性没有错，但是坚持政治导向正确和强调指导性，还得有读者接受才行；报纸的指导性与可读性必须相互依存、紧密相连，没有可读性就没有指导性，可读性是指导性的前提和手段。

都市报崛起于草莽之间，短短10余年间，攻城略地，所向披靡，作为综合类日报在全国一纸风行，成为广大读者喜闻乐见的主流媒体，尽管它遭到许多歧视和不公正对待，但依然茁壮成长。都市报是时代的产物，在特定的历史时期，都市报勇敢地承担了主流媒体的责任，在逆境中发挥了媒体应有的作用。都市报对综合类日报的贡献主要有这么几个方面：

都市报尽最大的努力恢复了报纸作为新闻载体的固有特征。都市报靠近了市场规律和新闻规律，捍卫了新闻真实性的普遍价值，做到了时效性强、可读性强、服务性强、信息量大。都市报虽然不能做到不说错话，但它至少能够做到不说或少说假话。都市报比机关报更接近新闻的本真意义，改变了报纸只是作为宣传工具而存在的单一功能。

都市报尽最大的努力恢复了报纸作为信息载体的固有功能。都市报有巨大的信息量和很好的服务性，为广大读者喜闻乐见。都市报关注基层和普罗大众，不唯上，只唯实，关注群众的需要和口味，关心群众的甘苦和冷暖，关怀群众的生存和权利。都市报尽最大的努力把它的立场和老百姓结合在一起，比如天冷了，会提醒你穿件衣服，非典来了会告诉你注意事项。把报纸办得尽量贴近群众、贴近生活、贴近实际，想群众所想，要群众所要。

都市报尽最大的努力恢复了报业作为一个产业重要特征。既然是产业，就要按经济规律办事，就要接受市场的检验，就要接受消费者的选择，就要讲经济效益，讲成本，讲利润。资金是办报纸必不可少的东西，如果没有资金，怎么能倡导社会效益呢？要维持报纸的运作，更好地为人民服务，就必须要有钱。都市报每一天想的事情就是广告怎样，发行怎样，资金流转怎样，我们必须考虑，没法回避。正因为如此，都市报把经营部门的地位提到很高，与采编等同；都市报最大的贡献就是指明办报纸要赚钱，这是一个产业。

但是都市报的局限性也是相当明显的。首先，地方对都市报的偏见和排斥，和都市报对地方的监督和疏离，使都市报和地方之间缺乏应有的沟通与互动。地方经常对都市报实施政府信息资源封锁的错误政策，导致都市报政府信息资源比重不足、政府不愿意看到的信息资源比重过大；这样一来，地方对都市报的不满日益严重，两者之间的关系陷入恶性循环，经常到了剑拔弩张的地步。办都市报的人相对来讲都比较年轻，这部分人有理想、有激情，但是他们不太习惯社会生活的潜规则和险恶江湖的明枪暗箭，他们的棱角，划破了思想的牢笼，也让自己伤痕累累。这类现象一旦处理不当，会付出惨重代价。

其次，都市报草创阶段为了吸引眼球和培育市场，本能上或者策略性地采取了低成本竞争的运作模式，从内容到形式充满语言暴力，张牙舞爪，放浪形骸，破坏性太强，建设性不足，冲击力太强，亲和力不足。为了得到市场的效果，都市报在编排上面确实是会去炒作、渲染。有一些事情虽然不能说幸灾乐祸，但是希望天天有灾难，天天有死人，唯恐天下不乱等念头是有的。这样一来，在管理者心中，会觉得都市报导向把握不稳、把握不准；在消费者眼里，都市报格调不高、品味粗俗。这是一把双刃剑，一边刺开市场的坚冰，一边划伤受众的情趣。长此以往，都市报的公信力和认同度就成了问题，可持续发展就成了问题。

那么都市类报纸的发展方向在哪里呢？我们认为应该把政治家的智慧和知识分子的良心结合起来，把社会责任和自由精神结合起来，把职业报人的新闻理想和职业经理人的营销理念统一起来，把深厚的人文底蕴和强烈的市场意识统一起来。既借鉴传统都市报贴近读者和注重服务的有益经验，又借鉴了主流机关报把握导向和注重格调的优良传统；既注意解决传统都市报低级庸俗和格调不高的问题，又注意改进主流机关报面孔呆板和思想僵化的不足。《新京报》创刊半年来，在这方面做了一些过有益的探索。

《新京报》强调报纸的责任感和责任意识。遵守国家政治制度和法律法规，尊重社区道德风尚和审美情趣，呼唤法治精神，强调人本精神，注意倡导报纸的责任感和建设性。注意克服不敢搞舆论监督和搞舆论监督时只重批评、不重效果，只管"破"、不重"立"的不足，随时随地用批判的眼光看问题。强调新闻本义，认同新闻的普遍价值，倡导新闻的准确度和客观性。注意克制在新闻操作中进行情感诉求，无论是内容写作还是标题制作都力求精准、平实、鲜明、克制，不夸张，不渲染，不炒作，不落俗套。公开向全社会承诺："不报道假新闻。"充分体现对事实负责、对读者负责的最大诚意和努力。力求报纸整体风格的扎实、从容、大气、丰富、优美。

《新京报》强调报社作为企业的经济功能和赢利模式。我们有责任在经营体制上做出有益的探索，做到真正意义上的资源共享、优势互补。要避免传统报社机关不像机关、事业单位不像事业单位、企业不像企业的"三不像"的尴尬境地。确保所有的采编人员、经营人员在法制的框架内活动，他们的合法收益必须得到法治的保护。我们要把报社回归到企业，把社会效益和经济效益结合起来，创造一个能保证持续高速发展的机制，为业内外资本的进入敞开大门。

《新京报》强调以人为本，建最职业化的采编、经营和管理团队。我们尽量让有理想的人实现理想，有才华的人施展才华，有激情的人挥洒激情。我们之所以能在短时间内能够迅速扩张影响力，靠的就是由有激情、有理想的"分子"组成的团队的凝聚力和战斗力。我们没有传统机关报贬低个性的制度，也没有都市报自我膨胀的放纵，而是追求脚踏实地的创造，张扬个性的协调。我们要想尽一切办法可能地把一些机关报的优点，都市报的优点和长处吸收过来，把都市报的弱点、机关报的弱点剔出去，走自己的一条新的道路。

本文系戴自更在 2004 年 8 月 18 日京华传媒论坛上的讲话，有删节

选择一条全新的报业之路

戴自更

2003年今天，一场瑞雪普降北京，为沉浸在创刊前最后忙碌中的《新京报》人带来了意外的惊喜。一年过去了，当我们回首往事，相信一定感慨万千，情不自禁。郁闷、辛酸、委屈、劳累，我们有太多的记忆，但是我们也因为《新京报》而拥有欢乐、自豪、光荣和幸福。

不知大家是否感觉到，今年的北京似乎变了许多：往年肆无忌惮的风沙，今年春天变得有些温顺；被干旱困扰多年的北京，今夏也多了几分雨水的滋润；西山的红叶不仅依然灿烂，而且比往年来得更早一些；已经进入了冬天了，北京却依然阳光明澈，完全没有去年那样的寒风凛冽。我们不能说，这一切都是因为有了《新京报》，但毋庸置疑的，因为《新京报》的诞生，北京人民多了一个选择真善美的机会，原先沉闷的报业市场也因此变得更有活力。一位报业主管部门领导曾公开这样说，如果中国还有一份能够经得起时间检验的报纸，那就非《新京报》莫属，因为这是一叠承载理想、充满激情、名副其实的新闻纸，是一份与伟大的首都地位相称的报纸。

在今天这个盛会，全面回顾我们的足迹，可能不合事宜，因为还有精彩的演出等着大家。但我觉得有必要让各位同事知道在过去的365天里我们到底做了些什么？我们的报纸现在处在什么样位置？我想还是有必要向大家做简要的汇报。在光明日报编委会和南方日报社委会的正确领导下，去年我们一共做了4件事：一、创办了一份有影响的新型时政类都市报，二、开创了一条行之有效的报业经营之路，三、搭建了一个符合现代报业规律的办报模式，四、造就了一支优秀的职业新闻团队。

第一件事，创办了一份有影响的新型时政类都市报

经过一年的实践，《新京报》的定位愈加明确，就是办新型时政类都市报。具体讲就是立足北京、关注全国、放眼世界。以追求新闻的本质真实和终极价值为办报准则；倡导建设性、多元化、贴近性；既重社会新闻，又重时政新闻；既讲社会效益，也讲经济效益。

可以肯定地讲，《新京报》目前的社会影响力居北京乃至国内同类媒体的前列。无论是身居庙堂之高，还是普通工薪阶层，对《新京报》的认同度越来越高，有的甚至谈报起敬。就是去年对本报创办持怀疑和偏见的专家以及业内人士，也纷纷改弦更张。现在网络、电视、通讯社、报纸、杂志等对本报的转载率很高，仅CCTV和BTV每个月摘播的《新京报》的报道和言论超过100余条；国内几个主要门户网站每天平均转载本报稿件达到20余条，有的在首页开设专栏；《新京报》网站的点击量日均已超过6万，远远超过其他报社的网站。

《新京报》从出生那天起，就提出负责任的办报宗旨。坚持正面报道为主，坚持正确的舆论导向是我们的基本原则。认同意识形态产品属性，奉行社会效益优先是我们的基本态度。所以《新京报》理所当然地报道北京市和全国两个文明建设的最新成就，报道任长霞等一系列新时代的先进典型；多角度，创造性地报道各级"两会"，满怀深情地推出小平特刊，关注并积极参与"寻找京城农民工子女活动"等公益事业，愿意为推动社会进步做出自己的贡献。

《新京报》强调新闻的本质真实，认同新闻的普遍价值，追求新闻的准

确度和客观性；注意克制在新闻操作中的情感诉求，不夸张，不渲染，不炒作。从"沈阳宝马车撞人案调查"到"回望吕日周长治之治"，从"北京新兴医院调查"到黄健中录音带事件追踪，从对南水北调文物保护困境的披露到"大流通"问题的剖析，从坚石欺诈案的调查到北京现代俱乐部罢赛事件揭秘，等等，《新京报》都是全国媒体中做得最好的。

《新京报》坚守新闻的基本价值，追求新闻的时效性。在许多突发事件中，都能看到本报记者的身影。从密云踩踏事件到大安山矿难，从京民大厦火灾到北大附属医院幼儿园伤人案，从马连道劫持人质事件到禽流感追踪，《新京报》的反应能力和执行能力，可以说独步京城。

《新京报》建设性地开展舆论监督，义不容辞地捍卫党、国家、人民的最高利益，在体制内行使媒体权力。因此关注重庆井喷事件、曝光大栅栏10假、报道东北帮争霸西客站等，特别是我们推出的"嘉禾拆迁"事件系列报道，执着冷静、主动有序，确立了本报在国内媒体中舆论监督方面的独特地位，赢得了很高赞誉。

《新京报》接轨先进新闻理念，坚持在重大新闻事件中发出自己的声音，坚持客观理性、积极稳健的时评风格。创刊以来相继发表了5000多篇言论。这些言论或解读政策、或扬善惩恶，但重在提供判断时事的方式，和探索认知事物的角度，我们尊重读者的思想权力，保护读者的思想成果，避免谋求话语霸权。本报以言论定乾坤后，群起仿效者一时遍布大江南北，但通常也是貌似神异。

《新京报》始终不渝地贯彻"三贴近"，强调报纸的亲和力和可读性，强调报纸的信息量和服务性。我们设置了十二个周刊、六大特色栏目，像汽车杂志、娱乐周刊、黄金楼市、书评周刊、赛道周刊、地球周刊。以及来论／来信、北京宝贝、北京爱情、北京地理、气象新闻、个人史、漫画联盟等，已经成功融入北京生活，广受北京市民的喜爱。今年是体育大年，本报及时推出特刊，从"斗欧"到"亚热带"到狂奥，给北京留下很深的印象；我们制作的《十面埋伏》观映指南等服务性特刊，也让人耳目一新。

《新京报》的追求大气淡雅的版面风格，拒绝浓妆艳抹，不强迫阅读、不诱导阅读；追求严肃大方的版面语言，有所为、有所不为，远离低级趣味；追求和谐优美的版面设计，与时俱进，合乎时代传媒意识和审美意识。

《新京报》一年实践证明，"新型时政类都市报"具有十分旺盛的生命力。《新京报》的影响力已经突破了时间和空间的制约。我们越来越相信，奇迹是可以创造的，思想的成熟不总需要漫长的等待，而所有这一切，在于我们选择了一条全新的报业之路。只要我们坚持自己的价值观，一如既往地信奉品质、正直和特立独行，相信经过几代报人的努力，《新京报》可以成为21世纪中国最有影响力的报纸之一。

第二件事，开创了一条行之有效的报业经营之路

《新京报》尽最大的努力恢复报业作为一个产业重要特征。既然是产业，就要按经济规律办事，接受市场的检验，就要讲经济效益，讲成本，讲利润。资金是办报必不可少的东西，没有资金，社会效益无从谈起。正因为如此，《新京报》明确宣称，办报的主要目的之一就是最大限度地创造并获取财富，并且明确提出经营也是办报的理念。

为了确保报纸品牌的不断增值，《新京报》坚持采编与经营严格分离的原则；坚持社会效益第一的原则；坚持不搞包版、实行广告价格公开等原则。坚决不登软广告，不登假征婚广告、假招工广告、假医疗广告、假致富广告，不登有色情内容的声讯广告。为此也许我们的直接损失有数千万，但我们得到是客户和读者的赞赏和信任，是我们品牌价值的提升。过去一年，本报的房地产广告和行业广告之所以能在同城媒体中快速增长到第二位，就在于我们有战略上的远见，这为《新京报》日后成为首都同类报纸中的优胜者奠定了基本的版面形象。

在过去一年中，我们遵循以市场为导向的原则，对于任何新闻事件和新闻策划，及时做出经营决策并提供相应的版面服务。从萨达姆被俘到女排姑娘获胜，从欧洲杯到奥运会，从马加爵事件到朝核6方会谈，我们不断借新闻推出发行和广告推广活动。我们确立了在深层次上实行采编与经营的互动机制，变被动等待为主动出击。利用采编优势，推出每月一期的黄金楼市，开展为期3个月的"新产品主义"评选活动，等等。我们利用各个节假日，及时推出相应的消费特刊、如搜房记、搜城记等；我们通过不断的折腾，如圣诞节送玫瑰化、情人节送巧克力等有文化有创意的活动，提升市民的关注度。国庆期间，本报主办的京城首届车房展，先后有10万人观展，成交意向8个亿，又开创了一项新纪录。

我们把服务放在经营的重要地位，不断探索服务形式，提高服务水平。我们坚持不懈地疏通并增强报纸与客户与读者的关系，使报纸与客户、客户与读者、读者与报纸之间构建起完全的利益共同体。据最新的中立调查机构的数据表明，同城媒体中本报读者的阅读忠诚度最高，读者中有消费倾向的人口比例最高，消费能力最强，对本报的市场前景也最为看好。

我们采取协调发展原则。坚定不移地采取报纸影响力、广告收入和发行量同步发展的策略，立足长远，坚决不打价格战。在发行上，我们尽可能地做到低成本高效益，做到每一份发行都是有效发行，每一位读者都是目标读者。采取一系列行之有效的手段，使《新京报》的发行量以成倍的速度增长，目前本报的零售量已经排在北京早报市场上第二位，有些地方是第一位。在广告拓展上，我们采用循序渐进、以点带面等模式，使广告收入逐月提升。创刊1年，本报的广告额已达到3.8亿元，9月份的广告更达到4970万。现在日均广告版面约占总版面数的18%。我们预计今年的总体经营水平能达到盈亏平衡，现金流能保持相当的充足。所有这些业绩，都将刷新新办报纸的纪录，本来按常规预计的需要3年的赢利培养时间可能因此而大大超前。

第三件事，搭建了一个符合现代报业运作规律的办报模式

在过去一年中，《新京报》初步确立了科学、高效的企业化管理机制。

按照国家主管部门的文件精神，组建了《新京报》管委会，把光明、南方合作办报的协议进一步具体化、明确化，使报社的管理架构更加清楚，职责更加分明，决策更加迅捷，便于适应市场的变化。

为了改变报社机关不像机关、企业不像企业、事业不像事业的尴尬局面，报社投资组建了一个全资有限责任公司，承担报社的经营业务和品牌推广业务。从而保证了资产经营权、利益分配权的合一，使国有资产的保值增值得到制度上的安排，同时将因此调动报社员工的创业积极性，为《新京报》今后推行报业体制的深层次改革，进一步接轨资本通道，确保可持续发展奠定了基础。

通过一年的制度建设和潜移默化，报社初步建立起以人为本的价值观和企业文化。我们认为，任何资源都有局限，只有人的智慧、人的创造生生不息。《新京报》存在的意义也就是为有理想、有才华的新闻人提供实现理想、施展才华的一方舞台。《新京报》倡导团体意识、职业精神、效率观念；倡导真诚、严谨、创新、卓越的工作作风；鼓励做有理想有激情的新闻人和职业报人，既要富有想象，又要脚踏实地；既要雷厉风行，又要从容淡定；既要令行禁止，又要特立独行；既要团结友爱，又要忠厚正派。《新京报》过去一年的成功，也是以人为本的企业文化的成功。

《新京报》是在整合光明、南方两个在背景和运行上有较大差异的报业集团的政治资源、经营资源、人力资源、品牌资源等崛起的。《新京报》的实践证明，我们首创的以资本为纽带、以市场为先导、以人才为基础的跨地区办报模式，具有无穷的生命力和超乎想象的发展空间，有利于促进报业资源的优化配置，打破行政对市场的干预，还报业以公平的市场环境；有利于

让报纸更好地反映民生、传达民意，把党的意志与人民群众的利益很好地统一起来，保障正常的舆论监督；有利于增强媒体的竞争意识和风险意识，提升报业的总体水平，推进国内统一的报业市场的形成。有利于党报集团扩大影响力，增强经济支撑力。

经过一年的努力，可以说《新京报》已经初具现代企业制度的雏形，只要我们创造性地沿着这个办报模式走下去，进一步以市场为导向，不断深化体制建设，相信一定会按中宣部、国家新闻出版总署和光明、南方两个集团的部署，在文化体制和新闻体制改革中取得有意的经验。

第四件事，造就了一支极其优秀的职业新闻团队

由于过去一年超负荷的工作和近乎残忍的实战训练，《新京报》拥有了一支政治可靠、业务精良、有强烈的时代意识和创新精神的职业化的报业团队。现在报社有采编人员近300人，经营人员1380多人，行政人员140余人。《新京报》员工以整体素质高、价值认同度高、创新能力强、执行能力强而居国内同行前列。

尊敬的各位同事，过去一年的峥嵘岁月，见证你们是坚定的理想主义者。你们近乎固执地追求新闻的终极价值，捍卫新闻的本质真实。你们是人本精神的传播者，通过你们无怨无悔的呐喊，孤独者不再彷徨，弱势者获得公正，成功者放弃偏狭。你们迷恋法治的力量，对每一项社会进步，每一点体制革新，都会报以毫无保留的欢欣。你们追随正义的步伐，愿意燃烧自己，为这个世界增添光明。你们从不讳言经营也是办报的道理，明了新闻作为产业的基本特性和市场规律，明了报纸不仅是先进文化的结晶，也是先进生产力的载体。

尊敬的各位同事，过去一年的峥嵘岁月，也见证你们是可敬的职业新闻人。没有"办报优则仕"的俗念，不唯上、不唯官、只唯实，愿意为报业做

出一生的安排。你们敬畏自己的职业,诚惶诚恐、从容不迫,永远站在现代传媒意识和审美情趣的最前列,即使对最棘手最复杂的报业运作难题也游刃有余。你们有举重若轻的执行力,善于把抽象的理念转化成优美的版面和丰盈的财富。你们永不言弃,在相同条件下,总是做得更为优秀、更有想象、更加专业。你们有良好的职业操守,不急功近利,不浮躁张皇,信奉天道酬勤,种瓜得瓜。

你们还是可爱的自我完美主义者,对生命对生活对事业都有自己独特的理解。你们张扬个性,但是协作互助,你们挥洒激情,但是恪守责任,你们筚路蓝缕,但也乐天向上,你们纯粹如永不长大的孩子,但是深刻如度尽劫波的智者。你们渴望成功,从不虚度年华,你们钟爱事业,从不敷衍了事,你们知错即改,决不文过饰非,你们坚持原则,拒绝妥协退让。你们有诗人的情怀、学者的执著、僧人的虔诚,当然还有企业家的敏锐。

正是因为有你们这样优秀的报人,铸就了《新京报》一出生就风华正茂。如果说《新京报》有值得夸耀的地方,就是在座的各位同事,你们是《新京报》最可宝贵的财富。

尊敬的各位同事,因为你们的心血浇灌和埋头苦干,过去一年,《新京报》创造了许多让业内外叹为观止的报业奇迹。但是如果把《新京报》比做一座大厦,我们现在还只是放下第一块基石,如果把《新京报》比做一艘航船,那只是万里征程的第一步,就像我们相信未来必然美好一样,我们相信《新京报》的前途依然充满艰难险阻、急流暗礁,但是只要我们坚定理想、认定目标、下定决心,只要我们把握机遇、发挥才智、永不放弃,我们一定会赢得应有荣光,见证《新京报》傲视报业的那一天。

愿《新京报》能使你们的人生无怨无悔并且绚丽多彩!

愿《新京报》陪伴你们走过人生的每一个春夏秋冬!谢谢!

本文系戴自更在2004年11月6日《新京报》创刊一周年总结表彰大会上的讲话

我们在为历史打草稿

杨林

2005年11月11日,《新京报》迎来2周岁生日。对于一个孩子来讲,2周岁或许刚开始蹒跚学步,但对于这张向一流大报挺进的新闻纸而言,2周岁却是成熟与壮大的开始。这份与北京文化相匹配的报纸,走过的700多个日日夜夜,有着每一位报人、每一位读者共同见证。

2岁的《新京报》,他现在脚下的土地是否坚实?下一步,他又将迈向哪里?这是所有《新京报》人关心的话题,也是热爱《新京报》的读者所关心的。为此,本报记者采访了《新京报》社社长戴自更。

成功取决于新的机制

《新京报》比传统都市报更加庄重、大气、有品位,这种差异化的特色使我们较短的时间内在北京市场上站稳了脚跟,在全国甚至国际上赢得了影响力。

《新京报》已经走过了两年的历程,两年前的今天你所憧憬的,与你今天所面临的有没有区别?

戴自更:我们最早的设想是办一份北京版的《南方都市报》,但客观上的耽搁，给我们以更多的思考。我们觉得北京作为首都，应该有一份比传统都市报更加庄重、大气、有品位的报纸，它既要贴近大众，服务大众，还要有所坚持，有所思考，这是北京的地域特点和市民成分决定的。我们按此设计了《新京报》的形态，结果正如大家看到的，体现了差异化的特色，很快在北京市场站稳了脚跟，并在全国甚至国际上赢得了影响力。可以说《新京报》是《新京报》人集体智慧的结晶，也是对南都多年办报经验的提升，我个人对此10分满意。《新京报》被业内领导和相关人士称为奇迹，这固然有所溢美，但确实值得自豪。

创刊两周年之际，《新京报》现在运作的一些具体情况怎样？

戴自更： 经过两年的发展，《新京报》已经融入北京这个城市，成为北京报业市场不可或缺的组成部分。本报的发行量目前超过40万份，已经成为北京主流人群首选的报纸之一。广告刊例去年是4亿多元，2016年预计达6个亿元，据有关权威机构统计，从下半年开始单月广告量进入全国报业前20强。因为《新京报》的特殊形态和注重时政新闻的特点，影响力在同类报纸中一直名列前茅。各大门户网站中，《新京报》的新闻转载率是最高的。本报的一些栏目如时事评论核心报道北京地理书评周刊都深受读者喜爱。

在你看来，在短短两年内取得这样的成绩，《新京报》的成功之处在哪里？

戴自更： 我们本来计划用3年左右的时间，在同类报纸中做到一流，但从现在的情况看，这个时间可能大大缩短，我们说"一出生就风华正茂"，不是信口开河，《新京报》目前的影响力和在报业中的地位可以证明这一点。

《新京报》的成功，是机制和团队交融的成功，是贯彻马克思主义新闻观、坚持正确舆论导向的成功，是充分尊重市场规律和新闻规律的成功。在中宣部、新闻出版总署的支持下，我们首创跨地区办报的模式，很好地利用光明日报的政治优势和南方日报的人才优势，这是我们制胜的基础。《新京报》有一套适应市场和新闻规律的机制，这一机制造就了一支优秀的、职业化的采编和经营团队。

年轻人团队更有理性激情

中国报业需要激情、理想、创造，需要职业化。《新京报》为年轻人提供了挥洒激情的舞台。

在很多读者的眼里，这份报纸以理性、积极、稳健而著称。但是人们也注意到，这份报纸的采编人员都比较年轻。这两者间是否有矛盾？

戴自更：我承认本报采编人员，包括社委会成员的年龄不算大，但年龄大小与一份报纸是否理性、稳健不能一概而论，马克思办《〈新莱茵报〉》年纪也不大，邓小平在办《红星报》时更年轻。《新京报》体现出理性、积极、稳健的风格更多的是我们自觉遵循新闻规律的结果。

为什么在《新京报》年轻人多，除了体制原因和创办时间短，更多的是都市报的特点决定的。首先办都市报最需要激情，像《新京报》每天要出80—100个版，没有充沛的激情是不行的，而年轻和激情是孪生的；其二是年轻往往和理想相联，《新京报》是一份有新闻理想和报国理想的报纸，年轻人能够通过努力实现自己的理想；其三是都市报的工作量繁重，需要付出很多的体力和精力，只有年轻才有这个本钱；第四是年轻总与创造相伴，《新京报》就是创造的结果。

我始终觉得年轻是财富而不是缺点，老于世故、不思进取、拒绝变革是新闻工作的大忌，中国报业现在更需要的是激情、理想、创造，更需要职业化。新闻是什么？新闻是克服各种困难，真实记录这个世界的进程，我们是在为历史打草稿。在光明日报编委会的正确领导下，《新京报》在这方面还有提高的空间。

影响力才是报纸根本追求

《新京报》要做负责任的报纸,重要的是质量问题,影响力才是我们的追求的根本。

今年年初改版以来,《新京报》越来越厚,是否感到成本的压力?

戴自更: 改版主要是调整,让时政新闻更凸显,新增的版面只有不到5%。成本压力主要来自发行量的上涨,今年以来本报发行量差不多翻了一番,好在我们的广告逆市上涨,比去年同期增长了45%多。

我们的口号是"好的更需要改变",在基本定位和理念不变的情况下,要求自己每年都要有所创新,有所提高,不能一劳永逸。至于怎么创新,还没有认真研究,但明年肯定会有所变化。

1年前,《新京报》明确提出了不做医疗广告,这是否给经营带来压力?

戴自更: 医疗广告相对来讲问题较多,我们不要医疗广告,是为了让《新京报》成为名副其实的有责任感的报纸或严肃报纸,这与我们的采编理念相契合。去年我们大概因此少收5000多万元,但从长远看,我们的做法是正确的,维护了这份报纸的形象。因为品位高,是严肃报纸,吸引了很多房地产、汽车、3C等品牌广告,也应了种瓜得瓜种豆得豆的俗话。随着本报影响力的扩大,相信这样的局面会继续下去。现在很少有品牌会漠视《新京报》的存在,因为选择《新京报》不仅是市场的要求,也是这些品牌的形象要求。

将朝多元化模式经营发展

《新京报》的目标是成为有竞争力的报系,会在适当的时机将品牌和人才进行输出和嫁接。

在网络新闻、博客、分众传媒等新兴媒体继续发展的今天,《新京报》面临什么样的竞争态势?

戴自更:我个人的理解是,这是合作与对抗并存的关系,就是说新媒体对报纸会形成压力,但在相当长的时间内不可能取代报纸。在网络等新媒体极其发达的国家,传统报纸照样有着很大的生命力和影响力,纽约时报等还依靠建立自己的网站增加了新的盈利模式。《新京报》也是如此,我们影响力的扩大得益于网站的转载,而网站则得到我们的原创新闻,这是共赢的关系。

对我们来说,当务之急不是考虑要和新媒体竞争,而是要在报媒的竞争中立于不败之地,不断做大做强。

《新京报》在广告经营上有独特之秘:我们采取的是直销的广告经营模式,能够直接掌控各种资源,这也是短短两年内我们能做到如此大的广告量的原因,今后我们还会坚持这种直销模式。

现在提倡经营多元化,《新京报》将会采取怎样的模式?

戴自更:按最初的设想,《新京报》将会成为报系,当然这要取决于政策许可和光明南方两个集团的支持。《新京报》最有竞争力的是品牌和人才,只要条件成熟,都可以进行输出和嫁接,对采编资源、经营资源进行多次利用,便于节约成本,很快提高影响力和赢利能力,国外成熟的报业市场都是这样操作的。

在短期内,我们也会做这些方面的尝试,比如协办或主办一些报纸杂志,建立依托《新京报》的商业网站,利用发行网络开展物流业务,增加采编资源利用价值,出版图书等,我们今年出版的《中国电影百年》《我为超女狂》《北京地理》等书社会效益和经济效益都很好。

本文原载于 2005 年 11 月 11 日《新京报》创刊两周年纪念特刊《纸里有乾坤》,记者杨林,受访者戴自更系《新京报》社长

媒体融合与创新经营

戴自更

结合《新京报》的实践,讲几层意思:一、机制创新是媒体生存和发展的源头;二、产品定位是赢得市场的保证;三、基于媒体差异化的经营创新是实现经济价值最大化的途径;四、深化体制改革才能为报业发展提供空间;五、资本介入是提升报业竞争力的捷径。

机制创新是《新京报》迅速崛起、发展成长的根源所在

《新京报》是思想解放、机制创新的产物,是经中宣部和国家新闻出版总署批准的第一家跨地区合作办报的试点。5年前总署领导在交给我们批文的时候说,要"勇于开拓尝试,及时总结经验";《新京报》从无到有,从弱小到壮大,印证了思想解放和改革开放的无限生命力。

概括来说,《新京报》在机制上有五个方面:1. 跨地区办报形成优势互补。《新京报》是光明、南方两个报业集团以资本为纽带、以市场为先导、以人才为基础的跨地区创办的报纸,是在整合两个报业集团的政治资源、经营资源、人力资源、品牌资源的基础上"一出生就风华正茂"的。2. 按现代企业制度构建组织框架。《新京报》是独立法人,实行管委会领导下的社长负责制,决策更加迅捷,更能适应市场变化。3.《新京报》实行真正意义上的全

员劳动聘任制。彻底打破大锅饭，进行全员考核。实行高层问责制，中层竞岗制，基层淘汰制。4. 组建股份有限责任公司，承担报社的经营业务。保证资产所有权、经营权、利益分配权的合一。5. 构建符合现代企业制度和符合现代报业发展规律的规章制度、文化氛围、创业环境。总的来说，《新京报》有事业单位的特点，更有企业管理的优势。

面向读者形成报纸定位并设计产品，是《新京报》赢得市场的保证

传媒产业化的一个重要标志，就是传播过程从以传播者为中心转向以受众为中心，传播目标和传播手段更加多样化。《新京报》创办以来，就立足北京的社会特点、读者特点、市场特点，以准确的定位、独特的形态、不懈的坚持，形成了鲜明的差异化特色，最终在北京报业市场赢得了一席之地。

作为一份定位中高端人群的报纸，《新京报》的办报理念必须契合其读者所追求的价值观。经过 30 年的改革开放，构成当今主流社会的主流价值观是：民主意识、法治意识和人文意识。所以《新京报》一直把民主、法治、人文作为报纸的核心价值理念，力求体现在每一篇报道、每一个版面中。

作为一份定位中高端人群的报纸，《新京报》的产品结构要有特色。比如不能仅仅满足于为读者提供信息，还需要告诉他们这些信息意味着什么。所以我们从创刊起就在新闻版前面设置评论版，是目前国内评论数量最多、形态最丰富的报纸。

作为一份面向社会中坚力量和活力人群的报纸，《新京报》的品位和报纸形态也必须契合读者的整体气质。他们需要在最短的时间里浏览最丰富的资讯，所以我们对报纸进行科学分叠，实现厚报时代的选择阅读；他们需要简洁明快的阅读享受，所以我们格外重视报纸的视觉设计，注重图片使用、增加制图、插图等；他们需要与身份相符的品位，所以我们杜绝低级趣味

的内容，打造了书评周刊、北京地理、新知周刊、赛道周刊等具有文化气质的专刊。

5年的实践表明，《新京报》的定位和产品设计是正确的，得到了越来越多的读者的肯定和好评。

影响力营销是《新京报》根据自身特色实现经济效益最大化的有效途径

通过准确的产品定位，《新京报》形成了独特的经营模式：坚持协调发展，尽可能营造报纸的品牌形象和社会影响力，从而获取最大的市场效益。

我们认为，报纸营销归根到底是影响力营销，在这一思路的指导下，《新京报》社在经营手段方面实现了一些尝试：1. 认准细分市场，实行目标读者销售；2. 尽可能提高报纸的有效阅读率；3. 不断借势、造势，扩大报纸的影响力；4. 确立与报纸品质和影响力相匹配的广告价格体系；5. 采取广告直销模式；6. 创新广告服务理念，满足客户的特殊需求，帮助广告客户达到理想的广告投放效果；7. 采编与经营深层合作，依据市场需要，及时制作特刊和增刊；8. 提高广告品位，使之与《新京报》的品牌形象相匹配，比如坚持不登征婚广告、招工广告、医疗广告、致富广告、声讯台广告，我们认为这些广告有潜在的欺诈风险。

目前《新京报》的读者多为高文化素质、高社会地位、高经济收入的"三高"人群，也许我们的读者基数不如个别报纸，但社会影响力更大，品牌价值更高，所以《新京报》吸引的多是品牌广告，比重较大的是房地产、汽车、教育、旅游、通讯等，符合报纸的定位和形态，从五年的实践经验来看，《新京报》的经营模式总体比较成功，当许多同时期创办的报纸还在经营业绩苦恼时，《新京报》以很少的投资在第二年即实现盈利，今年更是有较大的盈利。

深化体制改革才能为报业的发展壮大创造空间

优胜劣汰是任何产业都必须遵循的基本规律，但对国内报业来说还不是，国内报业资源宏观上还是按行政权力计划配置的。个人认为，什么时候让能办报的拥有资源，让不能办报的淘汰出局，大概就有些产业的气象了。因此我不认为现在中国有真正意义的报业市场。

实践证明，许多以行政手段或按行政区划捏合产生的、或者以换汤不换药方式改头换面的"报业集团"、传媒集团，没有几家活得好的，而活得好的，也大多引入了市场机制。而一些拥有办报人才、内容优势和市场基础的报纸，要想获得资源或者平台，比如刊号，则基本上不可能，即使需要也得去别人手里购买，造成所有者和办报者的分离，如果合作不好会形成纠纷，做大了不好，做不大也不好。这也就注定现阶段的中国不可能像澳大利亚一样，从一个叫阿德莱德的小城市能够产生新闻集团这样的全球性传媒集团。

与新媒体咄咄逼人的争夺采访资源、人才资源、信息资源相比较，受体制的束缚，以报刊为代表的传统媒体的创新空间相对狭小，刊号资源与市场资本、优秀人才之间的合作也难以实现。因此如果要把报业当成一个产业来发展，必须进行体制改革，把报业管理方式从计划经济向市场经济转变，为报业松绑，以市场的方式而不是行政方式配置资源。

资本的介入是提升报业竞争力的捷径

根据现有的报业管理模式和资源配置方式，报业与其他产业和金融资本之间很容易构筑出一道堤坝，形成一个相对封闭的产业体系。据统计我国报业每年只有五六百亿的广告总量,但在全球传媒集团中排第五位的新闻集团一年就有一百亿美元的营业收入,比我国报业的总体广告收入还多出一截。显然,要"做大做强"我国的传媒产业,即使运用权力模式再怎么整合,也无法扩张出一家像新闻集团这样的大型传媒集团来,光靠目前传媒自身滚动发展来做大做强我国传媒产业无疑是一条相当漫长的路途。

降低资本进入报业的门槛,让资本可以不受地域、媒体性质的限制,是做大做强报业的捷径。传媒业融资已经有了先例,但限制依然较多,特别是对一些影响大、市场大的都市报。个人认为,资本不是洪水猛兽,对报纸来说也是如此,因为投资最基本的要求是安全,作为管理者,大可不必担心资本介入会冲击现有的报纸管理体制和控制舆论导向,只要制定明确的法律法规,做到有章可循即可。

现在我们讲提高舆论的传播力、影响力,就必须从人才培养、硬件建设、市场扩张、上下游资源的整合方面做到位,而这都需要资金。也许各级财政可以为一些报纸拨款,但实践证明,拨款不可能产生良好的效益的,但如果是资本,以它的逐利本性,在保证安全的前提下,会自觉追求最大的市场和效益。如果报业融资跟上面提及的报业管理体制改革都能突破,相信做大做强报业指日可待的,否则要想让中国报业在国际上形成竞争力,有所作为,好像微乎其微。

突破传统思维模式,积极利用新的传播介质,做大报业

第一,报业实际上是新闻和信息制造者,是内容提供商,而不是简单的以纸张为载体划分的。

第二,新的科技进步往往会带来生产方式的变革,激光照排带来的是报业的繁荣,是都市报这样的厚报的物质基础。新的介质的出现,比如互联

网、3G、手机等，必然会推动信息的传播效率和覆盖面。

第三，报业作为内容生产者应该很好利用新的介质，随着新的传播介质出现的新媒体，从本质上讲不会取代"报业"，两者是个互相融合、借鉴的过程，如果很好的合作可以获得双赢，进一步提高"报业"的生存和发展的基础。

第四，任何对新媒体的逃避和抵制都不是办法，应该积极应对，两者是竞争，更是机遇。

本文系戴自更 2008 年 12 月 18 日在创意产业论坛上的讲话

最难的是坚持

朱学东

转眼,《新京报》已经走过了7年。

婚姻上有7年之痒一说。但《新京报》这7年,每年都会有"痒"。

这种"痒",在当下环境,是任何一个有梦想的媒体都会遭遇的。但《新京报》克服了各种"痒"的袭扰,一路踉跄走过,在有限的空间内,一年一个台阶,不仅是在经营上,更在报纸的品质上,渐渐确立了无可替代的地位。

《新京报》是我最喜欢的报纸,我毫不掩饰这种喜欢。从它尚未创刊到如今,我每年都写文章谈《新京报》,或褒扬,或批评,无论是褒扬还是批评,都是希望它行稳致远,沉潜入中国社会的肌理,大音希声,大象无形,为中国社会的进步尽一份绵力,同时,也为中国有理想的媒体人留一瓣心香。

如同字如其人,从棋品看人品一样,从一张报纸的品相中,无论作为读者,还是同行,我们都能看出这张报纸及其背后那些执业者的努力;而与执业者面对面的交流,也能让我们从另一个侧面,看到一份报纸成长的艰辛,以及被人尊敬的理由。

《新京报》社长兼总编辑戴自更,是我大学学长,也算是我的老熟人了,每次见面,相互戏谑之外,更有交流碰撞。12月6日我们将近四个小时的聊天也不例外。

我见戴社长时，恰逢他正为刚刚遭遇的中国式"痒"烦恼。我们的聊天也就从此话题开始的。但，在一个复杂的执业环境中，我一向恪守"时代允许的表达方式"，以免给他人带来困扰。故记录呈现的，是我认为能够与大家公开分享的《新京报》和戴自更社长的思想和经验。

以下，便是《新京报》社长兼总编辑戴自更的谈话实录，有删节。

《新京报》开启了都市报的新时代

在中国新闻史，或中国报业史上，《新京报》最大的成就，我个人认为，就是在转型期的中国，开风气之先，确立了都市报的主流地位。这一点都不夸张。

翻看中国都市报成长的历程，我们可以看到，早期的都市报，大多是党委机关报的子报，本质上是机关报的延伸，弥补机关报高高在上的不足。

随着社会分层愈加复杂，价值观日趋多元，机关报的性质，使它们远离普通人的阅读需求和习惯。作为机关报延伸的都市报、晚报，迅速获得了广泛的市民读者。

但是，即便都市报晚报拥有广大的消费者，在机关报领导的眼中，只是小金库钱袋子，是安排人员的"留守处"；而在管理部门的眼中，只是"小报小刊"，无足轻重。所以，也就有管好了"大报大刊"，小报小刊泛不起什么浪花一说。

即便那些在业内影响力较大的都市报，由于其偏居一隅，且严重受制于主报和地方有关部门，其报道产生的影响力之于权力中枢基本没有什么激荡。最有影响力的大概就是南都报道的孙志刚案，但获得这样关注度的例子很少。

对于传统都市报的认可，除了读者外，更多来自业内和学界。

但是，《新京报》不一样。它是光明日报和南方日报联姻的产物，诞生于当年文化体制改革高潮时期。有光明日报号称知识分子报纸的政治背景，还有南方报业集团的人文传承，加上其市场运作经验和人才储备，特别是有《南方都市报》的全方位投入，使得它一出生就风华正茂，由于南方报系名声在外，加上出生的道路又比较曲折，因此就格外受到各方关注，特别是高层的关注。

不过让《新京报》引起高层关注的主要还在于报道。过去除了南方周末等个别全国性时政媒体的一些深度报道，对高层有一定影响外，其他都市报，不是说没有好的报道，但是因为地缘关系，加上过去网络传播不发达，影响力基本上没有得到扩散。

但《新京报》就在北京，它的读者除了普通市民，更有一些掌握话语权或者在党政机关工作的市民，我就知道有很多中枢机构和甚至高层领导都订有《新京报》，因为他们的阅读、关注，《新京报》即便不想有影响力也难，加上《新京报》的办报理念、新闻操作手段以及传播方式与传统都市报有很大的不同。

《新京报》存在与中枢眼皮底下，登高声自远。尤其核心报道和评论文章所产生的影响力，就远非其他地域媒体深度报道可及。

无论是宝马撞人案之后《新京报》连发的8条评论，还是甘肃讨薪案连发的十几篇评论，以及黑龙江水灾那个令人震撼的手印、嘉和拆迁案、定州血案、周老虎事件、佘祥林案、赵作海案、石家庄王亚丽案、最近刊登的一组农民拆屋上楼以及对吕日周现象等的讨论，等等，这样的报道，外地兄弟媒体可能也做了，但影响力有些边缘；这类信息，高层管理部门，过去只会在内参里才能读到。北京原来的几家报纸，很少涉及这类报道。但现在，《新京报》直接将它们呈现在读者面前，震动自然很大。

一点都不夸张，就是从《新京报》始，都市报开始进入高层管理部门的视野，其社会影响力被权力中枢认识。高层改变了看法，认识到，《新京报》

开本虽小，但有主流报纸的式范，特别是一些门户网站的转载，使其影响力甚至比原来的大报还大。

管理部门渐渐改变所谓都市报是小报的观念，在管理方式上也开始进行调整。比如，开始举办都市报总编培训班，尝试了解都市报，当然也想着要把都市报纳入管理。

职业化保证了《新京报》的品质

新闻报道的职业化之路，是从《南方都市报》开始的。

从《南方都市报》开始，许多有理想的从业者，开始把报业当职业，专心办报，以办好报纸，作为立身之本。

过去体制内的传统报纸，办报者身在曹营心在汉，虽然身在报业，却心托远方，想的是曲线救国，做报纸是途径，主要是借此获得体制的认可，晋身于仕途或其他。

比如，机关报老总做好了，往往会成为管理部门的领导；把报纸做好，上级也可能会调你去其他岗位。现在我们也看到，一些都市报办好了，也可以晋身为机关报的领导（其实有很多都市报的社长总编辑就是机关报的副职领导兼的），在一些包也比较发达的地方，这样的情况更多。

对于他们而言，自己就像螺丝钉，放在哪里就在哪里立身，办报跟做行政工作没什么区别。作为一级党政部门的领导，他们考虑的是行政级别是不是相符，而不是你的专业水平、政治水平、职业优势是不是适合这份报纸。

既然办报是一种行政安排，就不可能产生职业报人，大家都觉得自己是过客，当然也有的正好赶上最后一站在报社，就在报社退休，享受相应的行政级别。因此报纸的掌门人很少会挖空心思去做长远的规划并付诸实施，有时也做三年五年的规划，那主要是为了给上级一个交代，谁会专心致志去做一件你没有必要负责到底，除了这个你还有其他选择的事情啊。

于是，体现到报纸上，基本上就听上面交代的，领导不让做、不希望做、不肯定要不要做的，一概不做，为什么要多事呢？最后呈现给读者的报纸，可能就不是符合新闻规律甚至宣传规律和传播规律的。

应该让职业报人办报。

在《新京报》，新闻工作职业化，已经成了主流的选择。我和我的同事，都觉得办报纸是一种职业选择，跟做公务员、当教师、做科学研究一样。我们的有生之年，就是献身报业，把报纸做好，做得有影响力、有市场、有经济效益，是我们当仁不让的使命。

职业化的新闻人、报人，总是愿意心无旁骛，全身心投入自己的工作。面对压力和挑战，也总是想法设法去解决，直接不行，那就迂回。

报业职业化，其实不会危害政治导向。职业报人首先一条就是保证报纸的政治安全，要在现有的体制下行使新闻媒体的权利，坚持党的宣传政策，坚持报纸看护好国家人民的根本利益。如果不能判断办报环境，不能理解落实好有关主管部门的要求，就不能说职业化。

当然作为职业报人，还要有判断局部利益和全局利益、地方利益与中央利益、个别人利益和广大民众利益的区别，要站在更高的法治和人文的境界，对新闻事实做分析、研判、报道，而不是简单屈从于压力，放弃基本的原则。

如果碰到各种利益纠葛，作为职业报人应该在有限的空间之内，殚精竭虑，寻求各方面能够接受的方案，使报道尽可能地满足读者的知情权、参与权、表达权和监督权，这是职业新闻人应该做的。

《新京报》拥有一支职业化、专业化的新闻队伍，他们在操作重大核心报道，特别是一些舆论监督报道、热点和突发事件报道上，更负责任，更准确客观，技术上更经得起推敲，从而保证了《新京报》的品质，为《新京报》赢得了尊重。

而在很多传统的报纸中，职业化至今未能建立起来。

《新京报》的人文情怀

这些年，很多媒体都强调人文情怀。

《新京报》尤其注重，从创办开始，并把这种人文情怀真正付诸行动，融入报道。

我们一直认为，对生命的尊重，对人性光辉的褒扬，对人的权利的维护，能让读者在一个处在深度转型时期、纷繁复杂的、不时发生各种灾难的社会里看到希望。

《新京报》特别注重对弱势群体和社会底层民众生活命运的报道。北京没有一家媒体，像《新京报》这样，关注外来人口及其子女的生活、就业、受教育，关注行乞者、关注被城管追逼下商贩的境遇；也没有一张报纸，像《新京报》一样，关注那些上访的群众，关注被拆迁者，特别是那些受到暴力拆迁的农民的利益；关注"蚁族"、房奴、关注因没有生活费而去抢银行的大学生，即便如马加爵这样的人，我们在谴责之余也希望给读者留下一些思考。

做这样的报道，《新京报》不是猎奇，不是简单地呈现社会负面，而是为了最终意义上的公平正义，为了张扬人的尊严。每一个人从权利上都是平等的，当下中国社会尤其需要这样的意识，每个人不是一个数字或者符号，是鲜活的生命，生命没有高低。因此我们在汶川地震后，倾注心血制作了"逝者"和"活着"两个特刊，结果被相关机构授予灾难报道特别奖，我们的版式也获得了"SND"的认可——从版式中体现人文关怀。

人文和法治其实是一个整体的两个方面，尊重人的权利，关怀人的命运，也折射出法治的理念，我想这也是《新京报》赢得尊重的一个重要原因吧。

让经营团队对报纸充满自信

《新京报》今年的经营状况非常好，营收超越北京同类报纸，跃居北京市场第一，应该没有问题。

《新京报》能有今天的成就，除了报纸的品质，经营队伍的进取、特别是他们对报纸的了解是关键。

我说过，要办好一份报纸，采编人员必须有新闻理想，相应的，经营人员要做好业绩，就必须了解自己营销的产品，确立对产品的信心。

要确立对产品的信心，通常从两个方面入手。

一个是借助《新京报》的品质，传播《新京报》影响力。有好的报道，就会有好的口碑，好的口碑就会有好的影响力，先是业内的，只有业内人才知道其他报纸做得好不好，当然还有读者，同样的题材，别的报纸做得怎样，《新京报》做得怎样，一目了然，这样报纸的影响力就有基础。

当然也有读者、客户对《新京报》的了解不是很透彻，他们可能有阅读惯性，习惯于以前看的报纸，主观地认为看惯的报纸最好，这样的情况下，就需要营销人员给他们讲解。

怎么讲解？我们的办法是讲《新京报》的内容品质，讲报道优势，讲报纸的好的形态。

采编部门定期会把近期主要的报道以及产生的反响，包括其他媒体如新浪、腾讯等门户网站转载的本报报道、评论以及相应的转载率排行等情况，简报给广告和发行部门。

而发行同事也会随时将《新京报》与其他媒体比较的市场份额变化、订阅和零售情况告诉广告营销团队。比如《新京报》在有影响力场所的销售情况，在有影响力的人群中阅读情况，以及相关的口碑等。

我自己在经营人员培训会上（这种会也是定期开的，每周或每月不等），更多是讲《新京报》的优秀报道和评论。比如今年的王亚丽事件的报道，以及受到中纪委等部门的重视，最近的剥夺农民利益的"拆迁上楼"系列报道，以及随后的国务院常委会议要求对这类试点的规范，等等。通过这样的报道的宣讲，可以让营销人员了解自己所服务的报纸，并感到有尊严，有荣光。出去谈业务时，充满自信。

你不是说"总编是最佳推销员"么？《新京报》就是让每一个销售人员，无论是做广告还是发行，都要懂得《新京报》是一张什么样的报纸，它的价值和存在的意义。

还有一个，就不用多说了，那就是经营团队的营销技巧，包括沟通能力，这是基础的，是所有业务人员都要具备的。只不过《新京报》有一套更好的激励机制、分配机制，有助于把大家的积极性调动出来，因此自创刊以来的《新京报》的经营业绩能保持20%的增长速度。

让懂报纸的人去营销报纸，与有新闻理想的人做新闻一样，战无不胜。

《新京报》是有理想的新闻人共同的平台

《新京报》创办以来，因为各种原因，人来人往。

即如你说的，一些人走了一圈之后，又回来了。为什么？

很简单，因为他们在外面转了一圈，发现在《新京报》相对还能做点事，还是能保有理想的工作平台。这样的平台不多，而《新京报》却是。

他们发现，第一，在《新京报》，确实还能做心目中的新闻；第二，做出来的东西，通过《新京报》还能产生一定的影响力。不仅对社会公众，甚至还有可能影响到高层。因此《新京报》算是为数不多的好的新闻平台。

《新京报》的人很单纯，理想主义者都比较单纯。

《新京报》没有传统单位的公司政治，人际关系比较简单，也没有传统体制的惰性。对于员工而言，做好了给奖励，出了问题承担责任，依靠制度，赏罚分明，不需要看那个领导的脸色，很简单通透。

《新京报》人来自五湖四海、各个媒体，但他们都有底色，底色就是新闻理想。这个底色，最初是从《南方都市报》带来的，现在有了自己的积淀。有理想的人，只为理想而努力，不是为某个人某个派系，他们都是《新京报》的人，讲责任，有理想，我自己也一样。

在理想主义基础上建立起来的内部文化，是趋同的，有凝聚力的。

《新京报》人个性都强，但大家都怀抱共同理想。理念一致，才能步调一致。大家可以为具体业务问题热烈讨论，甚至严重争执，但不会伤害到情谊和合作。大家各司其职，各尽其力。而一旦面对违反基本价值理念的外部压力，大家会高度一致，一起承担。

《新京报》能取得今天的成就，归功于全体《新京报》人，我只是其中之一，说重些，算是领头的，很多决策确实是我做的，但我也只是做好一个"领头"的人应该做的事。这些年经历坎坷，但我对《新京报》这支团队从来没有动摇过，我也以我的以身作则、身体力行，让大家一起坚强、认真、负责，保持理想，脚踏实地，勇于担当。

这些年来，我依然很包容，从来不会用世俗的眼光来评价、约束我的同事和下属，理念一致，就是最好的伙伴，只有心胸宽广心底无私才能相处久远。

空间是自己争取到的

做媒体的人都知道度的把握很重要。就像你刚才看到的。

天子脚下皇城根前，固然有其优势，但困难也大。在《新京报》，度的把握是最难的，最磨人的。

比如朱厚泽去世，别的媒体做了可能没事，但《新京报》就会有困扰，这是一种说不出来的感觉，也是其他都市报和报社其他同事比较难易理解的。类似的情况很多。

我值夜班看稿子，都五年了！

不是说我不信任其他同事，更不是我要用什么权力，我的同事，特别是高层人员，他们在把关方面总体是驾轻就熟的，特别是经过这些年的磨炼。

《新京报》人单纯，新闻理想主义、职业精神以及新闻专业主义都很好，但有时对中国特有的政治环境和相关潜规则的理解，相对弱一些。比较而言，我的嗅觉会好些，知道他们的命门和痒处在哪，结合这份报纸该坚持什么，把握起来自如些，尽管有些时候也很纠结、无奈和绝望。

《新京报》由于其新锐、敏感，总是游走在底线边缘，但我不能采取传统的做法下个命令一禁了事，这最简单，也是传统报纸通常的做法，但大家的创造力会受到挫伤，这份报纸也就死了——这也是我跟主管单位领导沟通时，最讲不清楚的问题。

世上没有不能报道的东西，关键是如何报道，如何把握度。比如，上面有要求，某件事情"不炒作"，应怎么办？某件事情"不渲染"，又该怎么办？还有"妥善把握""适度关注"等，又该怎么办？报道不报道？评论不评论？报道和评论的分寸在哪里？对于职业新闻人而言，法无禁止即可做，但结合现实政治，要做到既保持锐气，又减少摩擦麻烦，需要智慧。

对于《新京报》和类似媒体老总而言，在中国做新闻，度的把握，是最头疼也最考验人的，当然也是最能显示报人水平的。

空间是自己争取出来的。

传统体制内的媒体，解决此类问题很简单，不让做就不做，宁可执行过头，也不会去"冒险"，他们不用考虑报纸的生死。但如果想办一份真正的报纸，可能就得学会博弈，这是宿命。其实有些时候对上面指示的"创造性"执行，效果可能更称"上意"，比如汶川地震，要求不要派记者，不要自行报道，但很多都市类媒体做了，结果效果"出乎意料"的好。

所以偶尔的适度的冲撞，是非常必要的，也有利于生存空间的拓展。

相互博弈越久越深，无论是管理者，还是媒体，承受能力也会越大。其实，很多东西的推进与改变，都是依着这样的逻辑的。媒体能够走到今天，管理者的容忍度与前十年、前几十年相比有这么大的改变，其实就是互相博弈的结果，舆论如此，社会也是如此。

最难的是坚持

对于一个职业报人，最难的是坚持，特别是在北京办一份有一定影响力的都市报。

你常态地、不得不花很多时间，去面对，去周旋，去处理那些无厘头但搞不好是致命的事，这也考验一个人的忍耐力。

做人，不能对不起朋友，做事，不能对不起原则，办报纸，不能对不起理想。但坚持做到，有时候实在很痛苦。

这就像赵氏孤儿里，公孙杵臼对程婴所说的，死易，把孤儿抚养成人复仇难，冲冠一怒，疾言厉色，然后甩手离开，虽然短时痛苦，却是一了百了，可能还能博个"江湖英名"。

但坚守者，却要时刻经受煎熬，甚至还要面对误解和敌意。我没有太多的奢望，只是想做一个报人应该做的事情，我对前途总还乐观。

我理解的《新京报》的办报定位是：不想拆房子，只是随时提醒主人注意打扫房子，以便更适合居住。这个定位与转型时期中国社会要求一份媒体承担的责任是相吻合的，是与改革开放并不断进步的中国现实相吻合的。

《新京报》愿意做执政者和民意之间的那道桥梁，让彼此知道对方在想什么。利益多元了，各方想法都不一样，有个平台来对话不是很好？求同存异，才能趋于大同。

一些官员总觉得媒体报道是添乱，总是怀疑媒体的动机，其实很不应该，媒体作为瞭望哨，提出警示是分内之事，不能因为这样的提醒让大众或者执政者知道而不满。封建朝廷还允许御史大夫的谏诤，知道是为了更好维持政权，更何况在现代社会？忠言逆耳，要给新闻人空间。要相信绝大部分报人是爱国的、是明白利弊得失的，是希望社会进步的。再说现在更有负面影响力的还是网络的传播，反而管理得不紧。

既然这份报纸，承载着我们的理想，又是一份职业，我们就要以职业的心态来做好它，才能对得起这份报纸，对得起自己。

所以，对别人喝酒吃饭娱乐的时候，我还在办公室看稿，更多的时候还是心甘情愿的，毕竟这里能够体现自己的价值，说实在些是考量自己的业务能力，专业水准，说大些也体现着自己把关的智慧——第二天与同城媒体比较一下，高下即定。

如果把一份看似平凡但如履薄冰的工作，做得快乐，做得得心应手，应该还是一件值得欣慰的事情。人生在世，能碰到一件自己喜欢的事情并不容易，要做好它就更不容易，如果我们所做的工作，不仅能让一份白手起家的报纸在北京主流人群中有相当的影响力，并且还能为推动社会的进步尽力，应该是值得高兴的吧。

本文原载于《南方传媒研究》2010年第27辑，作者朱学东现任《新京报》社长助理，传媒研究院常务副院长

创办《新京报》，回归常识

张寒

回归常识的十年

这 10 年对你是怎样的十年？

戴自更：是至今我的生命中最有意义的 10 年。

为什么？

戴自更：王小波有一句话，大意是：人活在这个世界上，就是为了明白一些道理的。你通过生活、做事，明白了一些事理，再进一步因此做了些对社会有益的事情，就是有意义的吧。

懂得了哪些道理？

戴自更：通过办报及相关经历，搞清楚了一些常识，其实很多东西没那么复杂和高深。马克思讲得经典：生产力决定生产关系，经济基础决定上层建筑。如果你明白国家是怎么回事，制度是怎么回事，媒体是怎么回事，新闻是怎么回事，就不会愤青，也不会盲从。在此基础上，价值判断也就有了，对事业，对工作，会有自己的态度。以前对很多问题比较纠缠，这 10 年是回归常识。

2002 年 11 月你在做什么？

戴自更：当时在采访十六大。

对十六大的采访有什么事情让你印象深刻的？

戴自更： 十六大有不少新的提法，让我觉得国家的经济体制、政治体制和社会体制改革会深化，自己很有做事的冲动。我在广东10年，亲眼目睹市民争相购买报纸并认真阅读的场面，觉得做媒体也可以赢得职业自豪感。

十六大报道结束后，《光明日报》让我办一份新报纸。我相信自己可以有所作为。如果说我人生的第一个起点是读大学，办《新京报》就是第二个起点。

正确的选择

从39岁到49岁，是人生中最重要的十年，你的心态有怎样的改变？

戴自更： 人说四十不惑，五十知天命。这十年我有了明确的方向并全力以赴，应该更加从容了。

《新京报》对你个人意味着什么？

戴自更： 一次正确的选择，也是一次值得的付出。

2002年的媒体环境是怎样的？

戴自吏： 当时都市报正如火如荼，影响力渐渐超过了传统党报。当时没有微博，有门户网站，但影响力不及传统媒体。由于惯性思维，许多人把都市报称作小报，认为权威性不够，报道的是社会和娱乐新闻，主管部门也不太重视。

作为报人，这十年你感受到的舆论环境有怎样的变化？

戴自更： 一方面社会对舆论、对信息的渴望越来越强烈，与十年前相比，可以说呈几何级数增长，另一方面随着都市类媒体占报业市场的份额达80%甚至更多，社会关注度越来越高，主管部门越来越重视，管理越来越具体。

近两年，随着微博的崛起，报纸的传播地位有些尴尬：一方面，自媒体使信息传播更快更透明，而报纸有24小时出刊周期，往往错过第一落点，办报的挑战更大。另一方面，民众对新闻报道和信息公开的呼声更高，但受各种制约，报纸很难完全满足，造成不适应。

作为一个报人，怎么去适应这种改变？

戴自更：我们的办报实践是把体现党的意志和反映群众呼声统一起来，尽可能真实报道，尽可能说真话，同时发挥好宣传、引导功能。《新京报》创办9年，也是不断适应环境的过程。《新京报》能够从无到有，从弱到强，赢得业内和广大读者的肯定，也从一个侧面反映舆论环境的变化。

办日报，每天就是一场战斗

这十年，你作为报人经受的最大的挑战是什么？

戴自更：最大的挑战就是既要满足读者的知情权、表达权、监督权，同时还要把握导向，不触碰底线；要保证报纸的传播力、公信力，得到市场的认可，又要兼顾各方平衡，让自己有生存空间。

十年中，对你来说什么时候最艰难？

戴自更：《新京报》创办的时候，不仅资金短缺，出刊过程也一波三折，最后还是中宣部领导拍板定的，那段时间我是在极度焦虑、惶恐和兴奋中度过的。当然后来也有过报纸面临夭折的煎熬。

你说过，办报是场持久战，每天都在打一场战争，怎么保证每天都能打赢？

戴自更：打持久战的意思，一是指办报应有一个远的目标，每天坚持向目标推进；二是指办报不能急躁，不能指望毕其功于一役；三是指要把握好度，权衡自己与环境的优劣势，有所突破的同时也要保存实力。

办日报，每天就是一场战斗，战斗的累积是为了实现战略目标，因此必须把每天的报道做好。要把办报理念渗透在每一篇报道、每一个版面，这是很辛苦的工作，需要顽强的意志。我常说，《新京报》人在用心血办报。

一以贯之的价值观

这九年是《新京报》不断成长的九年，你觉得《新京报》始终不变的是什么？

戴自更：是它的文化和办报理念。《新京报》给人的感觉是有责任感、使命感的，是有新闻理想、专业品质的。大家清楚做报纸的目的就是真实记录时代，准确诠释常识，从而推动社会的进步。因为有共识，所以《新京报》人比较纯粹，也有情怀。

你觉得作为一个报人最应该坚持的是什么？

戴自更：一以贯之的价值观和独立判断。

未来《新京报》的定位会不会改变？

戴自更：不会。去年9月，《新京报》划归北京市委宣传部主管主办，鲁炜部长特别强调要"继续坚持办报理念和方向不变"，他认为《新京报》"以独立的立场和客观的报道为基本准则，追求新闻的真实性和可读性，追求言论的稳健性和建设性，形成了优秀的、有内涵的品质"。今年以来，他多次要求我们"把《新京报》办成国内最优秀、最有影响力的都市报"。我相信，在市委宣传部的支持下，按照现有"新型时政类都市报"的路子走下去，《新京报》会有更好的未来。

作为一份新型都市报，这九年《新京报》改变了什么？

戴自更：《新京报》的办报理念没变，但操作层面改变挺多，我们改版就一年一度。还有我们变得更有耐心，更加成熟，这是从内部说。

对报业生态，《新京报》为新型都市报做了有益的探索：一定程度上改变了舆论主管部门对都市报的看法，变得更加重视；《新京报》读者视角的时政报道模式，不拘一格的言论版块，为传统党报改版提供了借鉴；其他如深度报道、版式设计、行业周刊及其操作手段等，也为同类媒体所仿效。我觉得《新京报》在中国报业史上还是有值得说的东西。《新京报》的一些经典报道，也或多或少地推动了中国社会进步。

办"互联网时代的报纸"

这十年也是网络媒体壮大的十年，你什么时候感受到网络媒体对报纸的压力？

戴自更： 2009年秋天，我看到新浪微博，突然意识到它对报业将带来前所未有的冲击。

有什么应对策略？

戴自更： 这两年我们提出"办互联网时代的报纸"，提出"深度化、杂志化、视觉化、差异化"的方向，我们不与微博拼传播速度、广度，而是拼专业、拼深度、拼公信力，我们相信在人人都会做饭的时代，依然需要专业的厨师。

当然，一代人只能做属于自己时代的事，作为传统媒体人，互联网时代的传播方式对我是挑战，接下来将作为鼓动者和组织者，让更多的员工利用新媒体、新技术去创新更多的传播平台，使《新京报》的优势能得到更好的体现和传播。

本文原载于2012年11月8日《新京报》特刊"报国十年"，记者张寒，受访者戴自更系《新京报》社长

办一份有尊严的报纸

戴自更

10 年前的 2003 年 11 月 11 日,《新京报》创刊。

现在呈现在读者面前的创刊号,应该说是试刊号,因为第二天的报纸在版式、字体等方面做了一些调整,但是《新京报》的气质或者说 DNA,应该说从那天就已经烙上了,至今也没有改变。

对《新京报》人来说,10 年努力的唯一目的,就是要办一份真正意义上的报纸。

它有基本的价值追求:真实报道,说真话,不说假话;它能让读者感受到真诚和平等,呈现跟他们一样的喜怒哀乐;它能传播给读者美感,从文字上、图片上、版式上;它能让新闻人拥有尊严,不是简单的工具,而是有自身存在的价值,能够从职业中获得成就感。

10 年来,《新京报》没有片刻忘记肩上的责任。我们奔走呼号,夙夜不敢懈怠,只希望看到国家更加公平正义。在这个急剧转型的社会,我们愿意做一所瞭望哨,尽心竭力地为掌舵者告知前方是坦途还是险滩;我们愿意做一个传声筒,情真意切地为执政者反映民意民情;我们愿意做一个缓冲柱,在维护党、国家和人民根本利益的前提下,为不同利益群体提供一个讨论和发声的平台。我们希望通过自己的努力,让弱势者得到保障,让强权者能够谦抑;我们希望国家更加强盛、人民更加自由,我们希望法治可以落实,民主不断进步。

10年来，《新京报》始终高扬理想主义的旗帜。是理想开启《新京报》的生命，也是理想支撑《新京报》人走过无数的艰难曲折。《新京报》执着于办报宗旨：尽可能满足人民的知情权、参与权、监督权。我们认为，真相是一切价值判断的基础，也是媒体存在的唯一意义，没有真相的呈现，就不可能推动社会的理性、和谐，也不可能达成社会共识。为了冲破既得利益者和地方保护主义对真相的屏蔽，《新京报》人一直前赴后继。因为我们坚信，对进步美好的追求，存在每个人心中，文明总会战胜野蛮，光明总会冲破黑暗，真善美总会驱逐假丑恶，这是社会发展的基本规律。因此我们无怨无悔。

10年来，《新京报》始终恪守新闻专业主义。我们认为，一份有公信力的报纸，首先遵循的是传播规律。无论是宏大叙事，还是突发事件，无论是舆论监督，还是民生简讯，我们始终严阵以待、精益求精。3653期报纸，数10万个版面，上百万条稿子，铸就了《新京报》的品质。从创刊号SARS后遗症调查开始，《新京报》一直活跃在舆论监督的风口浪尖，嘉禾拆迁、定州血案、王亚丽造假、新泰把上访者关进精神病院，等等，这些影响巨大的舆论监督报道，都遭到被监督者的强烈反击，但因采访扎实，报道准确，没给报社带来灭顶之灾。在遵循新闻规律的同时，《新京报》还有很多创新：重大题材报道，我们不媚俗，不迷信，有别出心裁的突破，突发事件报道我们求准确，抢时间，有点面结合的从容，就是一篇通稿，我们也力争做出特色。《新京报》是国内最早把言论专版化的报纸，是最早对视觉高度重视的报纸，《新京报》为国内都市报向时政化、主流化转型，做了有益的探索。

10年来，《新京报》始终坚持媒体应有的尊严。《新京报》从创办之时起，就独立根据报纸定位设置相应的采编理念、版面架构、报道风格。无数经验证明，剥夺媒体人来自实践的创新，必将吞食苦果。尊重实际而不是盲目服从，尊重创新而不是因循守旧，是《新京报》在激烈的竞争中立于不败之地的先决条件。《新京报》可以是工具，但是党、国家、人民的工具，不是既得利益者和个别地方、个别人的工具。我们希望堂堂正正地、平等地作为一份媒体活着，不想没有节操、靠乞求苟活。《新京报》也明文规定采编和经营分开，近乎严苛地要求采编必须坚守职业操守和新闻伦理，不能蝇营狗苟，不能斯文扫地，不能用话语权谋私利、搞交易。《新京报》之所以能在社会上赢得良好的口碑和公信力，固然有内容品质的优势、和位于首都这个制高点，还是因为我们能够始终如一地坚守媒体的底线。

10年来，为了这份报纸能不能出生、能不能成长，《新京报》人呕心沥血，现在当年的这棵幼苗，在历经无数阳光雨露、狂风暴雨后，已经枝繁叶茂，隐隐有参天大树的模样。10年磨一剑，《新京报》已经是当下北京乃至中国最有影响的报纸，但我们也再次来到一个新的起点。拔剑四顾，似乎该变的依然没变，该来的仍然没来，倒是要面对媒体格局变化的沧海桑田。"你的后面有条路，你的前面没有路"，该怎么办，需要重新给予回答。但后退显然不行，止步只能等死，只有向前，只有坚持，只有奋力再次一搏，以《新京报》和《新京报》人的理想、激情、智慧，以成千上万支持我们的读者的信任，相信能够赢得一个更加辉煌的明天。

本文原载于2013年11月11日《新京报》创刊十周年特刊，作者戴自更系《新京报》社长

西西弗斯的命运和《新京报》的使命

戴自更

今天是 2015 年 2 月 11 日，是《新京报》成立 11 周年又 3 个月。从一出生就风华正茂，到成为名副其实的北京报业第一，《新京报》走过了一条极不平凡的道路，在此我要代表报社，向你们表示衷心的感谢，感谢你们无悔的选择、勇敢的担当、辛勤的创造、不懈的努力。

过去一年，我们看到了中国的世界影响力不断提高，看到了改革正在深化、法治已经起航；过去一年，我们看到了反腐利剑撕开了不可一世的庙堂高官的画皮，看到了诸多老虎苍蝇表面道貌岸然、实则卑劣无耻的丑陋嘴脸；过去一年，我们看到了很多美好的生命在瞬间消逝，看到了家园的污染和破败，看到了还有普通民众的被歧视和被欺凌……也看到了一些曾经风光的媒体正在走向濒临倒闭的边缘。

与此对应的是，《新京报》依然保持良好势头：我们与新华社、中新社同为中国新闻原创力最强的媒体，涌现了一批堪称经典的优秀报道，是被网络新媒体转播最多的报纸，品牌美誉度和影响力依然名列前茅；因为各系统协作进取，报纸发行量稳中有升；广告业绩虽略有下降，但市场份额全面领先，有些行业甚至逆势上扬；我们的新媒体项目进展顺利，京津冀网站开局良好，书评周刊等一批新媒体产品崭露头角，动新闻等项目也在紧锣密鼓地推进。由于各方共同努力，报社今年的盈利水平比去年还好。相应的，大家的年终奖也比去年多。

同样是报纸，同样在中国，同样也遇到互联网的肆意冲击、面对市场的急剧恶化、面对难以捉摸的生存环境，为何别人走向了穷途，《新京报》能一枝独秀？我想根本原因，在于媒体的性质和媒体人的志趣、情怀：我们把做新闻当成终极追求，目的是社会公平正义；我们把新闻专业主义当作办报的标准，为大众说话，为人民服务。种瓜得瓜，立场不同、追求不同，结果当然不同。

进入2015年，我们面临着与去年相同的环境和挑战，也许状况还要差些，但只要我们激情不减，奋斗不止，我们依然能够实现预定的目标。我们要继续坚持新型时政类都市报的理念，继续把"办中国最好的报纸"作为目标，继续走"差异化、深度化、精品化、视觉化"的道路，继续坚持"独立性、批判性、互动性"，《新京报》的品质将会得到进一步提升。与此同时，我们要继续坚持影响力营销，继续完善事业部运行，继续做好资源整合，我们的经营业绩也将得到稳步提高；在此基础上，我们将利用品牌和内容优势，积极借助优质的渠道和资本，打造新媒体产品集群，实现向全媒体转型。

无论什么情况下，我对在座的各位同事、对《新京报》这支队伍充满敬意和信任，我相信，你们可以克服任何困难，过去的岁月已经见证你们是可以在绝境中创造奇迹的人，我希望大家能够从《新京报》这份工作本身找到意义，成为命运的主宰。在这里，我想讲一个西西弗斯的故事，西西弗斯是希腊神话中的人物，是希腊柯林斯城的建造者和国王，一个足智多谋的人。大家知道，神话中的宙斯喜欢女人，他掳走了河神美丽的女儿，此事正好被西西弗斯知道了，他以一条四季常流的河川作为交换条件，把这个秘密告知了河神。由于他泄露了秘密，宙斯派出死神，要将他押入地狱，但西西弗斯用自己的智慧制服了死神，最后宙斯只好派出战神，才把西西弗斯打入冥界。

为了惩罚西西弗斯，宙斯和众神设计了一个办法：让西西弗斯没日没夜地把一块巨石推上陡峭的山顶，但每当推上山顶巨石又会滚下山去，于是他只能不断地重复——众神认为西西弗斯的生命将在这样一种无效而又无望的劳作当中慢慢消耗殆尽。

根据加缪的引申，西西弗斯的故事有了全新的结局：终于有一天，西西弗斯在这种孤独、荒诞、绝望中发现了新的意义——他看到了巨石在他的推动下散发出一种动感的美妙，他与巨石的较量所碰撞出来的力量，像舞蹈一样优美。他沉醉在这种幸福当中，以至于再也感觉不到苦难。当巨石不再成为他心中的苦难时，巨石就再也不会从山顶滚落下来。——西西弗斯的这一奇妙发现超越了自己的命运，他感觉到自己是命运的主宰者，因此他变得更加坚强，也终于找到了属于自己的幸福。

我相信，《新京报》的办报理念是符合新闻规律的，是有益于社会进步和美好的，因此我们的付出和努力不会白费。我们也曾扼住过死神的喉咙，我们也会等到巨石不会再滚下的那一天，我们也会找到属于自己的那种幸福。谢谢大家。

本文系戴自更 2015 年 2 月 11 日在"2014 年度新闻奖颁奖典礼"上的讲话

不要忘记我们为什么出发

朱柳笛

《新京报》就是戴自更的理想,也是他的事业,尽管这12年里他形容为历经诸多"关乎生与死"的时刻,但最后还算走得顺当,从未动摇他办一份真正报纸的决心。

在办报这件事上,他一如既往地"拧巴",极少妥协:"说真话,讲真相,回归常识。"这种特性,也让《新京报》开传媒时代之先河,收获了不少赞誉。

但回顾过去,每每谈到激动时刻,他又会流露出一丝和年龄并不相称的羞涩。

10月26日夜,微凉,《新京报》5楼的办公室里,老戴说起最近让媒体人焦虑的"转型",除了对内容的自信,他的语气还有些悲壮。传统媒体时代的消逝如此之快,让人错愕,而新的介质又未完全被驾驭,总需要新的人来做新的事。

在这样一个混沌时期,他提到了一个词——"人梯"。"我愿意担当人梯的角色,让我年轻的同事们实现自己的理想和价值。"

办一份真正的报纸

在办报的 12 年里，你的初心是什么？

戴自更：初心很简单，办一份真正意义上的报纸。

这和你所接受的教育有关吗？你曾受到怎样氛围的感染？

戴自更：投身这个行业，确实是受到法拉奇等一代新闻人的影响，她的经历让我觉得，记者的职业很崇高，可以改变很多。还有获普利策奖的战地记者、调查记者，他们去一个地方，告知人们那里发生了什么，真相是什么，这些事件对社会、对个人意味着什么。

办报纸的目的，就是告诉人们真相，同时提供进步的、美好的价值判断，说真话、讲真相。

这初心从办《新京报》到今天，有变过吗？

戴自更：没变过。我始终认为，媒体存在的价值，就是揭示和还原事件真相，提供有价值的、有趣的新闻信息，不要有任何虚伪和矫饰的东西。媒体是一个正常社会生态链上应有的一环，它满足人们的知情权、参与权，以及在这个基础上的监督权。这一定位要求媒体是理性的、基于常识判断的。

你认为目前《新京报》起到这个作用了吗？

戴自更：我觉得多少起到了这个作用，在满足大众的知情权、参与权和监督权方面还是有所成绩的。我听到很多这样的评价——《新京报》还是中国最好的报纸之一。

媒体是时代的灯

2003 年，你 40 岁，打算创办一份新报纸时，最希望能做到什么？

戴自更：前几天与一位长者交谈，他说媒体应该是一盏灯，这种说法给我启发。媒体应该是照亮别人灵魂、给别人以方向的灯。不同时代有不同的照明工具，从棉籽油灯、煤油灯，到电灯、LED 灯。作为媒体人，我们就是点灯的人。

你在之前的媒体工作时，无法实现这种目的？

戴自更：感觉在之前的媒体，很多应该信奉的新闻专业标准并不被重视。看到的明明是这样，报道出来可能是那样；明明是常识，结果变成了绕口令；该报的不能报，不想报的要报，这个太让人难堪。当然不是所有时候都这样，但有过几次这样的经历，就会觉得很纠结，没有尊严。我觉得有时也不是政治上的要求，只是谨慎过头和惰性使然。

那时传媒界的局面和氛围是怎样的？能感受到的最让你觉得激动的时刻是什么？

戴自更：当时媒体环境比较宽松，都市报的发展如火如荼。我在广州时，订阅了《南方都市报》，感觉比较犀利又贴近现实，新闻操作跟我理想中的比较接近，报道的内容、角度、立场，使用的版面语言，包括一些大型策划，都让人觉得惊喜并恰到好处。我好像找了很久，蓦然回首，觉得这才是一张报纸，因此对南方这批新闻人有着职业上的尊敬和信任。

在创办一份全新的市场化媒体时，你给自己的定位是什么？改革者？还是其他？

戴自更：从当时所在的单位来讲，我给自己的定位是改革者，也确实想办一份不同于光明日报这样的报纸；作为《新京报》这份新型时政类都市报的创办人，我算一个开拓者。

我和我的同事遵从这个理念，改变了传统报纸的形态，后来一些都市报甚至全国性党报，从版面架构、版式风格、到新闻操作手法、报道角度，都有《新京报》的影子，可以说《新京报》对中国报业的进步是做出了贡献的。

讲一个创办过程中最让你感慨的故事吧。

戴自更：《新京报》创办时，不仅资金短缺，出刊过程也一波三折。很多人认为在北京办报是"找死"。他们不知道当时北京的报纸比南方的要落后一个级差。印象较深的是,为了跟领导解释我们要办一份什么样的报纸,我从广州背了一个月的《南方都市报》到北京,厚厚的一摞,我讲了大概,又把报纸分送给他们,最后我也没搞清楚,他们是不是明白了。

不断发声,是要建设它,不是毁掉它

回顾《新京报》走过的12年,你觉得有哪些重大节点或是艰难时刻吗?

戴自更:《新京报》差一点就办不了,最后是中央主管领导拍板定的。这之后,每隔一段时间,关乎报纸生死的问题就会冒出来,比如2005年底2006年初、2011年秋、2013年初,都有过类似经历。这些遭际,对别的媒体和媒体人,可能经历一次就很不容易,在我们则是接二连三。

你曾说,适度的冲撞,对办报是非常必要的,也有利于生存空间的拓展,怎么理解?

戴自更: 任何规则都是依据一定阶段的实践制定的,有些规则可能已经不适应了,这样就需要"适度的冲撞"去突破,证实它的不合理性,这其实是改革的一种方式,办报也是这样。"适度的冲撞"的存在,对促进媒体的生存空间是10分必要的。当然"冲撞"必须有相应的前提条件作保证,否则会招致麻烦。

这些博弈和冲撞带来的成效是什么?

戴自更: 使《新京报》的特色更加鲜明,同时提升了我们新闻操作水平和把控能力。12年来,《新京报》成千上万的舆论监督报道,产生了广泛的影响,没发生一例事故,证明这种冲撞是必要的,也是可能的。

怎么定位《新京报》的存在价值?

戴自更: 一些人问我,《新京报》的价值观是什么?我这样回答:如果把这个国家看成一所房了,媒体也是家庭成员,其中一些成员把眼睛蒙起来，一昧地说好，还有些成员对什么都不满，想把这所房子拆了或者烧了。我们不是这样，我们希望家里把环境搞好一点，苍蝇、蚊子少一点，家里的人能平等相处，公平分享权利。我们不断地发声、提醒，是希望引起家长们重视，让住在里边的人能舒坦一点。

没有因为个人利益干预过稿件的处理

办报会经受煎熬，甚至要面对误解和敌意，孤独和痛苦。你有这种感受吗？

戴自更：有的痛苦还真不好跟人讲。一份报纸，12年来能一以贯之地坚持客观报道，坚持说真话，是不太容易的，但我们做得还不错。该说的话基本说出来了，尽管有时候讲的不那么直白，该报道的也基本报道了，虽然够不上"报道一切"。我对自己有要求，就是当你过了10年、20年，甚至几十年，再翻看这份报纸不会感到脸红，没有出尔反尔的东西，没有丧失尊严和理性，没有讲过假话，这样就对得起自己了。我不认为一份报纸的品格与办报人的人格是可以分开的。

你的朋友说，因为办报，你也得罪了不少人。

戴自更：得罪人肯定有。因为舆论监督报道，很多人找来，有各种关系，如果都应承，报纸就没法办了。我给自己定了一条：除了上级主管领导，谁来说情一概不理，这样当然得罪人。中国是人情社会，你不给人家面子，别人当然觉得你不近人情，久而久之朋友来往就少了，不过这样生活也特别简单。等哪天退休了，我挨个去向人道歉，看能不能得到他们的谅解。

就没有过妥协的"特殊时刻"吗？

戴自更：可以肯定的是，我没有因为个人利益干预过任何稿件的处理。

这么做值得吗？

戴自更：做任何事情都有代价的吧？我想《新京报》能够走到今天，并小有成就，与我这样的处事方式有很大的关系。因为自己不以私废公，报社各级管理人员，甚至普通的采编人员，也都坚持遵行，报社的风气就很正，形成了良好的职业自律。我认为，做任何事情都会有代价，何况是自己感兴趣、有意义的事。报社这份工作是有些苦、有些抑郁，但也满足了我不少欲望：可以服务社会，可以拥有尊严，可以实现人生价值，当然日常也够养家糊口，我觉得是痛并快乐着。

现在，你觉得《新京报》的"初心"还在吗？

戴自更：它已经融入企业文化中，尽管现在提及的时候少了。但每当重要时刻，这种"初心"就会凸显出来，比如不久前我们在天津港爆炸的采访中，参与报道的记者编辑既有已在《新京报》工作10年以上的老员工，也有刚刚入行的90后记者，他们的工作热情、职业态度、奉献精神，完全是"初心"的诠释。

你们会找到一条更好的路

对你来说，现在也是《新京报》的艰难时刻吗？

戴自更：可能比以前遇到的还要艰难，至少以前方向是清晰的。不过我还是相信报纸自身也是有前途的，据说日本的《读卖新闻》现在还有900多万的读者。当然如果《新京报》转型能成功，顺利进入全媒体时代，更好。

转型方面我们做了哪些尝试？

戴自更：从2012年开始，我们就在新媒体方面做了一些布局，也有一个规划，就是用我们的原创优势与技术和传播渠道嫁接，创建新的媒体形态，目前如"热门话题"、大燕网、动新闻、微信矩阵等，都有一定的市场前景。此外我们也尝试提高版权的价格，逐步让原创内容不至于只是成为他人网站的奶牛。

做原创真的可以找到未来之路？

戴自更： 不论什么时代，不论什么形式的媒体，有价值的、特别是原创的新闻资讯总是需要的。

做原创内容肯定有前途，现在很多资本选择原创内容，也验证了这一点。当然做原创内容，尤其是做适合互联网传播的原创内容，并不是一件容易的事，与传统报纸的原创内容有本质上的区别，一篇稿子放在报纸上，可以滥竽充数，在精准阅读的新媒体中，是原形毕露的，其影响力是根据数据来评价的。这对我们传统媒体人是巨大考验。

说说未来吧，你觉得《新京报》的未来在哪里？

戴自更： 无论传播介质如何改变，媒体和媒体人的精神不能改变，推动社会进步美好的信念不能改变。未来，什么都有可能改变，但唯有理想不变，这是今年社庆的广告词，说得很形象。

未来吧，你给自己的定位是什么？

戴自更： 鲁迅有句话我很喜欢，"肩住黑暗的闸门，放他们到光明去"。过去12年，作为《新京报》的掌门人，这是我行为准则的座右铭。我更多的是承担起责任，领着大家义无反顾地去创新、开拓、尝试。遇到挫折了，招呼大家抱团取暖。接下来，我将更多地做好"人梯"，帮助年轻一代媒体人去实现属于他们的梦想。

本文原载于2015年11月11日《新京报》创刊13周年《不忘初心》特刊，记者朱柳笛，受访者戴自更系《新京报》社长

二　办一份进步的美好的报纸——

坚守新闻专业主义

理 念

舆论监督是《新京报》人的职业自觉

戴自更

《新京报》刚创办时,并没有设专门进行舆论监督的部门,大概在报纸创办了两三个月后,才设立一个"深度调查报道部",开始着重做一些舆论监督方面的报道。可以说,做舆论监督报道是出于《新京报》人的一种职业自觉。

《新京报》是2003年创办的,正值新世纪之初,当时整个国家进入转型期,各种社会矛盾纷纷显现,利益格局更趋复杂,人们的价值观也开始发生转变,原来的社会管理模式和相应的体制、机制与现实环境出现诸多不协调的地方。我们意识到,《新京报》作为一份时政色彩比较明显、定位中高端人群的都市报,不能像其他传统都市报一样,只是简单地报道一般新闻,而应对处于急剧变化的时代中出现的各类社会现象、各种典型人物、以及这些新闻事件和新闻人物背后错综复杂的利益格局做深入的调查、解读和揭示。

正因为如此，记得当时讨论这个部门的定位时，主要是在题材选择上、报道方式上有别于一般的动态新闻，更多的是满足读者对"新闻背后"和"新闻纵深"的探究，相当于中央电视台的"焦点访谈"和"新闻调查"，而这个部门设立时的正式名称也叫"深度调查报道部"，至于后来把"深度调查"称为"舆论监督"，确实有些偏颇，但也可以理解，毕竟这个板块所做的很多中型的新闻调查，远不如一些舆论监督报道那样更多地引起社会的关注。

舆论监督对于社会发展和媒体自身，都有着重要的意义。从社会角度来说，媒体是整个社会生态链的重要组成部分，我们这里不能提"第四种权力"，但媒体的监督属性、社会瞭望者和警示者的身份应该是肯定的，正因为这样的社会角色定位，决定着媒体对社会发展必然有重大的推动作用，很多时候，正是通过媒体的报道，特别是舆论监督报道，修正了既往的过错和不适合的地方，推动了社会的进步。举个国外的例子，20 世纪 60 年代，美国的黑人和白人孩子是同校不同班的，后来亚特兰大的一所学校的黑人和白人发生冲突，一个记者就这一事件做了一篇调查报道，引起全社会的广泛讨论，最后促进了这种种族歧视的现象的终止。再举个国内的例子，2003 年，有家媒体发表了一篇"青年孙志刚之死"的报道，讲一个青年人因为没有带身份证，在广州被警方收容，最后死在拘留所。这个报道发表后，引起巨大社会反响，最后导致了被称为恶法的《收容遣送管理办法》的废止。2004 年，我们成立"深度调查报道部"不久，就推出了一个湖南"嘉禾拆迁"事件的报道，报道是从一对姐妹同日离婚开始切入的，离婚的原因，居然是拆迁引起的，嘉禾县委县政府为了推进一个商业项目的建设，要求被拆迁户必须尽快搬迁，如果有政府工作人员的亲属不按照要求劝说亲友接受拆迁，就将遭遇下岗的处分，因此才有了文章开头的"姐妹同一天离婚"的场面。《新京报》报道后，当时的温家宝总理做了批示，上级就把嘉禾的主要负责人做了撤职处理，停止了"株连"政策，维护了当地群众的合法利益。有一段时间，野蛮拆迁、违规拆迁这类的情况有所收敛，后来还出台了有关拆迁的一些规定。

从媒体自身来看，舆论监督是媒体的重要组成部分。一份报纸的功能归结起来就是满足读者或者说人民群众的知情权、参与权、监督权。我们是"人民当家做主"的社会主义国家，"当家做主"的意思并不是每个人直接去监督、问责公权力，而是通过相应的机制、渠道，包括授予媒体行使监督权。在中国，媒体都有主管单位批准的刊号，这就拥有了经过国家授权的、允许代表大众行使监督权的合法性，媒体如果不把这个权力用好，就称不上是尽职尽责。长期的实践证明，媒体的监督权是媒体得以续存、为社会和大众所需要的基本条件。什么时候、什么地方媒体的监督权落实得好，政治生态、社会环境往往比较好，媒体自身的发展也肯定好；什么时候、什么地方媒体的监督权落实得差，不说社会环境，媒体自身状况也必然不会好。媒体承担舆论监督的责任，不仅为法律所保障，也为人民群众所要求。

《新京报》创办12年来，舆论监督方面的报道非常之多。比较著名的有"嘉禾拆迁"报道、"定州血案"调查、"山东泰安上访人员被当做精神病人"、"石家庄团委书记王亚丽身份造假"、"农民被拆迁上楼"、"隐秘大师'王林'的金钱王国"、腾格里沙漠排污，还有北京平谷盗采金矿调查，等等。这些舆论监督报道有几个共同特点：一是事件典型，二是情节曲折，三是调查报道阻力大，四是报道的社会效果好。

典型性。比如嘉禾拆迁事件正值暴力拆迁、违规拆迁逐渐严重的时候，很多政府为了"土地财政"，不惜侵害人民群众的切身利益，嘉禾的公权力甚至到了肆意妄为的地步，下发红头文件要求所有公务人员必须无条件配合拆迁，甚至喊出"谁影响嘉禾发展一阵子，我影响他一辈子"的口号，报道才引起中央高层的关注。还有"王林现象"的出现，其实是当下社会价值观沦丧的一种表现，正是因为很多官员、明星等社会精英信仰缺失，迷信盛行，才让王林这样的江湖骗子能够凭借雕虫小技敛财扬名。"王林"们的存在，对我们这样的社会其实是一种警示。

情节曲折。上述舆论监督报道都有极为曲折的故事情节，有很强的可读性。比如有关王亚丽的调查报道，超出了一般人的正常思维。这个女官员，除了性别是真的，其他全是造假的，名字是造假的，年龄是造假的，工作简历是造假的，与相关人物的关系也是造假的，几乎就没有真的，但就是这样一个浑身是假、初中还没有毕业的农村女孩，居然能够一路过关斩将，通过各种的审查、考核、选拔，当上"石家庄团市委书记"，要不是她利令智昏，除了要官，还要发财，编造事实企图侵吞别人钱财，就还不会暴露。即使是最有想象力的影视编剧，也编不出这样的情节，让人反思现在一些地方的官员升迁是多么的荒唐。

三是舆论监督报道的过程阻力极大。"定州血案"，记者采访时一直被公权力部门盯梢，并且收到死亡威胁；腾格里沙漠污染，当地有关机构以攻为守，给上级单位写材料，说《新京报》记者是被"国外有关非政府组织"收买去报道的，意在抹黑国家和政府；那篇"泰安上访病人被当做精神病人"的稿子，幸好记者深入调查所掌握的材料相当扎实，没有任何硬伤，才让报社、包括我本人躲过了一场巨大的灾难——当地的反弹和诬告，让我领教了什么是黑白颠倒。因为舆论监督报道，《新京报》承受的压力非一般媒体所能想象。

四是社会效果好。上面讲到的那些报道，都收到了很好的社会效果。定州血案，当地主要官员因此被撤，制造血案的责任人被绳之以法；王亚丽连同她的各个保护伞，最后都遭到了制度和法律的惩处，她的造假经历成为中组部的反面典型；腾格里沙漠污染的报道，受到习近平总书记和李克强总理等中央领导批示，并被写进今年政协的工作报告和政府工作报告，当地一干责任人被撤职问责，污染治理被列入相关的工作计划；"农民被拆迁上楼"的调查温家宝总理有批示，被列入城市化中应该特别注意避免的问题写进有关文件。

当然，也有很多人问我，《新京报》做了这么多的舆论监督报道，真的没有碰到过麻烦？麻烦肯定有，但实事求是地说，没有带来致命的麻烦。原因很简单，我们所做的成千上万篇舆论监督报道，是严格遵循相应的新闻专业主义原则的，我们在真实性、程序性、职业性和稿件写作等诸多方面没有给自己留下致命的漏洞。

首先，舆论监督报道一定不能有硬伤，不能有事实上（包括主要细节上）出现差错，甚至是瑕疵。这就要求记者、编辑有丰富的调查经验，准确的判断力，还有高度的责任感和职业精神。《新京报》从事深度调查报道的记者、编辑大多是报社的佼佼者，他们是报社职业能力最顶尖的一群人。写入舆论监督报道的任何文字，都可以经得起复核和验证。如果事实上站不住，灾难将是不可避免的。相反如果事实上没有漏洞，其他的都是可以解释的。

其次是所有的舆论监督报道必须是报社职务行为，而不是记者个人行为。我们不会安排记者去做与其有利害关系的舆论监督报道，这也是职业上的避嫌。负责舆论监督报道的记者不能受别人请托，包括什么老乡、同学、亲戚、朋友等，尽管其提供的线索是多么的清晰；不能私下授受，必须报有关部门和负责人的批准；不能违背基本的职业操守，为自己利益去搞舆论监督，应该是本着社会利益。

再有，就是舆论监督报道的调查和写作过程中，应该保持零度感情。如果事件中有矛盾，对矛盾双方都要一视同仁，保持客观公正。即使遇到最让你反感的事情，也应该保持克制，尽量不要用超出事件本身的文字去表达情绪。要尽可能还原并记录真相。舆论监督的力量和效果不是来自情感，而是来自事实。

还有一点也很重要，在调查和采访过程中，要尽可能地通过合法的、合理的手段去取得相关的素材和资料，除非迫不得已。即便如此，也要保护线索提供者的隐私，不能让其因此受到伤害，如果有必要，报社负责人应该承担相应的职业责任。如果确实具有社会意义，尽管刊发相关的舆论监督报道会带来一定的麻烦，但有时也别无选择，谁让我们从事的是媒体职业。

很欣赏王健林的一句话，他之前在接受本报记者采访时说，"房地产商人应该做到亲近政府，远离政治"。报纸也是一样的，它在社会生态链中的位置、功能，要求它有独立的报道、独立的判断。看我们国家的有些报纸，对相同的一个人，相同的一件事，昨天的评价和今天的评价完全不是一回事，这是不行的，肯定不会有读者买账。也许有人认为这样少了麻烦，其实后面的麻烦更大。如果翻手为云覆手为雨，最后损害的媒体的是公信力，媒体没有了公信力，还有什么存在的价值？等你想起来的时候，大概也不会起到媒体应有的作用。我认为，当前对媒体舆论监督造成阻力的，一是地方保护主义，是地方，不是中央，中央的要求还是明确的，特别是现在提出"四个全面"的战略部署，没有舆论监督对一些负面因素的曝光、批评、监督，是不可能"全面"贯彻下去的。二是体制、机制；三是媒体人的责任感、职业素养、专业能力，这两个就不展开说了。

对《新京报》来说，尽管舆论监督这条路很崎岖，但职责所在，还得走下去。我认为办报纸的目的，不外乎两个：一是满足大众知情权，就是提供有用的新闻资讯；二是满足大众的监督权，就是舆论监督。《新京报》也一直照着这两个目标在努力，这两点也是《新京报》的立报基石之一，这是渗入《新京报》血液里的东西。

本文系《新京报传媒研究·第七卷》的序言，中国书籍出版社2015年6月版，作者系《新京报》社长

纸媒的未来——坚守新闻专业主义精神

曹保印　赵勇力

报纸也许会死，但不是死于新媒体冲击

对于"报纸必亡"的论断，你是否同意，你的判断是什么？

王跃春：报纸或者说纸媒的死亡是有可能的，但我认为纸媒的死亡，并不是新媒体的冲击所造成的。报纸如果都死了，不是死于市场，也不是死于互联网时代的竞争，而是死于体制。

为什么不是死于新媒体的冲击？

王跃春：首先，目前的媒体管理执行的是双重标准，对网络和传统媒体的标准是不同的，控制媒体和舆论而不是信任、引导。其次，在政策上没有支持，在舆论上任由唱衰报纸。比如禁止在地铁里卖报，加速瓦解人们阅读报纸的习惯。还有报刊亭的萎缩，郑州甚至拆除全市报刊亭。书店、报刊亭、地铁，这是纸媒发行体系的终端生命线，城市的管理手段却在压制它的发展。

也许政府更愿意投入和关注的是数字信息亭。

王跃春：单纯地赶时髦，是一种没文化的表现。就像不去培植更多好的戏剧，而是去建更多剧场一样，剧场很多就是文化繁荣吗？你有优秀的戏剧吗？有内容吗？数字媒体只是一种载体，一种媒介，我并不反对发展这些，

但最终还是要承载内容，内容才是最关键的。所以对于"报纸必死"的论断，我并不太担心。关于这个话题，10年前就已经在讨论，未来报纸无非是两条出路，要么是报纸的"纸"作为载体不存在了，新闻内容通过另外的媒介传播；要么报纸变成一种奢侈品，走更加精致化的路线：精品的内容，精美的制作，精英的受众人群。

真正的困境，新闻的死亡才是最可怕的

现在很多喊纸媒必亡的，恰恰有一部分是纸媒人，就好比是自己指着自己的鼻子说：你必死！

王跃春：从10年前互联网开始崛起，针对这一话题，基本上就是两大阵营，互联网阵营的人，异口同声唱好互联网的，不管他们之间有多么激烈的竞争；而传统媒体就很奇怪，一定是自己唱衰自己的，一定无法形成稳固的利益联盟。

这是出于什么心态呢？是因为传统媒体人没有了理想，没有了激情，还是因为被互联网人给忽悠了？

王跃春：主要还是因为传统媒体人在做内容的过程中受到了很大限制，承受很多压力，从而对前景不够看好，跟着互联网人一起唱衰传统媒体，说报纸会死掉等等，也是一种对不满和压抑的宣泄。其实，我不担心报纸死亡，我担心新闻的死亡，这才是最可怕的。

你指的是新闻本身的死亡，还是新闻在纸媒这一载体上的死亡？

王跃春：就新闻本质而言，虽然在互联网时代，传播渠道、信息来源、技术手段等发生了非常大的变化，但在内容与思想创造的本质上，新闻从产生、生产、议题设置、传播、到最后升华为观念和思想，100多年没有改变过。新闻的核心价值就是挖掘真相、讲真话。现在最大的悲哀是一批新闻人转行，因为失望、无力或焦虑而放弃继续做新闻，这个行业的专业水平和专

业能力无法持续地提高。人才的流失、新闻的衰退才是当下传统媒体最大的困境。

你刚才说的十年前就有唱衰纸媒的声音，而《新京报》又恰恰是在10年前创办的，那时候创办者们也都是满怀激情，并坚信纸媒肯定不会死，但10年过去了，《新京报》的未来会是什么样？

王跃春：《新京报》的未来不取决于怎么想，而是取决于我们现在怎么做。对于每一个媒体人或者每一个媒体来讲，首先要把自己该做的事想清楚，想清楚如何生存下去。比如《新京报》，目前最主要的还是要继续做好主业，也就是把这份报纸办好。因为这张报纸还在挣钱，还在养活《新京报》的2000多员工。如果我们因为环境而焦虑，因为前途而乱了今天的阵脚，得不偿失。所以我们还是操心着新闻专业主义的实践，操心着内容品质和思想价值，操心着如何办一份有尊严的报纸。坚守理想和专业，是我们的选择，因为这是我们安身立命的东西，是尊严所在。我们相信，有尊严才会有价值。只要有这种价值在，无论媒介本身发生什么样的变化，一定可以走下去。

纸媒的出路，媒体融合的孵化器

照你上面所述的观点，你是不是认为现在的纸媒转型其实是伪问题？

王跃春：现在的问题是说得太多，做得太少。中国媒体转型面临的难处在于，我们很多东西是反常识的，比如报纸的定价与实际成本倒挂，比如门户网站、新媒体廉价甚至无偿使用报纸内容，比如收费阅读的不可行，几乎所有国外媒体的成功经验在中国都走不通。

10年前，我们就在说，只要想办法把传播渠道从单一的一张报纸，拓展到网络传播，并且在这个二次传播的过程里，能挣到钱，然后再扩大内容生产规模。但直到今天，困境仍是：传播渠道多了，收入为什么还会下降？

这种状况下，如果我们不再卖版权给网站，行吗？

王跃春：也许死的更快，因为影响力会减弱，影响力没了，广告从何而来？我觉得，真正的转型，应该是媒介的融合，传统媒体与互联网公司的融合。但阻力仍然来自于对体制的突破。

那么在各种不能的情况下，自己做网站，自己做APP和其他新媒体，但我们与他们相比，差距很大，往往是勉力为之，我们是希望通过全媒体能够得到更好的发展呢，还是看到大家做，我也做，一味跟风？

王跃春：新媒体必须要去尝试。虽然我们并不清楚现在做的这APP产品、微信产品将来会发展成什么样子。目前的新媒体产品还都是以整合采编内容和资源作为核心，换一个渠道、换一种方式去传播我们的内容与思想。我们现在有网络版、PAD版、手机版、微博版、微信版的《新京报》，也在新闻、书评、汽车、房产、家居等领域开发了APP产品，还运营着理财、书评、时尚等多个微信订阅客户端。可以说几乎每一个采编部门都在做报纸的同时，参与着新媒体项目的运营。今后还将在更多的垂直化领域开发新媒体项目，这个方向是必然的。

我们称之为垂直化的全媒体发展。今后，《新京报》的每一个特色板块都可能进行垂直化的全媒体发展，甚至实现公司化运作。这两年《新京报》全面推行行业周刊的事业部制运作，在房产家居、汽车、旅游、时尚、教育、食品健康等行业，每一个行业周刊对应一个事业部，其中有采编人员，经营人员，新媒体人员等，一个事业部同时运营报纸周刊、杂志、新媒体、行业广告、活动等，在这个行业里调动资源、精耕细作。就像戴白更社长所提到的"各个突围"，明年这种模式还将拓展到更多的行业，运营方式也将更加多样化。如果这个我们能走成功的话，就是《新京报》的转型之路。10年来，《新京报》积累了丰厚的资源和品牌影响力，这是核心竞争力，如何运用这些核心竞争力，将《新京报》从一份报纸转型为一个媒体平台，让更多优质的报纸板块转型为更具生命力的全媒体，这是我们正在谋划实施的。

是 PP 所提到的"各个去转型的成功经验可以借鉴形式表现出来,键的,

记者不会消失,最关键是喜欢做新闻

你作为一个老记者,觉得记者作为一个职业会不会消失?

王跃春:新闻不死,记者就不会消失。我是非常反感"人人都是记者"这一说法的,人人都会做饭,就不需厨师了吗?我们身处这个行业,应当捍卫这个行业的尊严。

的确,UGC(用户生产内容)是互联网时代的重要特征,互联网时代的媒体,包括报纸,离不开 UGC,但 UGC 与记者报道新闻、与专业媒体的内容生产,是两回事。专业与非专业是有很大差距的,只要存在社会分工,只要新闻人自己不放弃,不甘于平庸。相反,如果自我放逐、不思进取,那一些记者就真的连普通网民都赶不上了,这才是最大的危机。

所以我特别想对同行呼吁的是,想清楚你要什么,怎样才能活出自己的价值来。有价值,才会有尊严;有尊严,必然会有价值。一个人如此,一个媒体也是如此。所以,比谈论媒体转型更重要的,是守护自己的价值与尊严,是回到我们出发的地方:我们是做什么的,我们如何追寻真相、讲真话,如何推动社会的进步,如何改变他人也改变自己的环境。

现在的年轻记者,与你当记者时相比或者在《新京报》创立之初的记者相比,有差距吗?有的人认为,现在的年轻记者没有之前那么有理想、有抱负了。

王跃春:我倒不这么觉得。在大多数情况下,还是取决于他们所在媒体的环境和企业文化如何。就拿今年我们招进来的这些年轻记者,表现都很好,在新闻理想、敬业精神、学习能力,各方面都挺不错的,成长得非常快。

报社在招他们进来时，看中的是什么？

王跃春： 首先是对于新闻的兴趣，也就是好奇心。关键是要喜欢这个行业，这个才是第一位的，后天的那种东西，比如写作能力啊，采访突破能力啊，思考问题能力啊，你只要喜欢这个行业，这些都不是问题，好奇心是一切的开始，你有好奇心就能提出好问题，能提出好问题就是成为一个好记者，能把这些好问题的答案写出来就是一篇好文章。

当前的新闻生产流程，和20年前比起来，应该发生了很大的变化，《新京报》在这一点上，如何借鉴互联网的方式为报纸服务？

王跃春： 我们从三年前就提出"办互联网时代的报纸"，从去年开始，我们又倡导四化：杂志化、视觉化、深度化和差异化。同时，我们还提出全面拥抱互联网，倡导以读者为中心，强调阅读体验，因为互联网最核心的就是用户体验。

在今天，信息量大而全对一份报纸而言，已经不重要了。更快更深更精对编辑记者们提出了更高的要求，要抓大放小、有所取舍，在很短的时间内把最重要的新闻做大做全做透。比如，十八届三中全会的决定在周五晚上7点公布，我们用六七个小时的时间，从采访到编辑，做出了26个版的全方位解读。当天的报纸不到中午就全部卖光了。而同一天其他报纸最多只做了六七个版。这正是新闻媒体的力量，任何时候，人们都是需要新闻的，都需要有人告诉他发生了什么事情，怎么看待这件事情，将来会怎么样？我们就是干这个的，这是最核心的。当然，现实的挑战也非常大，我相信《新京报》现在有能力应对这一挑战，与其只顾着焦虑和彷徨，花很多时间讨论我们怎么办，还不如放下焦虑，想到就去做。做了才知道结果，不做只讨论是没有结果的。

当很多人很焦虑的时候，你还是怀着很阳光的心态，是不是跟你的性格有关？

王跃春：我很喜欢白岩松说过的一句话：做新闻的人，沮丧常有，当你特别悲观迷茫的时候，总会有新的新闻把你给救了。这是对新闻人最好的概括。

本文原载于《〈新京报〉传媒传媒研究·第三卷》，南方日报出版社2013年12月版，采访者曹保印、赵勇力，受访者系《新京报》社总编辑

内容是一，其余都是零

王跃春

今年（2015年）会是传统媒体的一个分水岭。行业内，传统版面广告在急剧下滑。一季度全国各传统媒体的广告额都在至少百分之十以上的速度下降，有些媒体甚至出现断崖式下降。以往报纸依靠发行和广告的运营模式变了。即使未来还有广告，也不再会是这种玩儿法。

对传统纸媒来说，这是一个和时间赛跑的时代。在环境彻底转变前，我们要把转型的布局全都安排好。在这场变局中，《新京报》的所有机会与机遇始终与影响力相关。而影响力来源于我们的内容。这也是现在我们仍着力加强内容建设的根本目的所在。对我们而言，它就是一，其他的都是零。

对于传统媒体来说，转型并非转行。我们传统的发行—广告模式虽然正在破产，但是媒体的内容生产能力，媒体的品牌、影响力和号召力都应该继续加强。因为我们总能由此找到新的商业模式。内容为王？技术为王？渠道为王？对不同的人来说可能都对，但对我们来讲，就是内容为王，这是绝无二话的。内容为王对我们来说，就是专业媒体的生产和创造能力。传统媒体做新媒体，到最后拼得还是能不能做出有技术含量的内容。靠拼眼球，拼概念只能一时，不可能长久地靠它来吃饭。

幸好《新京报》这些年来从没放弃过对新闻内容生产的努力。深度报道、舆论监督报道，对外地重大突发事件的报道，《新京报》一直都在做。我们的深度报道部、评论部，在建制上从来没有变过。在收入上报社也是向他们倾斜的。每年评职级，深度和评论的记者编辑永远是职级升得最快的。还有稿费上的倾斜。我们的稿费首先是向A叠倾斜，在A叠中又向深度倾斜。

当然，我们并非尽善尽美。如果说仍有不足，那也是在新闻内容的专业性上还需努力。传统媒体人在移动互联时代，要想占有一席之地，只有将自己的专业性做得更强，做到极致。现在每个人都是媒体，都是发布者，也是新闻参与者。在这种情况下，我们的记者如果还是按照传统的方式进行报道，就完全有可能会被别人替代掉。所以今后记者这个行业存在，一定是靠它的专业性。就像我曾经说过的那样，人人都可以做饭，但厨师依然是很重要的职业。因为他能做出来你在家里做不出来的菜，就是这个原因。

在新闻行业，专业性体现在信息采集能力、写作能力、新闻判断能力。记者对专业性的积累，决定了他看问题的角度，也决定了稿子和思路。最后决定了他能不能写出有深度的报道，是否有和别人不同的角度。这些都是专业。而今后基于这种专业能力的内容生产，只会越来越值钱，而不是贬值。

2014年《新京报》和腾讯合作打造了大燕网。人家实际上就是看重了我们的内容生产能力，还有《新京报》已经形成的影响力，以及影响力带来的各种资源。这其实已经嫁接到了腾讯的渠道上，产生了新的商业模式。但我们的核心竞争力仍然是内容。《新京报》如果没有这种核心竞争力，腾讯不会来找我们，新的商业模式也就不会产生。

最近阿里巴巴的人找过来，他们说现在发愁如何帮助人们快速寻找到自己需要的东西。这实际上就需要媒体的资讯处理能力、数据分析能力。我们还可以经过编辑加工制造出新的话题，去影响人们。这些都是做媒体，做内容的人最得心应手的。基于这样的合作，将来我们就有可能生成新的盈利模式。

最近我提出要更重视"技术含量高"的报道。我们会继续坚持在深度化、视觉化、杂志化方向上的努力，而且还要向新媒体方向努力，包括公号、动新闻,这些都是《新京报》新产品内容。更深一些,更精一些,总之,让我们的内容做得总是与众不同。

本文系图书《闻道——〈新京报〉2014年度新闻报道获奖作品》的序言,中国书籍出版社2015年7月版,作者系《新京报》总编辑

奋斗、创新和执行力成就《新京报》

戴自更

有关改版内容及思路，大家做了讨论和阐述，都讲得很好，希望能够落到实处。现在我说几点想法，也可以说提几点要求。

《新京报》是我们的根本，必须把它办好。两层意思：一是这份报纸是我们一切工作的基础，只有办好报纸，才有其他的可能。良好的报业经营是建立在良好的品牌和影响力的报纸之上的，行政管理也是围绕办报而存在的，我们搞新媒体、向全媒体转型，也是以这份报纸作为依托，为报纸的发展为终极目的。只有不断适应大众的需要、时代的需要，不断改进和提高报纸质量，我们的事业才有基础，我们自身也才有存在价值。二是对报纸的前途要有充分的信心。现在互联网甚嚣尘上，自媒体如微博等很是风行，但是专业媒体与自媒体还是不同的，媒体人的报道与个人信息发布还是有根本区别的。现在对互联网的崇拜，我想很大一部分是基于传统媒体及其对被管制的逆反，是对新闻垄断和特权的逆反。相信经过一段时间的矫枉过正，报纸包括传统媒体的价值会再次被人看重，当然前提是媒体要成为真正意义上的新闻载体，而不是没有独立思想的机械的传声筒。媒体生存的深层次问题，其实就是民主的价值观是否得到确立或者认可，当然还有以此而来的客观公正的立场、专业主义的态度、美感悦读的文本。我对报纸作为新闻载体的存在是有信心的，最不济，报纸的纸没有了，但《新京报》会继续存在，就是说，传播介质不同了，但是媒体的属性依然存在，依然需要专业的新闻制作过程，依然需要职业的新闻人。设想这个社会如果没有新闻和新闻人，会是什么样子？因此既然认定这样的道理，我们对自己从事的职业就不应该有什么怀疑。

《新京报》没有退路，只能往前走。目前报业生态环境很不好，过度的舆论管制是一方面，残酷的市场竞争是另一方面。要想赢得最后的胜利，就必须既得到管理者认可，还必须在市场上打败竞争者。《新京报》的实践证明，要想赢得市场，必须保持足够的影响力，要想赢得管理者的认可，也必须保有足够的影响力。相比同类媒体，《新京报》在这两方面已经做得不错了，但是还不够，还得继续扩大优势，通过更多优秀的报道，影响更多有影响力的读者，变成一份更强势、更主流的媒体。大家要明白，无论是市场，还是管理者，都是冷酷无情的，不要指望市场会对我们网开一面，指望管理者会对我们特别宽容——管理者中当然有领导个人可能会青睐《新京报》——但不是体制性的，我们从创办这份报纸开始，就把命运掌握在自己手中的，无论是市场的拓展，还是与监管者的沟通、博弈以及由此获得的生存空间。我认为，报纸的报道越是有差异化、越是有不受拘束的一面，影响力也就越大，影响力越大，其生存的机会也越大。报纸发展的趋势，我大致认可发达国家的路子：一城一报或一城两报的格局，一城两报或者多报应该是少数特殊的城市，因此我们要有极大的危机意识，要全力以赴争夺《新京报》的生存权，战胜一切市场挑战者和竞争者。我们的前面没有路，没有路就要自己去踏出一条路。我们退无可退，只奋勇向前。不要有任何幻想，实践证明，一旦你被市场、被读者抛弃了，你也必将被主管单位抛弃。办《新京报》就是一次没有退路的旅行，直到现在依然如此。

《新京报》的成功，是人的成功。决定事情成败的，只能是人。《新京报》人有两种精神弥足珍贵：一是奋斗精神，我们历尽磨难，没有中途夭折,就是因为我们坚持不懈地努力,就是有一种不服输的劲头。从《新京报》初创,一直到现在,我们从来没有过什么物质的、行政的、体制内的资源可供使用。我们创办《新京报》时遇到的困难,数不胜数,如果让其他的人遇到,早就自己放弃或者被外界搞死了。当时有这么多人觉得我们必死无疑,业界的、学界的、官方的,但我们不仅在逆境中活了下来,还能不断的发展壮大,全是人的功劳,是人的因素起决定作用。无论是留下来的,还是离开的,很多员工确实有一往无前的劲头,是这种坚忍精神、不服输的精神、舍身求法的精神、百折不挠拼命苦干、硬干的精神,成就了《新京报》的今天。

另一个是创新精神,《新京报》的报史上有很多第一,从内容设置到报纸版面,到报道视角,到文本形态,从具体的一个报道、专题、版式,到某个版块、栏目、周刊等,很多都创下中国报史的第一,特别是评论、深度报道、时政报道、版式视觉等,我们以敢为人先的精神引领报业潮流,赢得了良好的业内口碑。但是随着京报的日渐成功、定型,随着群雄并起尤其是互联网的崛起,我们的创新精神和创新优势确实有所消减。在当下这个读者求新求异、媒体更新换代频繁、几天不关注业界动态就会落伍的年代,如果一个媒体没有创新,不能与时俱进,很快将会在人的视线中消逝。希望我们已有的成功是我们前进的动力,而不是让我们止步的包袱。

执行力成就《新京报》的品质。我多次强调执行力,其实改版也需要执行力。如果认定了目标,就必须全力以赴,不折不扣地贯彻下去。比如《新京报》的办报理念,说实在的,当时也只是我们脑子里的想法,也没有经过实践检验,但是我们认定了,就坚定不移地去实施,不管别人说什么,虽千万人吾往矣,最后也做成了。如果说创新以自下而上为主,那么执行一定要自上而下,一级抓一级。管理人员首先督促、带头、坚持下去,只要不是半途而废,持之以恒地做下去,总会有云开雾散的时候,总会有鲜花烂漫的时候。不要对自己放松，不要对别人迁就，每天、每周、每月向着目标推进，总会日积月累，有所成就。且不说改革、创新，就是做任何事情，都需要全身心地投入，都需要孜孜不倦的坚持。希望大家能够再次紧张起来，把这次改版的思路和意图执行到位。应该说，这次改版的幅度与过去相比，是比较大的，不是小动小改，是大动大改，很多地方不只像以往那样是版式或者形式，而是报纸的构架、内容设置、报道方式、传播渠道等，要改的占采编工作50%以上，这么大的改革力度，需要大家目标一致、同心协力，认真贯彻下去才能见到成效，希望我们最后看到的是精彩，而不是遗憾。

要改革，要让报纸发生改变，首先要改革自己、改变自己。新媒体时代，传播方式、传播效果都发生了翻天覆地的变化，如果我们还抱残守缺，不思进取，得过且过，势必要被淘汰。要有开放的心态，不要自我封闭；要有协同心理，不要人为设限。要改变思维方式，要了解互联网时代受众心态。要学习新知识、新技术，了解新的传播原理并能付诸实践。要有归零思维，从头开始，如果现在不开始，可能就永远面临着开始，到最后一事无成。有时我们感叹生不逢时，但也会庆幸生逢其时，对悲观的人来说，你昨天可能还是某个方面的专家，明天可能就面临着失业；对乐观的人来说，你今天还什么都不是，但明天可能就是BAT这样的企业、FB这样的媒体的创造者。我们能够遇到这么一个充满变化的时代，是这个星球多少年演化的结果啊。你们都还年轻，来得及赶上时代的步伐。我们说要记录这个时代，你连这个时代都跟不上，又怎么记录呢？普世价值不变，但是诠释普世价值的人和事，不仅在改变，并且越变越快，要想不OUT，就要不断地求新求变。要敢于尝试新的事物，采编的要懂市场，经营的要懂传播。专业人才，复合人才，应该是这个时代需要的。我们这次改版，一定要大量地借用新媒体的知识及其应用，尤其是新媒体在吸引读者、与读者互动方面的优势。我们强调报纸固有的强项，比如差异化、深度化、视觉化、杂志化等，同时也要强化传播效果，应用好互联网的优势。我不太认可新旧媒体融合这样的说法，因为融合这样的说法，怎么着有些捏合的味道，我认为未来的媒体，应该是互联网思维、互联网渠道，和《新京报》这样的传统媒体的内容和专业新闻操作手段的无缝对接。

本文选自戴自更 2012 年 3 月《关于落实改版的几点要求》内部讲话，有删节

以读者为中心,提高报纸的核心竞争力

戴自更

10多年前,我的母校中国人民大学的第一位新闻学博士童兵教授说"新闻是一种商品",曾引来极大的争议。如今,谈论新闻的商品属性,谈论媒体的市场化早已成为常识而不是禁忌。事实上,改革开放给国人生活观念带来的变化之一、也是都市类报纸做出的最大贡献之一,就是让人们习惯于花钱买报纸、花钱消费新闻。

因此我们说要遵循新闻规律,自然也包含着最简单的市场规律:新闻有意识形态属性,但它也是商品,受供求关系和价值规律的制约。一份报纸有没有生存与发展的空间,取决于什么?是读者,是消费新闻及其影响力的人。谁拥有读者,谁就拥有市场,谁就拥有长久的生命力。所以,做生意的人说,消费者是上帝;做报纸的人说,要以读者为中心。

确立"以读者为中心",首先要明白读者在哪里。《新京报》的成功首先是报纸定位的成功,而报纸的定位说到底就是读者的定位,就是这张报纸要办给什么样的人看。《新京报》从筹备之日起就瞄准了"中高端"市场。《新京报》创刊前,很多声音说北京的都市报市场饱和了,事实上我们发现,许多高教育背景、高经济收入、高社会地位的人并没有一张适合他们阅读的综合性日报。《新京报》适时填补了北京都市类日报高端市场的空白,锁定"三高"人群,以此为基础扩大覆盖面,广泛吸纳社会主流力量和向上生长的力量，构建与其他都市报差异明显的读者群定位。

应该说，《新京报》的读者定位是其他城市无法复制的，北京是首都，拥有 1800 万常住人口基数，这在中国是独一无二的，这里集中了全国数量最多的党政机关、事业单位、研究机构、高等学校、公司总部、大型社区、文艺团体、军队大院、驻华使馆等，拥有人数最多的政府公务员、专家学者、企业家、公司白领、学生、演艺人士、自由职业者、外交人员、有房有车的市民等。什么样的读者决定办什么样的报纸。正是因为锁定上述目标读者，《新京报》才拥有了相当大的市场空间。

确立"以读者为中心"，要根据读者的需求来设置产品内容。 根据读者需求办报，是职业报人应该具备的专业素养。你的读者是什么样的人？他们关心什么？需要什么？这是办报的首要问题。真正的读者需求永远不是等到读者自己说出来的，而是职业报人对目标读者和市场的准确理解与判断。

作为一份定位中高端人群的报纸，《新京报》不能仅仅满足为读者提供信息，还需要告诉他们这些信息意味着什么。所以，《新京报》自创刊起就在新闻版前面设置评论版，是评论数量最多的日报，这些评论总是在第一时间针砭时弊，解疑释惑；汶川地震发生后的 5 月 15 日，我们发表社论呼吁设立全国哀悼日，2 天后，中央宣布全国为地震遇难者哀悼 3 天。

作为一份定位中高端人群的报纸，《新京报》的办报理念必须契合其读者所追求的价值观。经过 30 年的改革开放，构成当今主流社会的主流价值观是：民主意识、法治意识和人文意识。《新京报》一创刊就把民主、法治、人文作为报纸的核心理念，并且力求把它们体现在每一篇报道、每一个版面中。我们不敢说《新京报》的办报理念是多么的独特高深，只不过顺应了读者的主流社会价值观追求。

作为一份定位中高端人群的报纸，《新京报》的品位和报相同样必须契合读者的整体气质。《新京报》的读者总体上是这个社会主流的、向上生长的力量，可以概括为年富力强、中坚力量、成长阶层、实力人士、活力人群。所以我们必须提供符合他们需要的报纸形态。他们需要在最短的时间里浏览最丰富的资讯内容，所以我们对报纸进行科学分叠，把时事新闻、经济新闻、文娱新闻、生活消费资讯和各种周刊分类归纳，实现厚报时代的轻松阅读和选择阅读；他们需要简洁明快的阅读享受，所以我们格外重视报纸的视觉设计，提供简约的版式、注重图片使用、增加制图、插图，为日报增添近乎奢侈的视觉享受；他们需要与身份相符的品位，所以我们杜绝低级趣味的内容和乱七八糟的广告，打造了书评周刊等具有文化气质的专刊。

确立"以读者为中心"，就是要以读者为本，为读者服务。《新京报》创刊之处，我们就提出要走"第三条道路"的办报理念：就是要把传统党报和传统都市报的优势结合起来，既有传统党报的严肃性、指导性、权威性，又要有传统都市报的服务性、贴近性、市场性。5年的实践表明，《新京报》这个选择是对的，我们倡导的新型时政类都市报的办报模式在广大读者中都得到肯定。

办报理念：就是要把传统党报的优势在坚持正确舆论导向的前提下，最大限度地满足广大读者的需要，是《新京报》实施"读者中心"战略的核心。对我们来说，不要说鼓励三贴近，而是必须三贴近；"每一条报道都必须是读者需要的，每一条新闻都是读者关注的，每一条资讯都是对读者有用的"，这是《新京报》对采编人员的终极要求。

一份面向市场的报纸要获得成功，必须解决好三个问题：一是让党和政府满意，二是让读者满意，三是让广告商满意。如果这三方合而为一，当然是报纸的最佳状态。但有时候三方需求会有矛盾。处理原则，首先必须遵守现在的新闻管理制度，它是报纸的立身之本。在此前提下，读者是报纸的核心。把报纸办好，树立公信力，以读者市场的最大化而达到广告传播效果最大化，以办报艺术最佳化而达到广告传播效果最佳化。绝不能反过来，为满足广告主而损害读者利益。报业市场的竞争实质上是对读者的竞争，有了读者群，自然不愁广告。《新京报》这几年来一直坚持这样做。

《新京报》的经营也按照"读者中心"实行全方位服务。如在广告经营上为客户实行全方位媒介服务，根据本报读者特点，为客户提供解决品牌传播的方案。至于发行，我们实施"感动服务""量身服务"等，由于发行员的努力，许多读者在第一时间就喜欢上了《新京报》。

确立"以读者为中心"，要坚持并专注于自己的核心竞争能力。报纸的冬天论由来已久，包括历届报业年会，都会有人谈论这个话题。但现实告诉我们，报纸依然"四季"分明，有的报纸刚刚春暖花开，有的报纸步入盛夏，有的报纸正采摘秋日硕果，有的报纸日渐凋零迎来寒冬。报纸的同一个冬天显然不会来临。

事实上，一份报纸还有没有生存与发展的空间，并不取决于新媒体、新技术的冲击，归根结底还是取决于读者。抓住读者、为读者服务、满足读者需求，这才是报纸真正需要专注的核心竞争能力，离开这个核心能力而另辟炉灶就等于放弃。

在网络媒体与技术冲击的今天，报纸的当务之急是以读者为中心，提高自身的核心竞争能力，主要包括五个方面：一是采集和传播信息的能力，目标是增强报纸的服务性与实用性；二是新闻挖掘与解读的能力，目标是增强报纸的真实性、权威性与纵深性；三是提供观点与思想的能力，报纸是有灵魂的媒体，这是区别于网络媒体的根本；四是强化突出特色和个性的能力，实现报纸的不可替代性；五是提高扩大影响力并实现影响力营销的能力，报纸的发行与广告最终卖的不是报纸及其版面，而是影响力和"读者"，以读者为中心的办报最终也是以读者为中心的营销。

本文系在 2008 年度新闻出版总署报业年会上的讲话，有删节，作者系《新京报》社长

评　论

观点新闻的时代：都市报为什么要做评论

戴自更

五年前，报纸评论并不像今天这样流行。大多数报纸只能见到一两条评论，并且往往不是每天。一些高校新闻系老师在给学生介绍国外媒体时，总要特别强调《纽约时报》把最重要的版面留给评论，把社论和来信放在新闻前面，很有点高不可攀的意思。

但这样的高不可攀在若干年前就由个别都市报突破了，特别是5年前《新京报》创刊后，先是每天两个整版的社论、来信、时评和专栏，后来又开设了每天一个版的经济评论、文娱时评，一举开创了报纸评论的新格局，其示范效应甚至波及许多传统机关报和网络。现在这个"最特别的"已成寻常，很少有标榜主流的报纸而不拿出重要版面来做评论。

五年前，报纸读者也尚未习惯于评论阅读，大家关注的只是新闻事件本身，与人交谈和传递的也多是已知的信息和故事，如今越来越多的读者告诉我们:"我每天都看评论版。"人们还在传递信息,但同时也谈论观点。

《新京报》创刊时,我们撰写编辑大纲,"评论版"的定义用了四个字:观点新闻。(这是一句看似矛盾的话,因为在我们的采编理念中还有一句话:评论必须与新闻报道分开,以保证报道的客观性。)之所以把评论称为"观点新闻"有两层意思:一是说明时评非常重要,它是以新闻为载体的报纸的必要组成部分;二是说明时评必须紧扣时事和新闻,不能无病呻吟,脱离实际、空洞无趣。今天看来,这样的定义就是《新京报》评论成功的理由。更重要的是,随着社会的开放和政治的文明,读者越来越不能容忍一份没有观点的报纸:如果说新闻是报纸的生命,那么生命中被称为灵魂的东西就是观点,而评论是观点的承载。

新媒体对传统媒体的冲击是这五年来谈论最多的话题,必须承认,网络的兴盛正在改变传统的办报方式,包括如何获取信息、如何编辑信息、如何与读者互动。评论也不例外,网络跟帖、论坛、博客等正在改变报纸评论的形态、作者和内容,而这种改变给报纸评论带来了更加旺盛的生命力。看评论的人多了,写评论的人多了,评论推动社会进步也越来越多地成为现实案例。这些年来,有不少人言之凿凿地猜测或援引"报纸即将消亡"论,如果这指的是那些"失魂落魄的报纸",我表示认同,如果是指所有的报纸,那就是别有用心或杞人忧天了。事实已经也将继续证明:一张有生命有灵魂的报纸是不可能消亡的。技术的革新也许会改变报纸的介质,为其增加更多的机会,但不会改变报纸的本质。

对《新京报》来说,五年前的先人一步并不是永远可以炫耀的资本,面对越来越多的报纸创办和改进评论版,我们要保持应有的清醒。要让灵魂不死,就得紧跟时代的步伐。希望是包在纸里的火,只有用心呵护,才会永不熄灭。

本文系图书《新评论:〈新京报〉名家评论精选》的序言,南方日报出版社2008年10月版,作者系《新京报》社长

《新京报》评论：困惑与坚守

王爱军

《新京报》的评论理念可以用三句话概括：一个是视野追求，立于北京而怀远；一个是价值观，彰显法治和人文；一个是方法论，积极稳健有见地。大家整天在重复这个理念。

第一句话，立于北京而怀远。就是我们站在北京说北京的事情，既评说北京四合院里的家长里短，也关注世界五大洲的风云变化。我们可以评说北京的部门预算，也会评说萨达姆面临怎么样的审判，这是我们《新京报》评论的视野追求。

第二句话，彰显法治和人文。法治很简单，制约权力，保障权利，对各个制度、各个层面权力的制约和对权利的保障。人文是以人为本，保护和尊重人的生命、幸福、人格、权利和价值，适应中国国情的自由、平等、关爱，科学和真理，热爱生活的情趣。法治和人文，既是《新京报》评论人孜孜追求的目标，也是我们衡量世事万物是与非、先进与落后的首要标尺。

举例来说，我们曾经评论过的北京圆明园事件，北京的圆明园大概2004年要在湖底铺一层膜，我们发表了14篇社论对这个事件进行关注，历时三个多月，最后导致这个事件得到圆满的解决。另外，现在还有一些地方要把乞丐赶出城市，尽管当时我们发了一百多篇文章，导致很多地方不得不取消了这些非常不人道的规定，但这个问题十年来还在不断发生。

第三句话，积极稳健有见地。"积极"，是说所有热点事件《新京报》都会努力发出声音，担当媒体的责任。"稳健"，就是不偏激，不偏执，不图一时痛快，不奢望毕其功于一役，以长久的耐心和韧劲推动国家点滴进步。我们不希望暴风雨来得太猛烈了，不要像今年7月北京的那场大雨，我们需要点滴的推进。"有见地"，实际上是讲建设性的问题，我们不仅要发现问题，指出问题，同时还要找到解决问题的办法。不讽刺挖苦、冷嘲热讽，而是提供解决的途径和思路，更不充当道德审判和媒介审判的角色。

《新京报》评论的特点

第一，《新京报》会把评论当作一个品牌来打造，而不是品种，很多报纸打开报纸就有评论版，这是品种的概念。我们从人力、财力、版面设置等都有巨大的投入，这是在努力打造品牌。我曾经有条微博，说我写检查比写评论写得好。应该说我们确实遇到了某种压力，但是坚持走下来了，这是作为中国媒体打造品牌必须付出的代价。作为品牌的表现，《新京报》评论每周大概有30个以上的版面，有120—150篇评论文章，每周15万字，这样的数量在全国报纸里一直保持着第一的位置。

第二，题材多样，架构完整。无论是什么样的题材，在《新京报》的评论里都能看到，从很草根的来信到公民写作的时事评论，从专家约稿到高端访谈，我们力求让不同的群体在《新京报》都有说话的地方。

第三，《新京报》评论有一支全国最强的社外作者队伍。最核心的作者有一百多位，有教授、法官、律师、医生。有些媒体则是自己培养评论员，但是《新京报》会把各行各业的人集中在一起，他们的文章最有可读性，最活跃，也最前沿。

第四，有一套非常严格的生产流程。每个话题，每个观点，每位作者都是集体讨论出来的，所以我们的编辑打电话给各位的时候，是我们集体决策的一个结果，同样每个话题也都是讨论出来的。

在作者写作之前，编辑会与其进行充分的交流，实现个性写作和机构态度的融合，并对评论文章有严格的质量把控。我们尽量避免差错的发生，这是一套严格的生产流程。

第五，高度的理性。我有一个说法叫"中低音"，有人问我们和南方媒体的区别是什么，我说他们可能是中高音，我们是中低音，不希望通过声音的大小来影响读者的倾听，而是希望用内容、用道理吸引你来听。我们对事实和逻辑有严苛的要求，有什么事就说什么事，有几分道理就讲几分道理，绝对不许夸大，包括对逻辑的严密性也有很高要求。

我们强调平等的态度，不居高临下，不话语霸权，不一锤定音；我们只判断是非，不帖标签，不站队；我们语言表达平和，不用或少用反问句和感叹号。有理不在声高，吵架解决不了问题，我们还是用非常理性的语言来表达，实现我们评论的目标。

第六，高度的专业性。我们说少谈主义，多谈问题，反对正确的废话，不在虚幻的概念中打转转，不要站在道德的制高点上盛气凌人。我们提出问题、分析问题，还要给出解决问题的方法，不笼统地批判问题，我们要对问题解剖，对解决问题的方法和路径进行探索。

所以，《新京报》创造了多个第一：

1.《新京报》评论在门户网站的转载量，这么多年来在全国都是比较靠前的。当然，也有些媒体可能网络转载受一些限制，但是即使这样，《新京报》的转载量还是比较大的。

2. 在汶川地震的时候，《新京报》连续3个多月发表评论200多篇，打破专题评论的纪录。

3. 圆明园事件连发14篇社论，打破单一事件社论数量纪录，在可见的新闻史上没有这样的纪录。

4.《新京报》评论还是全国首家直接引用微博的栏目——"微言大义"，

现在已经坚持快三年时间了。

网络时代我们的变化

第一，文章短了，我们提出的口号叫"千字社论"，社论从刚创刊时的候 1400 字、1500 字，减到现在 1000 字左右，大量缩短。

第二，文章快了，时效性比较强。举个例子，前天 9 点多，陕西戴手表的局长通过微博发出道歉信，我们一位同事 9 点开始写，11 点发出来，时效性还是比较强的。

第三，直接运用网络，评论里面也会引用网络微博上的内容。

第四，计划设立专职的网络评论员和编辑。

第五，尝试立体评论，展示各方观点。

比如，"网络评论员（编辑）"的设想，我们把它拿出来，希望听一听各位老师的意见，有没有可行性。这个岗位会有这么几个功能：

第一，撰写即时评论。刚发生的新闻事件应该在最短的时间内评论出来，并先发到《新京报》评论的官方微博上。争取不让它过夜，否则大家看到报纸的评论都是评前一两天的新闻。

第二，搜集网络最热点的新闻，了解民意走向。看网民对这件事情怎么看，主流观点是什么。

第三，建立《新京报》短评的微博群，我们希望把各位联合在一起形成一种互动，我们今天在会议室开会，未来我们可以在虚拟空间聊天。比如有一个新闻话题，大家愿意表达时，都可以写评论，第二天可能几十条评论就出来了。

第四，推广《新京报》评论。我注意到一个现象，我们的评论大多都是热心的网友在网络上推出去的，而《新京报》的官方微博也有快 250 万的粉丝了，它的舆论领导力量是非常巨大的。我们希望逐步结合包括《新京报》

微博在内的新媒体，实现一篇评论稿件的多平台传播，扩大"《新京报》评论"这五个字的影响力，这是个目标。

最后要说的就是"立体评论"的尝试。我们会根据一个题材的价值，在评论周刊里对其进行专题化的操作。比如说事实链接，通过记者调查事实进展，邀请观察家写评论稿件，对背景材料延伸阅读，以及民意调查、记者手记，从而打破当前单一的标题加图片的传统手法。

我们的困惑

第一，焦灼感，或者说是危机感，我们会从网络上接收到大量的负面信息，会面临很多的不解甚至迷茫，我们在忧虑，凡是有情怀的知识分子，都会忧虑我们的国家到底往哪里去。我们的未来会不会进一步美好，这种困惑，会影响到我们的媒体和作者。

第二，无力感，我们做了十年，回头一想，貌似还和十年前一样，是不是有这两种可能：一种可能是我们面对的阻力特别大，第二种是不是我们的力量彼此削减，方向是相对的、相向的，致使我们缺乏足够的共识。

第三，为什么我们过去的一些评论员不愿意再写评论了？是真的满足于140个字的评论，还是觉得老调重弹，十年未变，"话都说烦了，还说什么？"

第四，"狠话"在网上，报纸如何保持锐气？我们可以保持中低音，但是怎么让中低音吸引大家？

第五，碎片化时代，每一句表达都是结论，好像来不及听你陈述事实、推演逻辑，而这恰恰是报纸的长项。我们经常可以看到一堆结论，但是找不到支撑的事实以及逻辑的演变过程。

第六，"《新京报》评论"作为一个品牌，如何和网络打成一片，并扩大其影响力？

最后想讲几句比较煽情的话，喧嚣时代，无论如何，还是有更多的知识分子坚持把头从书本上抬起来，在书斋里演讲，诊断时弊，开出疗方。

我们知道每天至少有数百万人在看《新京报》和《新京报》评论，我们九年来四千万字的评论内容，一定为我国的变化提供了巨大的正能量。我们知道总有一些真善美的东西能够直达人们的心灵深处。我们也知道，改善我们文化的基因需要有强大的韧性和耐力，这正是中国走向未来的必由之路。

所以，《新京报》是有美好追求的报纸，我们努力打造一个平台，把那些有理想、有担当、有理性、有知识素养的人稳定在一起，为国家尽一份力。我们《新京报》人有开拓民智的责任和使命，如果说你永远叫不醒装睡的人，我们可以告诉民众谁在装睡。

知识分子的良心，从来就是奠定报业大厦的基石，知识分子的风骨，从来就是支撑报业大厦的脊梁。

本文原载于《〈新京报〉传媒研究·试刊》，中国书籍出版社 2013 年 1 月版，作者系《新京报》副总编

报　道

灾难报道，靠脚还是靠脑子

刘炳路

关于灾难报道，我有两个最大感受：第一，技术的进步，彻底颠覆了传统的地震报道的指挥、思维模式；第二，以往的一些经验，用在今天，反而会成为羁绊。

靠脚走出来的"老套路"

五年前汶川地震时，我还没有智能手机，跟前方记者的联系全部靠发短信，我把在后方查询到的重要信息也都群发给他们，信号时有时无，等有信号时，他们收到短信就会回我，接下来或求证或采访，我们就如同行军作战，记者突进的程度则直接决定了报道的深入程度。

记得当时在将近一个月的时间内，我总共发了八千多字的短信，记录了我们靠脚采访的整个过程，其中有工作安排、也有对焦点的关注。

2008 年 5 月 12 日 15:32:02

成都地震已派在当地采访的宗恕和小杨前往，其他记者在汶川有资源的随时提供。小杨和宗恕注意安全！炳路。

2008 年 5 月 13 日 11:59:26

各位兄弟包括胡杰哥哥，今天准备出 24 个版的特刊，你们今天题目、字数速度报给我，马上开协调会。接下来一段时间，各位现场的兄弟都由我对接。在现场听从胡杰哥哥指挥！炳路。

2008 年 5 月 13 日 16:23:36

大家还要问问为什么倒塌的多数是学校……。炳路。

2008 年 5 月 13 日 19:26:31

几位目前联系不到的兄弟，请在前方一有机会就找卫星电话向后方电话传稿，目前安排的对接记者是刘泽宁、陈俊杰。炳路

宗恕和赵亢从映秀向前突进；天宇南下绵阳安县；万国何龙北川；汪诚都江堰；小勇吴江韩萌青川；增勇郭铁流茂县铜钟水库。请各位及时和我沟通并互相照顾和互通有无。炳路

我们有一名记者叫吕宗恕，5 月 12 日下午就到了都江堰。但第二天便失去了联系，过了一天，午夜零时左右，我突然接到一个卫星电话，对方哇一下子就哭了："炳路，我身边全是尸体，自己带的所有吃的、喝的都分给了灾民，自己也没吃的了。"消失了一天一夜后，宗恕终于联系上了我们，一个大老爷们儿在电话里向你哭泣，我还是第一次遇到。安慰几句之后，他便通过卫星电话，开始详细地描述映秀的震后情况。

吕宗恕应该是除新华社和中央电视台之外，最早进入映秀的记者，他走

了一天一夜，徒步进入映秀。所以他比其他记者见证了更多的灾民自救与互救，更多的学校倒塌情况，更多的灾难原始细节。

我们的另外两名记者——崔木杨和《新京报》摄影部主编陈杰，于5月17日进入金华镇采访，他们随同被派往搜救的22名空降兵官兵一起徒步进入三江村。正当部队计划率被围困五天之久村民外撤时，却突降暴雨，泥石流阻断了所有道路。他们全被困在山坳里，当时情况非常危急，他俩甚至写好了遗书。

幸运的是，此前陈杰利用自己所携海事卫星，在仅剩的一点电的情况下，对外发出了求救信息。18日上午11时，救援直升机抵达，滞留在三江村的87人乘坐直升机安全撤离，完成了一次生命的救援，也留下了一段关于灾难报道中的生死抉择。

我想，《新京报》所有的前方记者都和他们一样，有着共同的经历，他们在透支着最大的体能，千方百计进入一个个不可能进入的现场，也直面最残酷的灾难带给他们的伤痛。

在此后的日本地震中，我们也派出了4名记者，当他们飞到日本，下飞机时发现，有很多国内媒体记者刚下飞机就又上飞机回来了，因为有核辐射，中国驻日使馆也发出了警示。而我们记者选择了留下，讲实话，作为前方记者的统筹者，我是纠结的：一方面是记者的安全，一方面是直抵新闻心脏的欲望，面对我的犹豫，他们选择了前行。他们迫近到距离核泄漏地点还有20公里的无人区，写出了来自核泄漏核心区的深度报道，并与后方配合，操作了《震痛日本》和《核危机》两个特刊。

通过以上的事例，我们可以发现，从汶川地震到日本地震，包括玉树地震与舟曲泥石流，《新京报》基本形成了"动态＋深度＋特刊"的一整套操作模式，由浅入深，逐步深入。总体而言，就是首先要到现场"抓动态"，第二阶段是"做人文"，救灾结束后"做深度"。

抓动态，就是第一时间赶到现场做最新的灾情，最新的动态。之后是做人文，做一些特刊，在汶川地震时，《新京报》连续半个月左右，每天出号外，每天大概出版24个版到32个版，这个过程中还做了两个特刊：一个是《逝者》，一个是《活着》。第三个阶段做深度报道。后方来做议题的设置，再通过前方的记者的努力，来获得更多独家报道。

靠着记者的拼命精神，《新京报》成就了很多灾难报道；但直到"7·23"动车事故、"7·21"北京暴雨以及四川芦山地震，仅靠拼就不行了。

信息收集与整合分析的"新模式"

我只是想说，在那个时代，记者靠脚还是可以获得重要信息的，甚至是独家的内容。而随着技术的进步，却逐渐摧毁了信息以传统媒介为主要传播渠道的规律，交互介质改变了传统媒介采集、记录和传递信息的模式。

"7·23"动车事故，我们刚好有一名记者在事故前一列火车上，事发后他在半个小时赶到现场，深一脚浅一脚，冒雨在黑夜采访，在大雨中向后方汇报采访情况，但他的独家现场见闻还不如后方记者电话连线和核实微博信息更多元、更全面。除了连线之外，后方还安排了对撞车事故原因的各种解读，"到底这场事故是什么原因造成的"，从信号，从雷击，从调度等各方面去分析，每天呈现10来个版的报道。

直是同时，以前擅长的"事故N小时全记录"的特稿之类也不再是优势，比如伊春空难，记者崔木杨连夜赶到现场，一夜未眠采访写就的特写报道成为绝唱，后来陆续赶到的记者对事故的直击都没有超过他，因为他第一时间采访到了乘客及塔台指挥，但是动车事故呢，一夜采访和单方突破还能垄断核心信息吗？很多乘客，已将信息发到微博或者网上了，你需要做的，更多是筛选、分析和再采访。

前不久发生的芦山地震，《新京报》因为要做汶川地震五周年特刊，我们刚好有6名记者在四川亲历了地震，地震一发生，他们立刻便停下手中工作，全部奔赴现场，我们本以为让他们到现场，能够拿回跟当年一样最重要的东西，后来发现，情况的确与以往不同了。

当它们全部扎进震中时，发现伤员都转移到了成都和雅安的医院，故事从他们的目标地转移到了他们来时的路上；他们还发现路堵了，自己也成为堵在路中的一员，他们还发现被堵在路上的还有大量物资和志愿者，而在灾区，有举着牌子要粮食的群众。

这时候的联络也不再单靠短信，还包括微信，他们随时将观察和采访到的信息以语音的方式发在微信上，后方安排了文字统筹记者随时听他们的语音信息，整理并写成报道。

对于灾难报道的深度模式也有些改变，已不仅仅只是"靠脚"了，对于一手核心信息的采集，依然是至关重要的，但还需要对次核心信息的整合，还需要专业的分析，再加上体现媒体价值观的包装方式。以前最重要的是核心信息的挖掘，而现在，媒体价值观的输出则更重要。

芦山地震的报道，在前后方配合下，当天我们完成了 200 多篇即时新闻，通过微博和报网发出去，很多成为门户网站的推荐新闻，我们从一家早报变成了"全天候全媒体"。

我发现，采访模式改变的同时，选题思路、呈现形式也需要同时跟上。比如，因为赵白鸽秘书的一张照片，让《新京报》的记者成为了著名的"表弟"，并收获几十万个"滚"，我们虽然以调侃的方式辟了谣，但对于危机中的红十字会，却没有给出对其在此次灾难中从募资到分配的诸多细节的全景记录、剖析。

仅靠人文也不行了。汶川地震时候，我们抢制了两份 32 版的特刊《逝者》《活着》，尤其是《逝者》，采和编只用了 30 小时，记录了 30 个人物、2 个家庭、1 所学校、1 个村子、1 座城市的消逝，我们要求不是简单地对一个个死者进行追思，而是要写出国殇的感觉来，之后的《活着》特刊是 5 月 28 日，这天碰巧也是《京华时报》创刊的纪念日，据说看着这份特刊，时任

《京华时报》总编辑的朱德付先生感慨道：如果 10 年后北京还剩最后一份报纸，那一定是《新京报》。但如果今天我们再去做这些人物报道，《逝者》和《活着》，还会引起当年那么大的震动吗？

同类新闻，一定要抢第一次，因为只有第一次会被写进历史，其后都将成为陪衬，哪怕后来者更完美、更有深度、更无可挑剔，都很难超越开创性作品的影响力，所以，我们要创新报道模式，要选择独特视角，要有前瞻分析，要有全局观念，不能以点概面，哗众取宠。

芦山地震，我们记住了什么，芦山县委书记范继跃的手腕？在汶川时重建房屋的倒塌传言？还有拥堵的道路，滞留的物资和举牌申请物资的乡民，被免职的尽职尽责的乡干部，再有就是那个"拥有玻璃心女朋友"的"表弟"了，如果是这些，说明我们依然不成熟，以新的茫然替代以前的莽撞。尤其是自媒体一味地迎合受众，纵容不实信息快速传播，之后再以传统媒体的草草证伪或者置之不理收场。核心信息和谣言都以几何倍数"增长、泛滥"；传统媒体又陷入传谣和证伪之中，长此以往，各自的公信力都将大打折扣。

以往传统媒体都需要大量地求访，反复地验证，以及对逻辑的建构，从而完成一篇报道。而现在，传统媒体应该改变这些游戏规则，要学会"变速跑"，不再只是一种速度：首先是快，要跟自媒体、跟互联网互动，去抢信息。同时也要学会慢下来，去做有深度的新闻，有思想的新闻，从原来的传播消息，转变成传播价值观，去做更多的解释性报道和观察性报道，并始终坚持独立的判断。

本文原载于《〈新京报〉传媒研究·第二卷》，南方日报出版社 2013 年 11 月版，作者时任《新京报》社副总编辑

网络时代,深度报道的轻逸与沉重

张寒

轻逸与沉重,是卡尔维诺在《未来千年文学备忘录》书中提到的两个词。他认为有时轻逸会比沉重更能体现力量。在我看来,深度报道是传统媒体最具专业水准的报道形式,在网络时代,它既要维持之前"力能扛鼎"的沉重,也要有网络时代的轻逸。

《新京报》的深度报道,我们之前习惯称之为"核心报道",现在我们更多的称之"深度报道"。因为相比前者,深度报道可涵盖的内容更加广泛,现在《新京报》的深度报道栏目有很多种,除了核心报道,还有人物与对话、特稿、中国眼、关注、动态追踪、策划专题、新图纸……

在网络时代,新的形式会带来新的体验。深度报道也同样在探讨"形式的创新",而且是没有禁忌的创新。在这些方面,网络也给了我们很多启发,譬如搜狐网站有一档名为《新闻当事人》的栏目,"当事人"这个角度很好,它会把传统媒体不能报道的内容,作为人物报道来处理。包括腾讯的《活着》栏目,"活着"两个字可以说包容了一切。一年来,在《新京报》深度报道的实际操作与创新中,我们也有了一些体会。

1. 前后方配合

在当前的情形下，遇到重大突发时，往往微博与微信上会出现信息井喷。记者到现场时，往往会因为信息缺失，只是在几个现场间疲于奔命。我们目前想到的一个办法是：后方依靠网络找到关键点，记者则单兵突进，通过网络和电话找到采访对象。

譬如 2013 年 6 月 7 日的厦门公交纵火案，当时记者赶到时，已经是第二天中午了。当时按照常规操作，我们可能会让记者去现场找目击者。但是那天下午突然有新情况出来——关于纵火者的消息。于是我们直接找到了纵火者陈水总。记者在几小时之内操作出了一篇人物报道。

当天有两篇报道，一篇为《47 人的生命终点站》的报道，占了将近两个版的篇幅。是通过三位后方记者对目击者的采访完成的，同时也是对现场所做的一个全面还原。另外一篇为《厦门 BRT 公交车安全五问》，则是我们通过电话连线，把最重要的问题交给了前方记者，其他的则由后方主笔统筹。事后来看，这种操作达到的效果还不错，未来，这或许将是操作重大突发的一个重要手段。

2. 连续追踪

在网络时代，持续不断地追踪，成为"致命武器"。在我们看来，连续性地追踪也是网络时代的深度报道。往往会挖掘到更深层次的信息。"萧山案"（1995 年 3 月 20 日，浙江省萧山农垦一场发生出租车劫杀案，司机徐彩华遇害，财物被抢。田伟东、陈建阳、王建平、朱又平、田孝平五人就是因为这个案子坐了 18 年的牢。2013 年 5 月 22 日，浙江省嘉兴市中级人民法院指控项生源为 18 年前杀害萧山女出租车司机徐彩华的真凶。2013 年 7 月 2 日浙江省高级人民法院开庭撤销对田伟东、陈建阳、王建平、朱又平、田孝平五人的原判决。)我们记者跟了近半年,在每个节点,他都能够拿到最新的料。并且在最终其他媒体记者都已经放弃时,他却采到了"萧山案"的法官。这得益于他隔几天都会和这几个人联系,并最终在"萧山案"上抓到了报道先机。

3. 堵住信息漏洞

"富平贩婴案",我们在六天里,操作了"七个关注",这其中,有些信息是很难整合的。除了动态,我们在报道的第一天,便直接推出了人物稿。并把一些碎片化的信息呈现了出来,我们主要考虑,如果不及时呈现,很可能会被其他媒体抢先。

第二天,陕西被拐婴儿回到了父母怀抱,所有媒体都在做这个现场时,我们则发了一篇名为《婴儿跨省倒手三次被卖六万》的报道,直接把记者本来准备作为深度调查的题材,以不到一个版的篇幅呈现了出来。其实如果这一题材做深度调查,做到很深入也是困难的,之后我们又做了特写《被解救孪生姐妹70天回乡路》和《贩婴女医生背后的熟人圈》等深度报道。基本上都率先堵住了其他的媒体领先我们的可能。这就是不拘一格,多种形式的应用,在堵住可能的信息漏洞的同时,取得更好的效果。

4. 守住独家

在网络时代,微博等社交平台进入了公众场,想做到"独家",越来越难,但正是因为难得,所以才更加珍贵。《隐匿大师"王林"的金钱帝国》,对我们的意义就在于,在当前形势下,我们守住了"独家"。王林是我做的报道。说实话,采访的那一周,我最大的恐惧,是这个稿子被抢发。我知道也有其他记者在联系王林,我不去王林家,也一定有另外记者去王林家中。

怎么既要把稿子的基础打牢，又要守住独家？于是我每天早上起来，第一件事就是打开电脑搜索，看有没有媒体把稿子发了。我在一周之后，发出了这篇报道。心里也就有了底。因为当时我手里有很多关于王林的料，还没有发出来。于是在第二天，我们又发了《"大师"王林的合影学揭秘》。特别有意思的是，我已经有好几年没有收到读者提供有效的线索，但是王林的事情发生之后，基本上，报社的呼叫中心，每天都会接到关于王林的爆料电话，料的来源也非常清晰，就是芦溪县。在接下来的报道中，关于"大师"王林被指在自然保护区建别墅。就是读者提供的线索。所以在网络时代，传统媒体一旦抓到了独家，接下来的一步一步，同样也会引起巨大的风浪。

5. 轻盈的趣味

网络上轻盈的趣味，改变了我们对新闻、对热点的观念，网络吸引网友的形式，也同样在改变着我们做新闻的方式。在这个年代，有趣显得无比的重要，这也是我们深度报道正在探索的——深度报道是否能够涉及趣味性和知识性。

形式的趣味性我们也在探索，《体验三男科医院，医生看钱说病》这篇稿子是《新京报》北京新闻部调查组操作的。所谓的"男科体验"，是记者以第一人称，去三家男科性病医院进行体验式的调查报道，从而引发了一系列比较有趣的事情。当时在微博上传播的特别广，被很多网友和同行评为"中国好记者"。

现在，我们也在尝试采用数字化表达的形式。创办了"新图纸"栏目，往往在文字的表达很难进一步解读的情况下，采用图表的方式，则会起到很好的效果。我们在做贫困县这一专题时，便依靠了图表简洁有力的这一特点。而且我们发现，这样的确能够引起一些关注，尤其是涉及比较严肃专题的操作时。

在人数据时代，所谓的相关性取代了因果性。在深度调查领域，相关性和因果性便是勾连和打捞,从而让一些新闻浮出水面。但有时,一些新闻事件本身,注定是永远最受关注的。譬如薄熙来案件,大家都知道这类题材很难报道。但《博客天下》做了与之相关的姜丰和马晓晴。再比如"大师"王林,很多媒体后来也去做了"80年代的大师们","各地的'王林们'"。我们发现杂志更善于去做这类相关性的报道。这对于日报的深度报道来说,是值得借鉴的。

之前的新闻规律可能被更多话题所改变。我们曾做的一个专题《一名红卫兵的忏悔:永不饶恕自己"弑母"》。当时我们觉得这样一个报道效果可能不会太好。但见报以后,是非常受关注的。当时也有批评我们的,认为我们是"恶意炒作,居心不良"。因为在此之前没有任何相关的舆论热点。

经过观察,我们觉得,在网络时代,颠覆性的报道越来越多。这是一个众生喧哗的时代,网络裹挟的力量是非常大的。在前几年,专业的新闻工作者之间,通常不会出现特别大的分歧,尤其在两个同样专业的记者面前。但在这几年,你会发现,专业新闻工作者之间的分歧,往往是很难调和的,谁也没有办法说服谁。

对新闻的掌控力如何,是否有勇气溯本清源,是一个媒体的试金石。在"唐慧案"中,我们在一审时特别做了一个核心报道《"稳控"唐慧拉锯战》。但在此之前,当其他媒体在以人物报道的方式炒作唐慧时,我们也在考虑,要不要做这个人物,但因为种种顾虑,最后我们没有做。这对于我们来说,是一个教训,这本应该是发声的最好时期。作为媒体,我们应该在争议事件中不缺席,并勇于去发声。

当下,对于从事深度报道的记者,有的记者专门承担不停息追踪的职能,也有记者承担不断沉下去的任务,我们希望在网络时代,可以给更多喜欢沉下去的记者更多的时间,去做一些更能经得住考验的报道。

本文原载于《〈新京报〉传媒研究·第三卷》,南方日报出版社2013年12月版,作者时任《新京报》深度报道部副主编

《新京报》深度报道实践的观察与思考

高钢

《新京报》是一个都市报,然而,它吸引民众不是靠传播奇闻逸事,而是靠提供前沿观察;它关注民生不是靠施放冷嘲热讽,而是靠提供专业分析;它关注社会不是靠转发街谈巷议,而是靠提供深度解释。

构成《新京报》精神品格和专业能量特色的一个重要产品,就是《新京报》的深度报道。仔细观察《新京报》的深度报道,我们可以清晰地看到 8 年来,这个新型报纸对媒体社会责任的诠释和在中国现实环境中对实现这一责任的路径探索。

纵观 8 年来《新京报》的深度报道,我们能够看到处于中国社会转型时期的一份大型日报为实现媒体社会责任进行的勇敢探索。

《新京报》深度报道的选题领域

《新京报》的深度报道选题大致集中于四大领域:

1. 社会文明进步的重大动向

社会文明进步的成果往往造成民众生存环境的深刻改变,让人民知道自己生存环境的发展进程,会帮助他们准确认识自己生存环境的改善与自身命运改变之间的关系，在这个领域进行解释性报道的意义不仅在于鼓舞民众生活的信心，更重要的是可以帮助他们为满足自身日益增长的物质文化需求做出相应的决策判断，激发他们为改变自己的生活现状，提高自己的生活质量进而推动社会的发展与进步进行他们的选择与创造。

对于中国社会改革开放进程中出现的各种重大成就，《新京报》高度关注。

我至今记得他们在《中华人民共和国物权法》诞生之际用浩瀚的版面进行的深度报道。这一组深度解释性报道不仅描述了中国物权法充满坎坷的立法过程，而且展示了国际同类法律的立法过程及对人类文明进程的重要影响，还从方方面面解释了这部法律与社会民众利益和社会文明演进之间的深刻关系。

目前中国新闻界在这一报道领域的技术缺陷大致表现于两个方面：

一是缺乏新闻敏感，特别是对量变过程中出现的具有质变意义的社会发展成就缺乏敏锐的感知。

二是在报道技术领域的非职业化。很多报道就是直接引述权威部门或权威人士的说法，更多的则是对专业部门工作报告的直接编发。

成就报道未必就是歌功颂德的僵硬的公文式文本和空洞的广告式的文本。社会进步和成就如果其本身是对人民的幸福、社会的进步有全新意义的，那么表现它的报道文本就一定应该具有感动读者的力量。《新京报》的专业实践给我们树立了具有说服力的技术样板。

2. 各级领导机构做出的重大决策

《新京报》对中国社会发展进程中关系国计民生的重大决策都进行了深度解释。给我印象深刻的是他们做的国务院关于"拆迁条例修改"的系列报道。这组报道用典型事例和方方面面的背景资料解读了国务院决定修改拆迁条例的深刻背景，让人们看到中国的急剧扩张的社会建设与百姓基本生存环境之间的种种冲突，让人们看到国家管理机构在复杂矛盾之间的协调与运作。

目前中国新闻界在这一报道领域的技术缺陷大致表现于两个方面：

一是不能从领导机构的决策与人民切身利益和社会发展进程之间的作用关系中去开掘新闻价值。

二是在报道方式上不能摆脱枯燥的公文气息。

《新京报》在这个领域的深度报道，让我们看到的不仅是他们社会进步的真诚渴望，而且能够看到他们对作用于决策形成的复杂社会矛盾的洞察与剖析。

3．阻碍社会发展进步的障碍及弊端

《新京报》在这个领域提供的报道给我的印象最为深刻。如今中国社会上发生的种种坏事，存在的各种危险，呈现的种种弊端，都在《新京报》的关注之中。他们不仅观察着这些事件的细节，而且披露着之间的缘由，解释着之间需要民众知晓的情理和意义。

目前中国新闻界在这一报道领域的技术缺陷大致表现于两个方面：

一是缺乏从事社会舆论监督的宏观眼界。这种眼界一方面要求媒体出于公心，从大局出发，从维护人民的根本利益出发，敏锐感觉社会发展进程中的要害问题，对其进行及时、清晰的披露，做好社会的守望者。另一方面要求媒体注重传播效果，着眼于实际问题的解决。

二是缺乏深度解析的技术能力，特别表现在往往不能深入分析问题的成因、解释其影响的范围、探索其解决的途径。

《新京报》在这个领域的报道显示着他们对人民的热爱，对正义的卫护，对邪恶的势不两立和对责任的忠贞不二。我们在这些报道中不仅能够看到这个媒体心中的正义和激情，而且能够看到他们在专业领域的冷静、细致和深刻。

4. 重大公共突发事件

重大公共突发性事件往往指的是在社会议程设置之外、在人们的意料之外突然发生的事件，它往往会对社会生活产生巨大的震荡力，影响正常的生活秩序，对社会的正常运行产生种种难以预测的冲击力甚至是破坏力。

迅速、全面、深刻地对公共突发性事件进行报道，是新闻媒体不可回避的职业责任。

对公共突发事件的报道是新闻媒体履行职业责任、参与舆论形成、左右传播方向、扩大自身影响的重要工作机遇。

《新京报》成立以来，对所有重大的公共突发事件都进行了报道，在《新京报》对这些事件的报道案例中，可以看到他们的专业原则和操作技术：

1. **快速反应**：对于突发性事件的报道，首先是要快速反应。第一时间的报道不仅会为媒体赢得传播威信，而且会为媒体赢得报道全程的主动权。

2. **连续报道**：由于突发性事件是一个不断演变的过程，这个过程往往又十分急剧，因此，记者需要及时追踪事态的最新发展，并且将变化的最新态势报道给民众。以此实现对事件全貌的描述。

3. **全面观察**：对于构成事件的各方面要素，要全面了解，特别是对事件的深层缘由和影响范围，需要挖掘和说明，以求展示事件的全貌，揭示事件的意义。

4. **智慧引导**：媒体是担负社会责任的。它对于突发性事件的报道的目的是为了提示社会的警觉、完善相应的对策、促进社会的稳定运行。因此，在此类报道中，记者要站得更高、看得更远、想得更深，以深刻的洞察力和责任感支撑全程报道。

目前中国新闻界在这一报道领域的技术缺陷表现在：

一是更多地关注于突发性事件表面形态的描述甚至热衷于猎奇性细节报道。二是对事件的背景、事件与环境之间的作用关系缺乏全面深入的解析。

《新京报》在这个领域报道极大地突破了上述局限，他们对汶川地震的报道、对"7·23"动车事故的报道以及对诸多公共突发事件的报道可以看出一个成熟的媒体所具有的推进社会安全运行、文明运行、有效运行的责任意识。

《新京报》深度报道的操作技术

《新京报》的深度报道实践提示我们：一个对社会与民众负责任的新闻媒体，需要对影响着民众利益和社会发展进程的新成就、新事物、新问题、新冲突进行深入浅出、全面深刻的解释，以保证民众真实、全面、及时、深刻地了解其生存环境的变动状态。

在《新京报》的深度报道中，我们可以看到，他们在强化三个意识，即：新闻背景的说明意识，新闻影响的展示意识和新闻发展的预测意识。

在这些报道中，我们也能够清晰地看到他们实现职业责任，达及报道目标的专业技术方式。

1. 坚持用事实构成报道

这是进行深度的基本原则。解释性报道对新闻所做的解释不是在议论中实现的，而是在对与新闻相关的各种事实的描述中实现的。而在中国新闻媒体上见到的一些解释性报道，往往充满了记者的观点、结论甚至是断言。无论是调查性报道还是解释性报道，它们的任务是要用各种事实要素对主体新闻进行多角度、多层面的说明，让人们从各种事实和事实间的相互作用中去了解新闻的全貌和意义。

然而，由于记者要对新闻进行解释和说明，这一任务的性质往往会导致记者怀有一种将自己对新闻的理解结论直接表述出来的内心冲动。而这之中就蕴藏着一种陈述主观判断而不是叙述事实的危险。

记者在写作解释性报道的时候，无疑是有自己的观点和倾向的，但是，对于一个职业记者来说，这种观点和倾向的形成要依据于事实，表述这些观点和倾向时也要依据事实。通过对事实的叙述去解释你想说明的事情，这是才是深度报道的力量所在。

2. 全面掌握与新闻相关的事实资料

美国新闻出版自由委员会在20世纪40年代后期提出："要在环境中赋予每日事件以意义，对其进行真实、全面、睿智的报道。仅仅真实地报道事实是不够的。现在需要报道关于事实的真相！"他们的意图非常明确，不能只报道新闻事件本身，一定要说明新闻事件生成与发展的环境，从而真正揭示出新闻事件的真相。真相与表象之间是有深刻关系的，但是两者毕竟是大不相同的。

需要进行深度报道的新闻事件和动态一定有不容易被一般人理解的难点，而要说明这些难点，一个重要的前提条件是要充分掌握相关的事实资料，以此对新闻进行解释和说明。写作深度报道的关键技术就是用相关事实去说明新闻在特定背景下过程、状态、原因和意义。

掌握相关的背景事实是深度报道能否成功的关键。纵观《新京报》的深度报道案例，我们可以看到他们特别关注的是五类事实要素：

历史性事实：反映新闻发展过程的相关事实。这类事实会帮助你解释新闻发展的过程，从而揭示新闻的缘由。

环境性事实：反映新闻产生和演进环境的相关事实。这类事实会帮助你解释新闻与环境之间的相互作用，从而揭示新闻的影响。

简历性事实：反映新闻中人物生平与机构简历的相关事实。这类事实会帮助你解释新闻中涉及的人物、机构的由来、特点，从而帮助你完整描述新闻中的主体人物或机构的形象。

数据性事实：与新闻相关的各种统计和分析的数据。这类事实会为你提供解释新闻所需要的定量分析和基于这种定量分析的有说服力的结论。

反应性事实：新闻在社会各界特别是在媒体所在地区的民众中引起的反响、评价。这类事实会帮助你解释新闻对社会各界产生的作用与影响。

3. 深刻理解报道涉及的专业领域知识

要想准确清晰地对主体新闻进行解释，记者就必须对主体新闻涉及的专业知识和相关知识有透彻的了解。记者要想对公众解释清楚专业领域发生的新闻变动，前提就是让自己先成为专家。

《新京报》的记者和编辑是善于学习的，在他们的深度报道中，可以看到他们对社会科学和自然科学方方面面专业知识的细心的学习，以及在这番学习的基础上向公众进行的新闻专业的事实说明能力。

4. 不断地追究新闻的深层因果关系

任何事物都是由无数的因果链环关系构成的。要想把新闻解释清楚，剖析深刻，就必须注意说明构成新闻的前因后果。

无论是调查性报道还是解释性报道，就是要对人们不了解、不理解而又需要清晰了解和透彻理解的事情进行说明、分析和解释。因此，就需要新闻工作者深入追寻事件的因果关系，对所要说明和解释的问题进行全面细致的考察和研究，这是写好深度报道的关键环节。

5. 在事实中发现并建造解释新闻的逻辑关系

在写作的过程中，要运用事实建造起解释新闻的逻辑结构。一切复杂的因果关系都应该通过事实的描述进行展现与说明，记者需要判断哪些事实能够说明新闻的真相和意义，进一步决定这些事实在报道中如何排列、如何展开，以便读者深刻了解新闻。

6. 用通俗的语言完成对新闻的解释

需要解释的新闻往往出现在民众不熟悉的领域，甚至很可能是一般人极其陌生的专业领域。这就需要记者能够在深刻理解新闻的全貌与意义之后，用通俗的语言将新闻真实地描述出来。

《新京报》深度报道的精神品格

在《新京报》的深度报道阵列中，我们能够看到的是媒体记载的中国社会的变迁历史，也能看到一个有信仰、负责任、敢实践的媒体的精神品格。

《新京报》的深度报道显示着他们的责任意识。他们的深度报道选题都是社会的热点事件和社会的热点问题。我们可以看到，在中国社会转型时期，《新京报》是一个密切关注社会的核心进程，用专业实践为社会进步流入能量的媒体。

《新京报》的深度报道显示着他们的人文关怀。在他们的深度报道中，我们时时处处都能感到他们对人的命运的真诚关注，特别是对普通百姓命运的真诚关注。

我有两次参加《新京报》的年度新闻颁奖会议。会场上，看到那些年轻的记者编辑为他们获得本报社的一个奖励而欢呼雀跃、不可自制时，我在想，难道就是这样一群看上去几乎还是孩子的年轻人，写出了我刚刚投票选出的那些冲突惨烈主题凝重的调查性报道吗？

听到一些年轻的记者编辑在台上发表着夹杂着粗言野语的获奖感言时，我在想，难道就是这样一些还没有摆脱青春期热血激情的年轻人，写出了我刚刚投票选出的那些逻辑严谨令人信服的解释性新闻吗？

我相信，这之中的答案其实简单。那些报道全部源自一个媒体的能量！这能量集成了理想、意志、品格和专业才能的种种要素。

我们看到，中国新闻界在中国社会的转型期中，怀抱着真诚的理想和建设的热情，进行着观察、进行着思考、进行着监督、进行着批判、进行着建设，为推进中国的文明进步，释放着他们的能量。

我们庆幸中国社会的转型期有《新京报》这样的一群媒体存在着、运行着。它们闪烁着中国新闻界的职业理想的光芒，为我们这个东方大国生活的美好、社会的进步、人民的幸福进行着瞭望，进行着思考，进行着奋争。

本文原载于《新京报》8周年系列图书《新号外》，新星出版社2012年7月版，有删节，作者系中国人民大学新闻学院教授

时事新闻的坚守与突破之路

武云溥

定位 负责报道一切

《新京报》从创办开始,就把时政报道作为一个主攻方向,这是为什么?

王悦:20世纪90年代初,都市类媒体开始崛起,它们受到的束缚很小,而且是市场化运作。在这个过程中,都市报要迅速抢占市场,先要解决"活下来"的问题,会容易追求耸人听闻的故事,有时候带有很强烈的主观性去报道新闻,甚至会有低俗化的倾向。

到《新京报》创办的时候,都市类媒体已经经历了10年的发展,应该说,这一批最早从事都市报内容采编的媒体人成熟了。大家希望能做到更主流的舆论地位,所谓主流毫无疑问,一定要做时政新闻,能够影响到有影响力的人。在中国社会,这种影响力具体表现在:一是影响立法,二是影响政策。《新京报》想走一条介乎党报和都市类媒体之间的"第三条路",做一份更进步、更美好、更理性的报纸。

其实在2003年创刊时,大家对"第三条路"并没有太明确的想法,只是在摸索的过程中。我们以社会新闻、调查类报道起家,但我们的主题更严肃,更关注公共价值的话题,而不是去关注一些家长里短、比较低俗化的东西。

追求推动社会进步的价值，大于追求市场效益的价值？

王悦：对，我觉得是这样的，这是最朴素的价值。我们经常衡量一些社会新闻要不要见报，会做出一些舍弃，因为它可能太过于暴露个人隐私了。但是如果涉及公众利益，我们是一定会报道的。

《新京报》在创办之初，时事新闻的采编思路是什么？

王悦：从2004年到2005年，我们强调信息量，要求一个版面上新闻不能少于十条。强调客观、理性、负责任——也就是当时的口号"负责报道一切"，我们对所报道的一切负责。这样才能真正地做到客观、理性，最大限度地还原真相，接近新闻的真实。

从早期开始，我们对记者的培训要求就是，你要尽可能抓到更多的消息源，要客观，要避免孤证。时事新闻部是整个报社最早做出采编规范的。

专业　对客观真实的极致追求

新闻要客观真实，我们在新闻院校里接受教育的时候，大家就被传授过这一观念。也就是说，所有的报纸都明白一个道理，我们做新闻都要做真的东西——《新京报》的差异化体现在哪里？

王悦：我有时候觉得，做新闻就像人的修炼一样，我们知道一个品格健康的人应该是怎么样的，但不是每个人都能做到。

在新闻操作中也是。人天生都是会懒惰的，都想少付出一点，多获得一点，都会有一种趋利避害的天性。《新京报》比别人做得好一点，是由于对职业的要求更高、更严格。最初的时候，我们一个稿子一个稿子拿出来讲，你这个稿子好在哪里，不好在哪里。如果稿子不好，你的稿子犯了哪些错误？是不是孤证？我手上有很多以前的培训材料，我们都是一个案例一个案例地讲。

当时有一篇稿子，是说一群农村妇女经常成群结队去商场里盗窃，很多媒体人会这么表达：她们"竟然"或者"公然"行窃。当时我们一个具有法律背景的编辑说："在当事人还没有被法院判决之前，我们要警惕有罪推定。"

这个意思是说，媒体在报道这类新闻时，要把案件当事人或者说嫌疑人，当成一个平等的人群进行描述，不能使用攻击性的语言，不能进行道德上的指责。我们只能客观地说，她们做了什么事情，现在怎么样了，仅此而已。而且她们也不是"被抓获"或者"被缉拿"，而是"被控制"。

一些细微的字眼，落到个体身上，会产生巨大的杀伤力。媒体不能自行承担审判的功能，不能代替司法的功能。这就是《新京报》格外较真的地方，是对新闻客观性的极致化追求。我们有过很多类似的讨论，形成了一些结论性的东西，让采编在日常工作中慢慢地汲取。

我们都知道做时政报道非常依赖与官方的沟通，这方面遇到阻碍的话，如何打开局面？

王悦：我讲一个细节，也许很能说明问题。我们有一个同事叫马力，他当时跑环保部，环保部下面有很多的部门，里面的工作人员说："我们部委从来不接待都市类媒体。"

一天，北京下着雪，他为了采访在部委楼下等。门进不去，等了好长一会儿，他又打电话给环保部的采访对象，对方很惊讶，说："下着雪，你还在下面站着？"

采访对象觉得这个记者非常敬业。后来，马力跟环保部的官员关系非常好，门就是这么敲开的。

挑战　做重大新闻的领跑者

你觉得现在的新闻竞争，尤其在时事类这块，我们怎么跟网络拼速度、拼信息量？

王悦：这几年从《新京报》的影响力和地位来看，整个的发展步骤是非常清晰的：最早的时候追求信息量，到后来我们发现网络对平面媒体的冲击——信息量方面你永远比不过网络，速度上你也比不过。于是，我们要求快，强调"跑"过网络，因为那会儿还没有微博，还没有博客，还没有公民记者的概念。网络只是转载，传播的效率更高、更快而已。所以我们要求一定要第一时间去现场，第一个对现场进行还原，因为主动性掌握在我们的手上。

不管网络怎么发展，公众都需要专业人员提供专业的新闻报道，人人都会做菜，世界上依然需要厨师。这是我们的优势。

这在网络上是无法达到的，只有专业记者才能完成。这是一个路径。我们意识到网络传播对传统媒体的威胁越来越大，很多的采编人员流失到网络，我们一直在强调新闻需要更专业，网络也好、电视也好、广播也好、报纸也好，只是不同媒介的载体和介质，最终核心竞争力在于你所提供的新闻产品——内容。

现在媒体存在这样的危险：容易变成民意宣泄的出口，媒体这个时候保持清醒很难。

王悦：这个我们很警惕。我觉得网络是一个很好的信息渠道，原来我们也探讨过，这东西到底好不好？有一些人认为："这个东西完全不好，上面都是一堆愤青，一堆民粹主义，在上面发泄情绪。"单纯的情绪确实于事无补。但互联网毕竟给了大家一个发声的出口，先得让人说话，然后才是怎么说，如何学会理性表达？公民社会该如何做一个合格的公民。在目前状况下，作为传统媒体的报纸和网络最大的不同就在于公信力上，我们发表的所有内容，都是经过核实的，强调公正、客观，不代表个体发声。

我觉得目前社会整体的心态和情绪不好。我总说，中国有一股戾气，发泄、围观多过建设性，多过踏踏实实的行动。我们真的要警惕这种心态。我一直以为，要说更要做，在力所能及的范围做自己力所能及的事，一点一点推动改变。做纸媒最好的一点就是：与很多传播方式比较而言，它不那么浮躁。

很多读者觉得《新京报》"敢说话"，这种口碑是如何建立起来的？

王悦：我觉得不能说其他媒体不敢说话，我们能做的新闻，应该都是有把握的。《新京报》不是傻大胆，当我们决定做一个"猛"的东西——比如一些监督性报道的话，我们还是会权衡再三的。我觉得《新京报》对舆论监督是这样一种态度：监督是媒体的首要功能，也是《新京报》的一面旗帜。我们希望通过这种报道去干预社会、干预城市，影响公共政策的决策。

我们把监督权作为最主要的媒体职责，对一些社会转型时期的深刻的社会矛盾给予关注。比如钱云会事件，一个有公信力的媒体你怎么去调查和还原？对于这样的事情，我们应该保持一个什么样的态度？既不能被网络暴力所绑架，也不能完全按照个人的判断去处理。记者有时候会说："我认为是这样的……"我说你们凭什么说"我认为"？敢说话，要有底气，可你的底气是什么？底气是你对真实的把握，你对真相挖掘的深度，你所掌握的素材。

坚持　理想不能挂在嘴上

要想做出又快又深而且文本非常精致的新闻，是非常困难的一件事，时事新闻部内部的操作机制是怎么样的？

王悦：首先要告诉采编团队，你要什么东西？你最终要在报纸上呈现的是什么？从2008年开始，这一点我们是非常清晰的，我们要更快，所有的事情在反应时间上你必须做到最快。

这样大家会形成一种共识。每天对大事件跟进得怎么样？我们有评判机制，我们有这么多的白班会、夜班会，我们会做探讨。比如今天这则新闻慢了，为什么我们慢了？别人做的东西好在哪里？每时每刻，有一个业务讨论的氛围。我鼓励大家去做业务探讨和争论，哪怕是吵得天翻地覆也没有关系。

前段时间有一个话题挺热的，出现了好几个"过劳死"的案例，其实媒体人大部分处于亚健康状态，《新京报》是如何做团队建设、调整大家的工作状态？

王悦： 说实话，这一块挺惭愧的。我们的中层，基本上他们的时间不是在打电话就是在看选题，全天候的。每天下午三点半编辑们来了以后，我们就开会讨论，在这个会议上，所有的中层说说今天记者对报道的反馈，编辑开始评报……每天都很紧张。

你觉得大家在这种紧张的工作状态下坚持下来，是为了什么呢，理想主义吗？

王悦： 不能说每个人都是为了理想。理想不能挂在嘴上，理想也不能当饭吃。很多人在这里干，首先是养家糊口。但是在哪里都可以养家糊口，对吧？为什么我们在这里而不是在另外一个地方？还是有区别的。有人来《新京报》是希望到这样一个平台上来，到这样一个氛围中来。我们有些同事，家境很好，凭借父母亲的关系可以当个公务员或者去干其他工作，为什么还要在这里承受这份辛苦呢？时事新闻这个部门很单纯，有"赤子之心"，大家吵完了就完了，吵的是业务，不会吵完咱俩不说话。你说的理想，多多少少还是有一点的，但我不想去标榜"理想主义"。偶尔有人和我说报社如何如何，"没理想了"。我就对他们说："理想是你心中的火，别人不能给予你，也不可能掠走。"

我觉得《新京报》最好的一点，也是为什么我现在还没有觉得我应该要离开的原因就是，尽管我们在具体报道上，有时会存在很大的分歧，但是对《新京报》的核心理念和核心价值观，是所有人都认同的。骨子里的DNA或者说气质，让大家聚在一起。有些人可能早就想走了，但还是很纠结，有些人留在这里抱怨很苦、很累，也许有一天他会有更好的发展平台，但是现在人家在这里，是因为对理念和价值观有认同。

视角　新闻无处不在

相比于其他都市报，《新京报》很早就强调"大社区新闻"，这是为什么？

王悦： 我们从2008年开始强调做"大社区新闻"，包括今年对公益版的强调，这都是跟我们一以贯之的思路有关。我们做社区新闻，关注民间的力量、草根的力量，在以前是没有的。社区是我们社会的一个基本细胞，回归到社区，不管我们是什么样身份的人，在社区里你就是一个公民，你就是一个城市的市民，你怎么参与社区事务？你怎么在社区里跟邻里和谐相处？作为一个市民、作为一个业主，怎么样让基本的社会细胞动起来？

我觉得社会建设的最基础是在草根、在民间，特别是社区里面有很多活跃的人士，他们推动一些从小到水电费、物业管理，大到一些对业主权利的探讨，包括一些公共的社区活动，我觉得这些是非常有价值的尝试。

传统的时政报道，就是官方发布一个信息，媒体把这个信息传达给大家，很被动，我们如何突破？

王悦： 时政报道一般都是统一发布的，要想成为独家新闻非常难。如果是同题竞争，我们要有一个不同的视角。这个东西说起来容易，做起来很难。

原来我们有一个跑时政新闻的记者，那会儿国务院新闻办公室每年都有答谢的晚宴，各个部委的新闻发言人都会来。对于一般的时政记者来讲，就是一个晚宴而已，打扮得漂漂亮亮，吃完饭就完了。我记得她跟我商量说："这个东西可以做一个稿子，因为平时很难同时见到这些新闻发言人。"我说："好，我们做一个同题访谈，问问作为新闻发言人，他们怎么样看待信息公开。"她在吃饭的时候，一个发言人、一个发言人地问，第二天果然做出来一个比较大的报道——新闻无处不在，就在于你有没有一双发现的眼睛。

价值 一点点影响中国

像世博这样的长线选题，我们如何操作？

王悦：世博会的报道持续时间特别长，共有半年。程序性的报道特别多，最早是上海是如何应对世博会的，到后期的服务，有很多官方发布出来的信息。我们当时作出一个判断：因为奥运会刚刚过，北京老百姓对世博会可能不会特别关注。于是，所有的程序性报道，我们全部舍弃，我们要做到与众不同。世博会的本质是展示21世纪全世界最尖端科技的发展成果、新的生活理念、各种城市治理的方式。我们摸底之后发现，应该把这些可供借鉴的、对于北京的老百姓生活有相关性的内容做出来。比如世博会有哪些新的知识，我们用制图的方式告诉读者，至少可以普及科学知识。

后期我们发现，世博会展出的东西有很多发达国家成功的案例，比如关于下雨天河道蓄水的问题、解决交通拥堵的问题、在社区里解决老年人孤独的问题、孩子没有人看管的问题……我们做了一个《世博鉴》，列举了所有北京城市治理中面临的难题。

时政报道受舆论环境影响很大，你怎么应对？

王悦：时政报道是非常危险的，你做得好，比如刑法诉讼的报道，不是所有人都能看得下去，因为它非常专业。但如果我们要做"百年大报"，一定要有这样的内容。

我觉得要把时政报道做好一定要有很好的资源，你的新闻可能做出来只有一小部分，但背后有很多内容你知道了也不能报道出来，但你必须知道，你知道背后的东西，哪些权力在角逐、哪些利益在平衡、涉及哪些人，这样你才能避免出现问题。一不小心就会踩雷，会死得很难看，而且往往你都不知道自己是怎么死的。

报纸的时事新闻每天都在行动，我们一点一点地追求进步，追求美好。

在一次培训时我说："我们选择报道什么，就是我们的价值观。"我觉得就是这样的，我们选择什么，意味着我们的趋向、我们价值的取舍。我们给读者提供的是有选择的新闻、有选择的报道。每天从我们选题到我们呈现的方式，到我们坚持的一些新闻操作的原则，它是一个整体，潜移默化地影响读者。

本文系《新京报》8周年系列图书《新号外》的序言，新星出版社2012年7月版，有删节，记者武云溥，受访者王悦系《新京报》副总编

副刊势微的时代,《新京报》书评周刊如何"任性"?

涂志刚

转型有两种:一种是价值的转型,一种是方法的转型。媒体人如今谈论转型,理论上似乎是在讨论方法的转型,比如拥抱移动媒体,比如投入视频制作。然而,伴随着传统媒体盈利能力的下降,在转型和创业的大潮之中,价值的转型,有时候似乎也与方法的转型伴生。

《新京报》书评周刊在这方面稍稍有点特殊。虽然在行业内部,其他媒体的文化版面基本都把《新京报》书评周刊视作转型的典范,事实上,除了内容载体上多了一个微信号之外,书评周刊的业务转型在根本上其实是没有发生的。

当然,书评周刊在经营上做了一些小小努力,比如在微信端卖书,比如接受北京市新闻出版广电局的委托为对方更新微信号,编辑出版内刊,等等。但这些小的经营项目,一则收入甚微,在报社的营收体系当中根本不值一提,另一方面,也不在书评周刊团队的核心工作当中。

认真追究起来,今日书评周刊最大的变化,是把自己的新闻出口完全搬到了微信平台,而在书评周刊的版面上,则更加强调副刊化。

副刊之死,是当前传统媒体共同的课题和选择——副刊需要容量,和碎片化的时代潮流不合,副刊需要投入,传统媒体下降的营收能力也无力支撑,在这种情况下,《新京报》书评周刊的副刊化选择,既显得奢侈,也在媒体市场上凸显出一种独特性。

以今年7月为例,书评周刊的四期封面专题,除了一次半年好书评选之外,其他三期选题,欧文·亚隆对死亡焦虑的审视,陈嘉映对良好生活的探寻,吴大羽对艺术精神的坚持,都在主流视野之外——但正因为这些话题的独特性,当然也更因为它挑战了这个时代焦虑而又浮躁,渴望成功又盲求捷径的功利思潮,反倒赢得了更好地传播效果。

举一个例子,吴大羽的作品集一般新华书店根本都买不到,但在我们的年中评选之后,有的新华书店直接根据我们的榜单把《吴大羽作品集》也评选为自己的榜单冠军。虽然看上去是个笑话,但书评周刊因为独特坚持而产生的影响力,于此可见一斑。

和《吴大羽作品集》类似的案例,还有国家图书馆的文津图书奖,今年把十大好书颁发给了卢安克的教育书《是什么带来力量》。我们还记得《新京报》去年评选这本书的时候,满世界都买不到这本书,最后是通过出版社紧急调库存解决的——那时候几乎没有人知道这么一本书的存在,但最终《新京报》的影响把这本书推到了文津的奖坛,哪怕最后连国家图书馆的领导都惊讶,怎么会评上这么一本看不懂的书。

长期以来,副刊的存在价值,其实是和当下的社会主流保持一定的距离,呈现对主流思潮的审视和思考,同时在主流思潮之外,通过自己的独特发现,为主流精神注入不同的价值。但如今的副刊,显然正在失去这方面的功能——几乎所有媒体,现在思考的不是审视甚至批判,而是如何拥抱全民创业热潮和移动互联网时代,唯恐自己跟不上时代。跟紧时代当然没有错,但在跟紧时代的时候放弃自我,带来的会是致命的丧失。

说了这么多副刊价值,其实,书评周刊今年非常用力的一个层面,反倒是在新闻,这主要体现在微信端(或者这也可以称作一种小小的转型?)。有一句话说得可能不对,但印象之中,大多数媒体微信公号,其实不好说是媒体公号，说"媒体办的公号"或许更合适一点。因为这些公号事实上不承担媒体功能，没有自己的新闻原创，只作为一个传播媒介重新传播一遍报纸上面的稿件而已。

这一方面，书评周刊因为没有日常新闻版面，不得不把所有的文化新闻放在微信端来体现，最后反倒在新闻方面实现了自我突破。以 2015 年为例，书评周刊影响力最大的几个报道，基本上全都是在微信上发生的：余秀华家的死兔子，孤独图书馆的无聊，曾彦修抬高的枪口，康夏的卖书闹剧……7 月份做的未婚妈妈吴霞的专访，更是这方面的典型，这根本不是一个文化领域的选题，但在文化专题的包装之下，以独家专访为内容核心，阅读达到了 10 万 +。

书评周刊的微信经验，可能有一定的偶然性，也不一定适合所有的媒体微信公号，但至少可以在侧面证明一点，就是独特的新闻原创，仍然是稀缺的，也是最吸引读者的内容。

在副刊势微的时代，坚持做我们这样一份书评周刊，是一件艰难的事情——在很大程度上，这份周刊和当下的时代主流，和自己身边的环境，是格格不入的，至少，它是很"任性"的。说到这里，我们确实必须感谢，报社为此承担的巨大成本，以及对副刊团队的宽容。

这不是副刊的好时代，但我们依然相信时代需要批判的声音和思考，相信一份好副刊的生存空间。我们努力做成中国最好的副刊，但我们也深知自己做的远远不够。回到这篇文章的开头，既要坚持那些老旧但是恒久的价值，又要寻找那些新潮但是有效的方法，这样的转型之路，何其艰难。

只能求索了。

本文原载于《新京报》传媒研究公号（xjbcmyj），刊发日期：2015 年 12 月 22 日，作者时任《新京报》文化副刊部主编

《新京报》为什么要创办《逝者》栏目

戴自更

《逝者》栏目第一次出现在《新京报》是 2005 年 3 月 29 日，写的是一个老中医，他是中国四大名医的后人，记者用一种阳光、温馨的笔调，用 1000 多字的篇幅再现了这位叫孔少华的老中医的人生，他不仅医术精湛，而且热爱生活、乐于助人。

跟《新京报》的很多栏目一样，《逝者》的开设也是受到国外一些严肃报纸的影响。栏目开设不久，央视主持人白岩松就说这个栏目办得有特色、有人文情怀，这确实道出了创设这个栏目的初衷。《新京报》创办之初，就宣称要办一份负责任的报纸，要体现人本精神和人文情怀，以推进民主和法治为办报宗旨。因为《新京报》是面向市民的媒体，论及如何反映普通人的生活，自然不能回避生死问题。过去报纸很少刊发普通人正常死亡的新闻，如果发讣闻，肯定有相应的行政级别，其篇幅、体例也都有一定规矩。但我们觉得绝大部分人的生平是平淡无奇的，他们生前没有惊天动地的举动、轰轰烈烈的事业，但作为生命的个体，他们是多姿多彩的，是有价值和尊严的，正是由于各自不同的人生经历，构成了大千世界的温情和美好。

《逝者》推出不久，原国家领导人荣毅仁去世，新华社按惯例发了一个通稿。当时编辑部就讨论，能不能在新华社稿件的基础上，在《逝者》栏目把荣毅仁的传奇人生做得充分一点，最后达成的意见是可以尝试，但要把握好两点：一是作为一份都市报，我们再现的是人物的生平经历，他的亲情人情，他的志趣性格，不是对他政治上的盖棺定论；二是报道的总体基调，要与官方的评价保持一致。编辑部安排记者去吊唁现场，采访了荣毅仁的家人、亲朋和一些前来悼唁的人，做了一个整版。稿件见报后，得到了很多读者的肯定，这样《逝者》的内涵就进一步拓展了。

由于社会观念问题，以及采访上的困难，加上编辑部对稿件要求比较高，《逝者》栏目未能按一周一期的设定推出，断断续续的，但还是坚持下来了。在读者中形成较大影响力的是在汶川地震后，5月19日全国哀悼日当天，报社编辑部决定出版《逝者》特刊，指示在震区采访的10多位记者关注地震遇难者及其生平，从确定选题到交稿到签版付印，仅用了30个小时。21日凌晨，32个版、记载30多名遇难者、10多个群体的《逝者》特刊送到读者手中，当天报纸被抢购一空，许多人哭着读完，许多人说要珍藏一生。这个专题最后获得SND（国际版面设计协会）灾难报道版式大奖。

《逝者》栏目五年多来的稿件编辑成书，是因为国务院新闻办公室王晨主任的提议。年前去拜望老领导王晨主任，谈到《新京报》和《新京报》的报道，他说对《逝者》栏目有印象，有些文章写得很感人，很有人情味，如果可能可编辑成书。遵他所嘱，我回来后召集编辑部人员协商出书事宜，大家一致赞同。于是成立一个以王跃春执行总编辑负责、以北京新闻部主任胡杰牵头的编辑组，经过一个多月的编撰，从500多篇文稿中挑选出100多篇，按文中人物去世时的年龄，编为"春、夏、秋、冬"四个章节，喻示人生童年、青年、壮年、老年四季。初编后告王晨主任，他予以肯定，并为本书作序，在此谨向他表示衷心的感谢。

纪念逝者是为了生者。在该书出版之际，祝愿所有的人都能够珍惜生命，尊重生命，不仅让自己，也能够让别人活得更加幸福，更有尊严。

本文系图书《逝者》的后记，中国民主法制出版社有限公司2010年4月版，作者系《新京报》社社长

视　觉

读图时代的机遇

戴自更

在目前的都市报纸中,摄影记者有时要比文字记者幸运,例如在获奖方面,很少听到都市报的文字报道获国际大奖,而图片新闻则不然,奖项设立往往不论"出身",更为公平,比如国际新闻摄影比赛(又称华赛),都市类报纸的获奖丝毫不逊于传统报纸,至于像《新京报》这样的新锐媒体,更能凭借实力赢得盘满钵满,甚至连"何赛"奖,也是如此。

应该承认,国内都市报的办报理念和操作手法,与西方的新闻价值标准存在本质差异,这种差异在对待图片新闻和文字新闻上是有轻重的,由于图片更加直观,因此也就有更多的趋同基础,人像图片、文体图片不用说了,新闻图片也是如此,读者可以不认识文字,但是通过读图依然能够获取信息。

《新京报》从创刊之时起，就重视摄影报道，从摄影部门的建制，到图片使用的数量规模，在同类媒体中是名列前茅的。记得报纸初创时，看到视觉部要求拨款100万购买摄影器材的报告，着实有些踌躇，要知道当时如电脑、运报车，甚至装修都是用还没创办的报纸版面换来的，要把五分之一的现金投入到一个"梦境"中毕竟心里没底，但架不住视觉部门三番五次的催逼，最后还是咬牙同意了，不过留给他们的话也很明确：这是本报下的血本，希望能得到最大的回报。5年过去了，且不说这些精彩的图片让《新京报》的形态和内在价值大获提升，仅从获得的社会声誉也已"够本"，读者从本书罗列的获奖情况可以印证。

不过坦率地说，之前我对本报图片制作团队中的每一个人的了解是有限的，有时看版面，知道这张图是谁拍的，但对其真身大多不甚了然，有时难免男女不分，张冠李戴，但今年"5·12"特大地震报道，让我彻底认清了他们的"庐山真面"：为了真实再现震情与救援，他们争先恐后奔走在死神肆虐的灾区；为了讲述绝境中的人性，他们在频按快门的同时也热泪倾洒；他们一丝不苟，为拍一张图片甚至星夜往返数百里……一位曾深入泥石流崩涌的险境与军队一起奋勇救人的摄影记者对我说，危机之际已做好牺牲准备，只是心里一直想着怎样保护好相机，希望后来的救援者能看到里面的照片，知道这里发生了什么。他们的人文情怀、责任意识、职业水准，由此可见一斑。

在《新京报》多年，越发觉得毛泽东关于"群众是真正的英雄"的论述极其英明，一个人或几个领导，无论多么伟大能干，如果不能激发广大群众贡献他们的智慧和创造精神，最终也将一事无成或所成有限。在《新京报》，那些来自五湖四海的记者编辑，他们各有各的性格才情，他们是阳光的，有为的，朝气蓬勃的，他们希望按自己的想法去创造去改变去努力，作为管理者，唯一要做的就是相信他们，支持他们，给他们更多的机会。我想这是本报图片新闻能够出类拔萃的重要途径，也是摄影人才得以称雄业内的主要原因。

关键是认同，一定要有值得他们认同的东西。如果他们认同一个理念、一个方向，是会义无反顾地坚持下去的，无论怎样的艰难险阻、潮涨潮落，这个理念就是《新京报》的理念，这个方向就是《新京报》的方向，本书收录的摄影作品是对此最好的诠释。

本文系《突破视觉〈新京报〉摄影》一书的序言，中国民主法制出版社有限公司2008年10月版，作者系《新京报》社长

《新京报》的新闻可视化探索

书红 许英剑

一、《新京报》新闻可视化的发展脉络

作为一种视觉报道形式，信息可视化设计比文字报道更直观反映数据对比、新闻事件发生、发展的过程和事物发展的趋势，它相对于文字具有快速、简洁明了、易读易懂的优势，且有化繁为简的功能，因此得到了读者的一致认可。可以说，信息可视化设计是现代报纸适应新媒体时代需要的一个"新法宝"。

《新京报》自2003年创刊开始就很重视视觉化，不久前设立专职的制图美编岗位，到2007年增加至3人，目前已有6位专职的制图美编。10年来，《新京报》在信息可视化设计方面不断推陈出新，不但在国际国内大赛中频频获奖，而且在读者之间也赢得了很好的口碑。

《新京报》的信息可视化设计包括新闻制图、漫画、插图三大类别，本文主要解析《新京报》的新闻制图类。

新闻制图可以将时间和空间的盲点告诉给读者，能够实现文字、图片实现不了的时空完整性，并且用形象的画面来解释新闻事件的过程或新闻事物的内部结构。既可单独使用，突出新闻的一个瞬间，又可连续使用，揭示新

闻的全过程。

《新京报》的新闻制图主要分突发新闻类制图、策划报道类制图。突发新闻类制图又包括了现场还原制图、科技分析解释性制图、创意图表、地理位置示意图等，策划报道类制图则常见于专题和特刊报道，一般是新闻背景的延伸阅读以及常识性资料，便于读者对新闻的全面了解，"新图纸"专版也多采用此种形式。

现场还原制图、科技分析解释性制图主要集中在 A 叠时事新闻版面，一般采用三维软件制作还原事发现场、

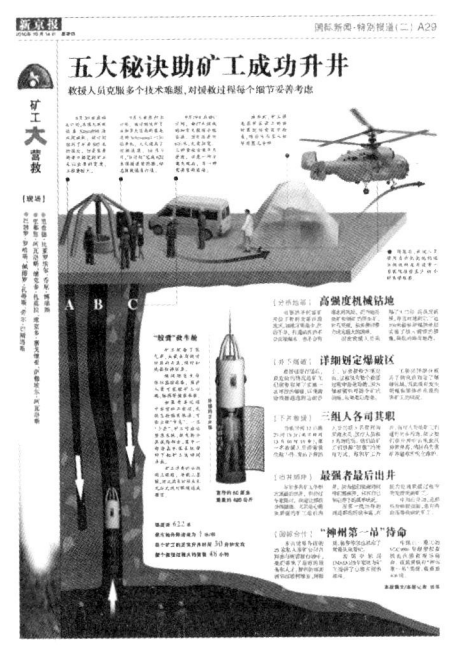

图 1　现场还原制图类：五大秘诀助矿工成功升井

运动轨迹，是事件的概括性图解，让读者第一时间了解新闻过程以及事件原因等，比如车祸、地震、营救等突发事件及航空科技等领域。

智利矿工大营救采用国际合作形式，全世界人民的目光都聚焦在这次矿难后的营救活动。在营救成功之际我们采用了制图的形式还原了此次营救过程各个难点和先进技术。地下、地上、空中、充分的展示了营救行动的各个细节和人文关怀。

神州七号制图展示了神七发射升空到回收的一系列过程，在多天的持续报道中都有较大篇幅的制图，根据不同

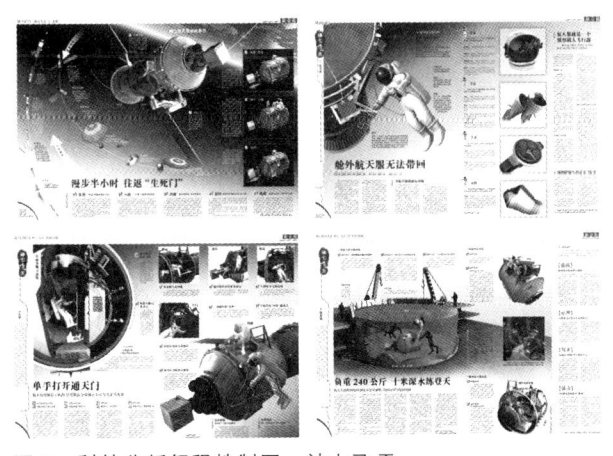

图 2　科技分析解释性制图：神七飞天

二　办一份进步的美好的报纸　　141

的内容，制图相应运用到了空间转换、解剖、还原等多种手法，在还原整体的同时，注重对细节的刻画，将每个新闻点尽最大努力地传递给读者。此系列 3D 制图可谓新闻性知识性观赏性兼具。

图 3　现场还原制图类：日本大地震全记录

2011 年 3 月 11 日，日本大地震引发海啸以及核泄漏。本版采用 3D 制图的形式，将这 10 天里的大事件全程记录，版面信息丰富，构图巧妙，布局合理，给读者一目了然的阅读体验。

创意图表则常见于时政、经济报道版块，用创意将枯燥的数据、统计报表等进行图形化处理，提高读者阅读兴趣。新图纸专版也运用的较多。经济新图纸经常要将不同类型的数据图形化，整合归纳并辅以适当的插图，将抽象的概念形象化。

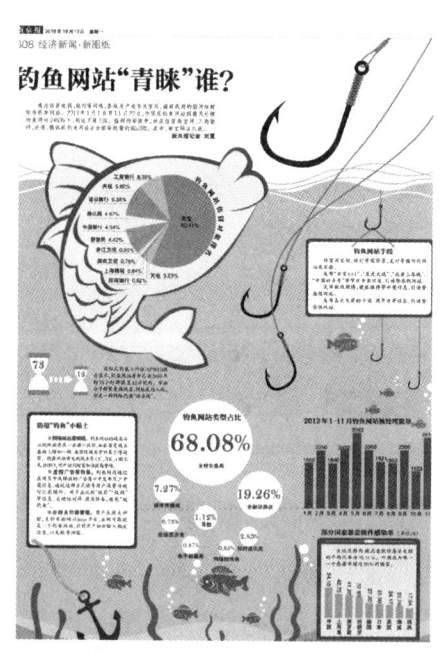

图 4　创意图表类：钓鱼网站"青睐"谁？

经济新图纸《钓鱼网站》通过鱼钩和鱼的形象，生动的揭示了钓鱼网站的危害。此版获得了 2012 年度 SND 全球新闻设计大赛新闻版设计优秀奖

地理位置示意图重点揭示新闻中的地点这一主要因素，有时也兼顾时间等其他因素，所以用途更广，无论

是新闻报道还是生活服务类报道都经常用到。

北京"7·21"大雨制图将遇难者名单在地图上分区域进行详尽系统的梳理,通过图表直观体现,充分体现了《新京报》的责任感和人文关怀。此系列报道在SND国际新闻设计中获灾难报道奖,同时在国内的中国新闻设计大赛中获日常报道金奖,"其体现出的整合信息的能力超越了同城所有的媒体。这个设计也是当今报纸设计业信息化制图以及杂志化趋势的明显代表"。(评委评语)

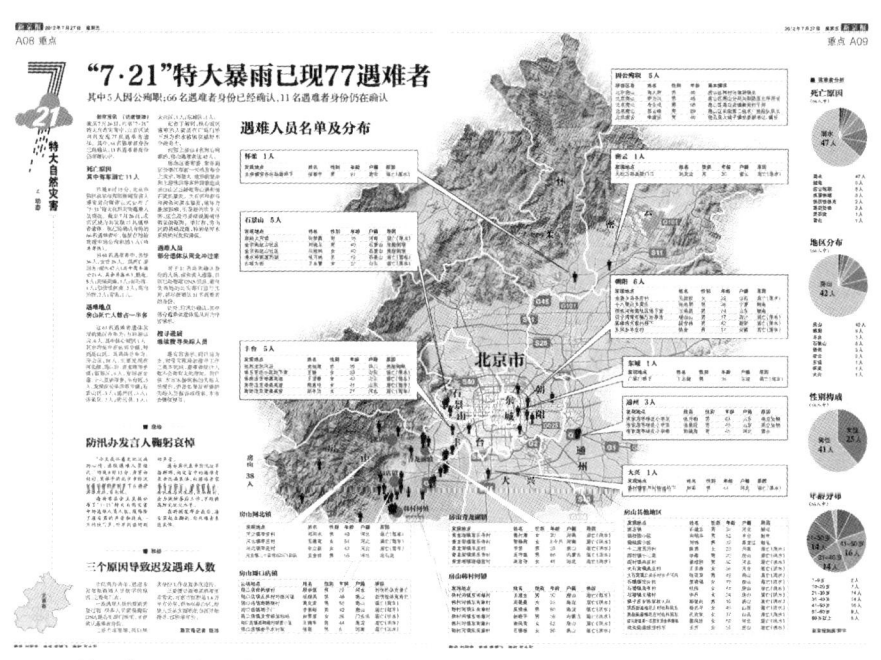

图5 地理位置示意图类:"7·21"特大暴雨

信息可视化设计的原则

《新京报》的信息可视化设计虽不像版式规范有那么多的逐条规定,但同样需要遵守"做减法"的设计理念,遵循"简洁、优雅、时尚、大气"的设计风格。

简洁　坚持"做减法"

制图的首要功能是传递信息。一张制图首先要让人了解发生了什么或说明了什么情况,所以需将复杂的信息条理化、简洁化,努力将信息高度概括,提炼出最核心的部分。这其中要对信息进行适当删减,甚至大刀阔斧的调整。一个版面的信息如果太庞杂,最终会导致互相干扰。

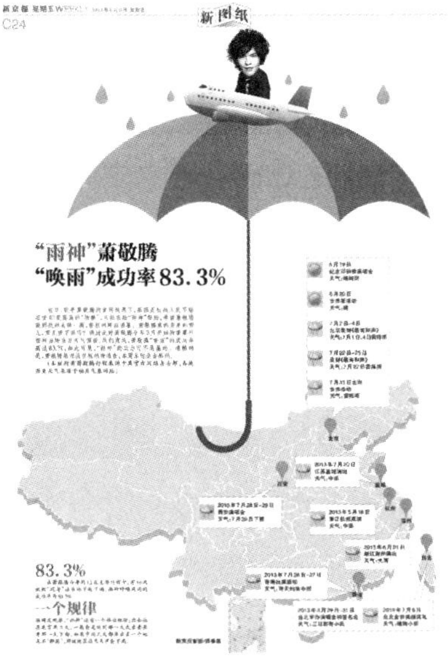

时尚　注重阅读秩序

如果有一个有冲击力的图片或图形作为视觉中心,能迅速抓住读者眼球。所有的信息都围绕视觉中心展开文字排列也相对容易。如果平均用力,追求面面俱到,往往适得其反,起不到吸引读者的作用。

图6　娱乐新图纸"雨神"萧敬腾:信息精炼,主题突出,清新有趣,令读者印象深刻

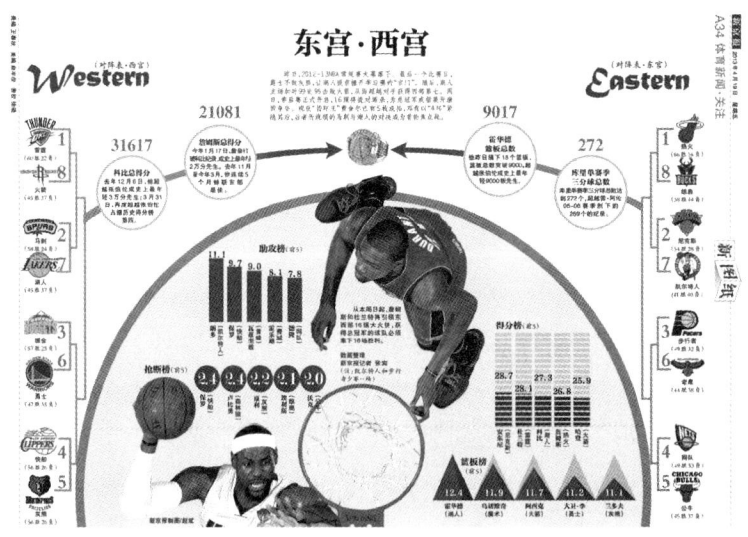

图7　体育新图纸《东宫·西宫》:上半圆形球场形成视觉中心,其他信息围绕图形左右展开,清晰易读

如果找不到一个强有力的视觉中心,就要形成一个指引方向来引导读者一步一步读下去。这对于步骤的解析至关重要,读者顺着图形的方向阅读,大大提高阅读效率。

优雅 用色"少而精"

良好的色彩感觉需要经验的积累,每种色彩要赋予其适当的功能,花哨和单调两个极端都是不可取的。要适当运用对比色和同色系的颜色,为版面加分。一般来说,选择灰色系会比较保险,没有浓墨重彩的刺激,读者更容易接受。不过如果制图美编对色彩把握能力很强,选择高纯度的对比色彩,又会给读者带来不一样的阅读体验。

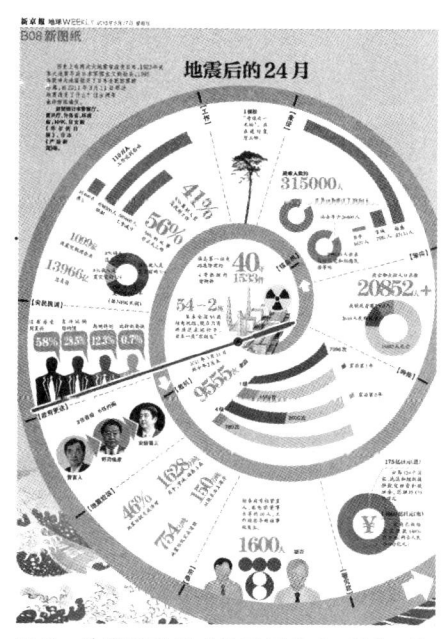

图8 地球新图纸《地震后的24月》:虽然版面上没有大的图形,但用螺旋线作为时间轴构成了整个版面的视觉中心,引导读者阅读

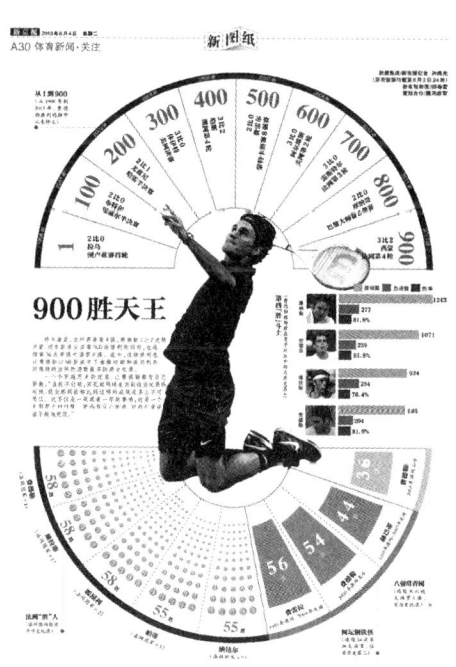

图9 体育新图纸《900胜天王》:虽然只使用同一色系的颜色,但通过点线面的配合,达到了很好的视觉效果

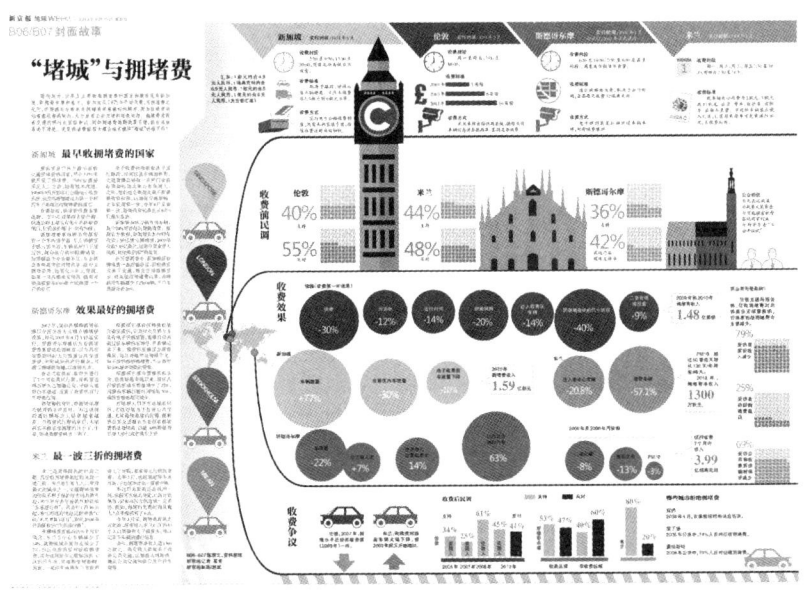

图 10 地球新图纸《堵城与拥堵费》：每个城市赋予一个特定颜色，充分发挥了色彩的功能，使版面逻辑清晰

大气 重视文字标注

文字是构成制图的重要元素，制图是经过信息提炼后便于读者阅读的视觉语言，所以制图上的文字须简明扼要，易懂可读。好的制图离不开讲究的文字标注，这体现在每一个细节。如果版面上文字经常出现错位，或者和图形互相干扰，将造成阅读障碍，为版面减分。

二、《新京报》新闻可视化的探索之路

美国学者有关研究表明，人类视觉信息处理或记忆储存分为三个阶段。第一阶段为感性储存，信息的储存时

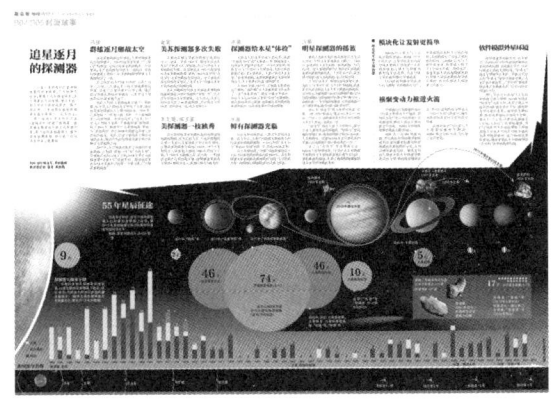

图 11 地球新图纸《探测器》：将星球和数据巧妙连接在一起，文字标注严谨考究，一目了然

间只是一两秒钟。第二阶段为短期记忆储存,各感性单元记忆在相对时间内储存的容量不会超过十"小块"。第三阶段是读者对自己有关联的信息长期记忆储存。从这三个阶段的记忆储存可以看出,每个阶段的储存容量都是有限制的,如果超出限制,信息处理就会出现混乱。所以,编辑美编在制图选择信息时必须"抓大放小",以少胜多。

提到信息可视化设计,不能不提到《新京报》擅长的策划报道的设计制作。

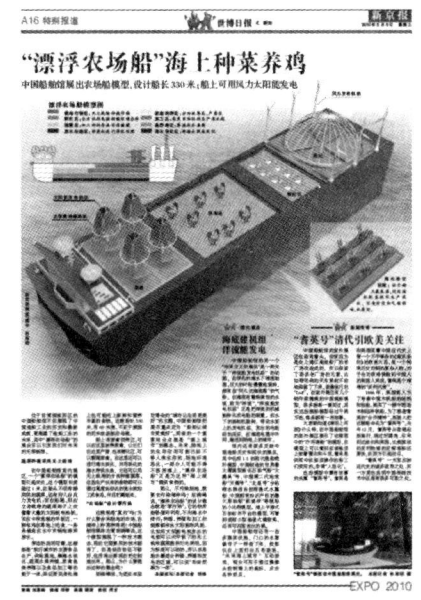

图12　世博鉴系列制图

因为提前策划的报道相对日常突发报道有更充裕的时间,所以制图比日常新闻的信息更丰富,所占版面面积也更大,制作上也更精致。

世博鉴系列制图,制图美编以记者的身份深入一线采访,用信息制图的形式,直观、科学地报道世博会。新闻性、艺术性、实用性和知识性,在版面上取得完美平衡,带给读者全新的阅读体验。

世博特刊以全景插画艺术回顾世博会的历史,以巨幅制图呈现世博展馆面貌与精彩看点,以多元化的视觉元素应用,以全方位的版面设计技巧,以气势恢宏的大拉页印刷,造就一份值得收藏的报纸精品。

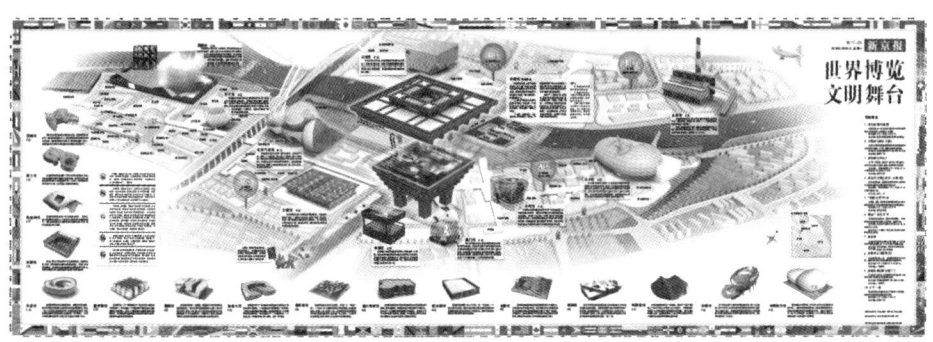

图13　世博特刊

二　办一份进步的美好的报纸

高铁特刊版面上半部分是每一站的站点介绍，下半部分是极为实用的高铁构造的信息图表，从车头、车身、安全、速度、轨道、服务等方方面面解构高铁，直观生动，细节丰富。当版面看完后，把每一个版面拼接起来，就是一部纸上的高铁列车。

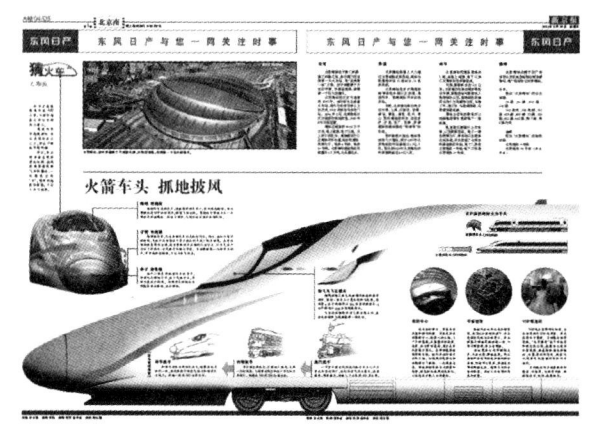

图 14　高铁特刊

随着发展需要，新闻制图不只是单纯呈现新闻，而是已经承担起了分析新闻、总结新闻甚至预测新闻的作用了。

2012 年下半年《新京报》推出的新图纸系列版面，就是我们在积累了丰富的制图经验后又开始挑战新的高难度领域，并且取得了一定的实践经验，得到了读者和业内的好评。

2013 年上半年改版时为让读者更悦读还专门提出精心打造"新图纸系"的口号。

《新京报》的新图纸版没有局限于新闻版块，而是不断尝试在报纸的各个版块推进，比如时事新闻、体育新闻、经济新闻版块，地球、娱乐、健康周刊等版块都陆续推出了新图纸，经过一年多的探索，新图纸已成为深受读者喜爱的品牌栏目。

下面以新图纸为例简单介绍一下《新京报》新闻制图的设计过程。

信息可视化设计的流程

做新图纸版是一项需要群策群力的工作，而且有时是个浩大的工程，需要编辑、记者、版式美编和制图美编一起合作完成。新图纸版需要编辑有高度概括的思路以及清晰的编辑思路，记者尽可能多采集信息，美编需要面对的是整版甚至连版的制图，对构图和细节的要求要比普通制图高很多。同时，从确定主题到版面完成需要比普通版面多花两三倍的时间，这就要求大家提前介入版面的策划设计制作。

1．确定选题

通常报纸刊登的内容会晚于互联网的碎片化消息，所以报纸需要将新闻深度挖掘以满足读者的需要。

信息的可视化是新图纸版的一个重要条件。有的新闻虽然是热点，但内容抽象，不容易转化成图形，这样的内容尽量避免制图。信息的完整性是另外一个必要条件。有的新闻信息很少或不完整，巧妇难为无米之炊，如果根据不完整甚至错误的信息来制图，必将误导读者。

所以，编辑和记者就要根据热点新闻，找出其中能够可视化并且信息丰富的新闻来确定版面的选题。

2．收集资料

主题确定以后，就开始了信息的搜集工作。清晰的编辑思路更是不可或缺。各方信息经过汇集以后，还要经过初步筛选，有的需通过采访专业人士来补充内容。一些内容是国外的资料，还需要准确的翻译出来。真实是新闻的生命，也是新闻制图的生命。新闻制图的真实主要体现在图像的准确性。

3．版面构图

美编拿到编辑提供的内容，要考虑构图以及文字的排列。这个过程又需要对内容进行适当的增加和删减。这个阶段如果考虑不周，到完成以后再有较大调整或全盘推翻，时间就来不及了。

4. 设计制作

接下来美编就要将文字转化成图形，图形的搜集也是必不可少的。整体效果完成以后还要重视细节的刻画。最后，将制图调上版进行文字的编排和修改，有可能还要根据文字的编排再将制图做微调，以达到最佳效果。

关注朝鲜高官的制图能够取得很好的效果，就归功于这一流水生产线的精诚协作，在众多的图片中选取了角度合适的图片为视觉中心，在图片上直接做信息处理，

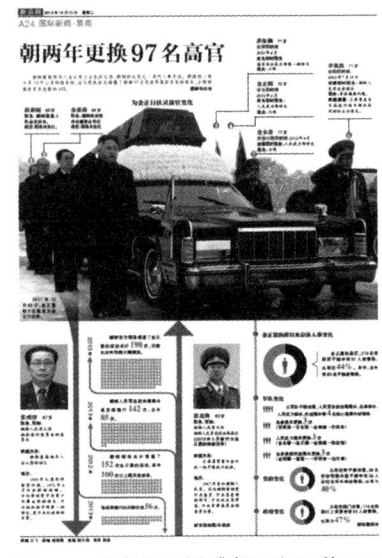

图15 时事新图纸《朝两年更换97名高官》

回顾了这些人一年来的变化，丰富而直观。版面下方详细解读了崔龙海和张成泽一升一降，对比了两个人的现状。

《新京报》的信息可视化设计不仅体现在报纸上重点打造新图纸系，而且在新媒体也推出了"图个明白"长微博、微信制图等。长微博制图的特点是信息容量大，没有太多的版面限制，色彩上也更加丰富，对色彩的把握上难度也随之加大。长微博制图整体上看似无视觉中心，但同样要在细节上仔细打磨，争取做到每张图上都能出彩都有画龙点睛之笔。同时我们在新媒体的互动新闻设计、多媒体动画设计方面也在做有益的尝试，希望今后能创作出更多更好的作品。

本文原载于《新京报传媒研究·第四卷》，新世界出版社2014年6月版，作者书红系《新京报》版式设计部主编，作者许英剑系《新京报》首席制图美编

《新京报》的视觉传播模式

何龙盛

视觉传播机遇

90年代中后期以来,"扩版增张"成为综合性都市日报快速扩张的普遍策略,如广州的《南方都市报》,在一再扩版之后,现在日出报版数都在100版以上。

2003年才创刊的《新京报》,在创刊伊始,就定下日均80个版的高起点。可以说,我国报界在经历"单报种时代"和"多报种时代"之后,开始步入"厚报时代"。

"厚报时代"的来临,以及现代人生活节奏的日益加快,预示着报纸的阅读方式将从传统的精读方式过渡到速读方式。报纸要做到向速读方式的转变,就要更多地采用非写作方式,更多地以视觉方式传递新闻信息。

美国主流大报《华尔街日报》向来忽视图片的使用,但近年来为了适应市场需要,也开始尝试使用图片报道形式。而大量使用图片、强调速读和易读性的《今日美国》报,如今则成了美国发行量最大的报纸(据统计,《今日美国》平均每个版面的"视觉要素"达7.2篇,74%是新闻图片),并且其办报准则越来越多地影响着美国其他包括《纽约时报》在内的报纸。厚报时代为视觉传播带来了空前的发展机遇。

视觉传播规律

与文字传播相比，图片在传播中的最大特点是瞬间性和直接性。因为图像可以在一瞬间让读者直接地接受到相对完整的信息。美国韦伯州立大学的希乐·约瑟夫博士，所做的一项关于读者浏览图片时眼球运动轨迹的实验表明，读者在看一个报纸版面时，首先看的是图片，然后是标题，最后才是大块的文章。而且读者浏览一张图片所用的平均时间只有 0.71 秒。

随着报纸越来越厚，事实上，0.71 秒的读图时间也许还将进一步被缩减，这也意味着，我们的报纸在发表图片时，就要尽可能地选择那些能够在 0.71 秒内抓住人眼球的图片，否则就是无效的。

在面向编辑制订的《〈新京报〉图片运作规范》里，我们强调以下三个价值评估标准：

一是视觉冲击力优先的原则；

二是信息和情感价值优先原则；

三是象征价值优先原则。

这三个原则分别对应着图像在传播中的视觉、感觉、知觉三个认知阶段：

1. 视觉阶段

读者对图片的感受是从眼球开始的。按人的生理规律来说，大的、鲜艳的色彩、线条有纵横感的照片，显然更容易抓住人的眼球。这就是我们选照片时所强调的视觉冲击力。"五步三秒"的封面编辑理论，就是基于这样的生理规律。但吸引读者眼球只是第一步，接下来就需要图片有效地传播信息了。

2. 感觉阶段

读者的注意力从图片的形式转向内涵，图片的信息量越是丰富，图片中蕴含的具有情绪感染力的人性因素越多，吸引人阅读的时间也就越长，传播效果越好。

3. 知觉阶段

这也是读图的最高级阶段。在获知图片的内容之后，读者结合自己的文化与生活经验，通过联想对图片展开深度理解。而能够让人过目难忘、再三回味的照片，总是在传递信息的同时，还含有某种象征的意味，拥有一些可以跨越文化差异的、属于人类共性的因素。当然，这种有机会成为经典的新闻照片，对于报纸来说，往往也是可遇而不可求的。

基于对视觉传播自身规律的尊重，《新京报》制订了一个具有决定性意义的图片运作制度，将图片编辑权（视觉中心，在各采编辑部门设置图片编辑）和评估权（图片总监，给图片评定稿费等级），全权交给视觉中心执行，让图片能够按照其自身规律而非附庸于文字规范来独立运作。

此外，《新京报》还在编辑部强调以下两个编辑原则：

1. 视觉优先原则

出现在报纸上的新闻图片，大致可以分为四类：一为新闻性与视觉表现俱佳，二为新闻性差而视觉表现佳，三为新闻性佳而视觉表现差，四为新闻性、视觉表现都差。

原则上，第一类图片必用，第四类图片弃用。当一张第二类图片和一张第三类图片只能选其一时，第二类图片优先。因为一个版上的文字稿会有10多条，而图片常常不超过三张，所以有必要强调图片区别于文字的优势所在，保证图片视觉效果优先。

2. 专业原则

专业的判断由专业的图片编辑来进行。文字与图片乃不同的文本，规律迥异，让图片编辑操作图片，在分工上更为科学。当版面责任编辑与图片编辑在处理图片上意见无法调和时，按图片编辑的想法来执行。

视觉传播实践

一个相对开明的理念共识，一个相对合理的管理制度，以及一个相对职业专业的视觉团队的执行力，是打造报纸视觉传播大厦的三块基石。

除了视觉理念和管理制度，《新京报》在执行方面，专门组建了视觉中心，置摄影记者、图片编辑、美术编辑、图片管理员、图片处理人员于一室，一个近50人的大部门，占报社全体采编人员的近六分之一。视觉中心全面负责报纸版面设计、图片采集、图片编辑、图表制作等业务，视觉传播一条龙。

在图片采编方面，《新京报》平均每天刊登图像信息300多篇，包括图片、图表、漫画、插画等。

同时，《新京报》使用的图片结构较为多元化，以本报摄影记者每天采集见报的图片为例，除了主打的时事和社会新闻照片外，还有经济新闻图片和配图、娱乐和文化新闻图片、为专刊副刊所用的介乎报道摄影与广告摄影之间的报纸插图等。

在非新闻类图片运作方面，《新京报》做了许多有创造性的尝试：首创在气象版设立"城市表情"图片专栏，每天刊登没有太多新闻性但富有情趣的特写照片，而这样的照片以前很难想象可以出现在新闻纸上。

有意思的是，我们所进行的读者调查显示，这些照片受欢迎的程度，居然在所有照片中排在第一位。"城市表情"也因此被我们形容为"给读者的一份视觉甜点"。

此外，我们的一些以图片为亮点，强调视觉愉悦的图片专版如"北京地理""北京宝贝""北京爱情"等，也都成了品牌性栏目。在这些短、平、快的图片之外，《新京报》还有两个适合深度阅读的图片专栏：一是强调个人风格自由发挥的"本报摄影记者图片专栏"，二是专门发表图片故事的"目击"版。

另外，在采访组织形式上，《新京报》的摄影记者不是以孤立的单兵作战形式，而是以单元的形式，存在于采访活动中。摄影记者和文字记者互相配对，形成一个个采访组合。在摄影记者的相机背后，同时也仰仗、依赖后方的策划与编辑，大量的新闻都是由文字记者先行介入，将符合视觉表现的新闻信息及时传递给摄影记者。这种操作方式，有利于实现对摄影记者的合理调度，有利于充分开发新闻资源。

本文原载于《中国记者》2005年6月刊，作者时任《新京报》视觉部主编

最流行的报纸版式

戴自更

去外地出差，渐渐的，看到脸面很像《新京报》的报纸多起来了：红底反白的报头，标宋的标题，上下通透的分栏，精致的细节和制图，以及A/B/C/D的分叠与栏目设置，除了厚度，有时简直能够以假乱真。南京的一位同行告诉我，"现在最流行的报纸版式就是《新京报》的了"。

而《新京报》之前，印象中许多国内的都市报，报头总是花里胡哨的，不是名人题字，就是在以前名人书法中去找；版式喜欢曲里拐弯，浓妆艳抹；标题则是各种字体纷呈，加上不是铺底就是反白，花花绿绿，五色杂陈。想来办报者的原意，是在于通过对色彩和字体变化的强调，突出某些内容，借此引起阅读兴趣，殊不知到了后来变本加厉，为色彩而色彩，为闹腾而闹腾，效果往往适得其反，甚至于有的报纸翻看后满手油墨，更是大煞风景。

《新京报》创刊伊始，就想逆这一潮流而动。反对视觉暴力，反对强制阅读，反对没有原则的视觉轰炸，是创刊时的版式设计原则。《新京报》的采编骨干多来自于《南方都市报》，而《南方都市报》都当时风头正劲，前去参观者络绎不绝，外人对其办报精髓也许学得不到家，但其浓眉大眼、讲究视觉冲击的报纸版式大可亦步亦趋地模仿，于是大江南北很有些形似南都的报纸出现。也许正是这一缘故，创办《新京报》时，大家不约而同地想到要有所超越,"办一份全新的报纸""一份与首都形象相称的报纸""一份新型的时政类严肃日报"。

记得筹备小组讨论报纸形态时,争论最少的就是版面设计了。2003年9月底到10月初的一个下午,在老光明日报社528会议室里,传阅美编设计好的版样,立刻就得到大家的一致肯定:标题和内文全部用标宋,显示新闻从本质上的平等;四开版式,按内容分A/B/C/D四叠,是尊重科学阅读的习惯;版面六栏分割,一律横题,是顺应国际现代报纸设计的潮流;不滥用色彩,不铺底铺网,是为了消除视觉暴力;注重图片,突出设计,加强插画,是体现厚报时代的轻松阅读,当然《新京报》的版式除了基本原则,在每年改版中会有所变动。如初创时的边栏,在2006年改版时去掉了;以前各版面大多是通栏或五栏标题,2005年改版后变成与4/2和3/3分栏并重,等等;特别是2006年以后,我们更加重视视觉元素,加强制图和插画,使版面越来越充满现代感。

我的理解,《新京报》版式最大特点是跟内容结合得极为紧密,很有点"情动于中而形之于外"的境界,常态A/B/C/D各叠,版式可以与其内容对应,如时政版庄重简约,经济版明晰清新,文娱版华丽张扬,生活版时尚秀雅。此外,《新京报》的版式还力求做到与每个专题、每个版面,甚至每个报道都或隐或现地同气相求,显得神形兼备,相得益彰,如果读者愿意,可以在本书中一一求证,在此不再多说。总体上讲,《新京报》的版面有以下特点:一是大气庄重,二是简洁雅致,三是丰富协调,四是个性创新,五是美感时尚。

《新京报》是一份追求卓越的报纸,《新京报》人也是一群追求卓越的人,在美编身上体现得尤为明显。他们中除了个别人之前在报刊社做过美编——也不是很长时间——并且不是主要负责人,大多都是新手,有刚出校门的,有学机械制图的,有搞雕塑的,也有学服装设计的,除了都跟画笔打过交道,出身可谓五花八门,但"《新京报》美编"这份全新的工作不仅张扬了他们过往的学识，也赋予了他们全新的灵感。在追求美感的过程中，他们不断求新，把《新京报》装点得越来越有精气神，越来越有个性魅力，以至于一时间大小各报竞相效仿效，大有开风气之先的光景，连同城媒体改版时也多少有些借鉴之意。

视觉中心负责人告诉我，美编是本报采编系统中最稳定的人群之一。初听之下颇有些惊讶，因为按常理，美编工作的重复性相对较强，每天主要就是画版，是责任编辑的辅助，缺失"自己的东西"，较难保有持久的激情，但《新京报》的美编工作显然与众不同，他们已不再是传统报纸中单一的画版员，更是版式设计者，是文字编辑和图片编辑的亲密搭档，特别是制图、插画等，需要永无止境的创新和精益求精的审美。当然还要有对《新京报》的喜爱，有位美女美编曾对我说过，除非不想做美编，否则除了《新京报》，哪儿也不去，因为这是一份让人尊敬的报纸。

我当然知道，《新京报》之所以能够"让人尊敬"，是因为拥有像本报美编这样完全可以称得上优秀的团队。有他们在，什么报业奇迹都是可以创造出来的。

本文系《突破视觉〈新京报〉版式》一书的序言，中国民主法制出版社有限公司 2008 年 10 月版，作者系《新京报》社长

《新京报》的视觉传播探索与经验

吕艺

《新京报》由光明日报报业集团和南方报业传媒集团联合主办,是中国首家获得正式批准的跨地区联合办报试点,创刊于2003年11月11日。至今短短的八年时间,《新京报》就从当初的被人漠视、不甚理解甚至指责,迅速成长壮大为国内最具影响力的都市类报纸之一,先后被相关权威机构评为"中国最具投资价值媒体""中国最具成长潜力媒体""中国最新锐报纸""中国最具新闻影响力媒体"等,并于2009年被评为"北京城市文化名片"[1]。

《新京报》的成功经验,值得从当代新闻传播事业的发展和我国报纸媒体的具体实践所涉及的诸多方面予以总结和分析,在这其中,他们对于当代视觉表达与传播的规律、特点及其与报纸核心竞争力之间关系的深刻认识,以及围绕自己的报纸定位所进行的一系列卓有成效的探索,毫无疑问也是不可或缺的重要内容。

提起《新京报》在视觉表达和传播方面取得的令人瞩目成果,除了广大读者近乎一致的口碑赞誉、参加国内各种专项评选不断获奖之外,获得国际权威报纸设计组织SND的认可,也应当是一个很具说服力的评判指标。2007年,《新京报》以其创立之初就确立的国际视野和"新锐"魄力,作为

---

[1] 参见《转身全媒体——〈新京报〉2010白皮书》,内部资料。

国内数千种报纸中的唯一代表，首次参加 SND 所举办的"全球最佳报纸版面设计大赛"年度评选，即获得两项"优秀插图"奖，开创中国报纸与世界报业接轨并参与国际竞争之先河。至 2009 年度，《新京报》连续三年参加 SND 所举办的年度评选且每年获奖，在不断证明自己的同时，也带动国内报纸效仿，汇入全球化时代的世界报业洪流。其中值得一提的是 2008 年度，在 SND 评选的第 30 届全球最佳报纸设计各奖项中，中国报纸总共获得 17 个奖项[1]，在全球 31 个参赛国家中位列获奖总数第 12 名，取得可喜的整体进步。而当年《新京报》一家，就获得突发新闻专题等 6 项优秀奖，是获奖最多的中国媒体[2]。

《新京报》之所以能在视觉表达和传播方面获得国内外的一致认可，首先与报社领导层对于当代视觉浪潮兴起的原因、意义及与报纸核心竞争力之间的关系具有比较全面和深刻的共识，因此自创刊之始就给予极大关注具有直接关联。《新京报》创刊之初，在报社的组织架构中就借鉴南方一些先进报业集团的成功经验，专设视觉总监一职，委任得力专才负责统筹协调全报的视觉设计和表达传播事宜，后又曾成立视觉中心。这种在当时的中国报界具有引领作用的组织架构，为先进的视觉表达和传播理念的推行和落实，提供了应有的组织保障和必须的权力。

正是依据自己的先进理念和必要的组织保障措施，《新京报》围绕自己的读者定位，结合中国特定的历史背景和北京独特的地域环境，在报纸的视觉表达与传播领域不断探索，取得了适合自己报纸的一些成功经验。对此，我们可以从报纸的整体版面设计和各种具体的视觉符号运用这两个主要方面进行一些分析。

报纸的整体版面设计，展现着报纸的"表情"和内在的"灵魂"，是读者借助视觉首先接触到的报纸形象，因此必须最为集中而凝练地体现自己报

---

[1] 于北京时间 2009 年 2 月 17 日晚评出并公布。
[2] 参见《转身全媒体——〈新京报〉2010 白皮书》，内部资料。

纸的定位和品味，从而最突出地体现自己的独特的品牌风格。而《新京报》的读者定位，概括言之就是中青年城市精英阶层。这一群体的读者，在《新京报》看来，不仅有着相对稳定或体面的工作、较高的经济收入，更为重要的是，普遍受过较好的教育，具有较高的文化品位，因此通常也更为坚守社会的主流价值，焕发着社会未来发展的活力。于是，《新京报》的整体版面设计，就十分注重契合他们的阅读需求和审美观念。

《新京报》的版面设计，曾经也遵循"浓眉大眼""直线模块"等国内都市报盛行一时于是也就沦为常规的套路，从而难以凸显自己报纸的定位和品味。但是经过几年的探索，在借鉴国际经验和自己对于视觉表达和传播规律认识的基础之上，开始体味到"少即是多"的辩证法。于是针对自己确定的读者定位，在国内率先倡导他们称之为"减法"的报纸美学观念，展现出一种与国际精英报纸接轨的"纯净版面"风格。

其实，面对当代社会信息泛滥的时代特征，美国心理学家研究认为，过多的信号，容易导致人们做出一种抛弃性的反应，转而寻找自我封闭。因此报纸上过多的视觉轰炸，反而会使人为刻意的花哨形象失去了震撼效应，其无所不用其极的冲击力也会麻痹人们对种种新奇独特形象的视觉反应。于是，自然而单纯的版面设计，就为人们提供了一种视觉畅游的可能性，而单纯化视觉形象的自由延伸，会使人获得一种视觉活动的超越和解放。到了20世纪末期，国际报纸版面设计便出现了越来越单纯的趋势。2000年，全球最佳报刊设计评委会曾提出如此忠告："削减超载的信息。"美国报纸版面专家马里奥·加西业称这种追求简洁的版面为"纯净版面"(puredesign)[1]。美国的《纽约时报》和《华尔街日报》等，便是这种"纯净版面"的代表。

对于《新京报》的读者定位而言，这种版面风格与读者的阅读需求和审美趋向尤其具有高度契合性。在《新京报》自己看来，"它强调内容和设计形

---

1 参见许正林：《西方报纸版面改革的七个趋向》，载《新闻记者》，2009年第4期。

式的完美结合，既保持着报纸内容的丰盛与犀利，同时还在设计形式上吻合公正理性的价值观和温和优雅的气质。[1]"这就如同一幅城市精英的人物风尚肖像。而从读者的信息接受心理来看，比起嘈杂花哨的版面所蕴含着的强势、胁迫意味不同，这种"纯净版面"则留给精英读者更多的个人视觉和精神感受空间，而这正是他们个性中最为珍视的部分。正如前引 SND 评委们对于获得第 28 届全球最佳报纸设计奖的德国法兰克福（*Franffurter*）报所下的评语所言："报纸针对的读者明显是高学历的精英阶层。报纸凸显出的力量——不是叫喊，而是启发。"于是我们看到，《新京报》的版面削减栏数（通常只有 6 栏），扩展栏距；少用纹饰、题花等阻碍视线顺畅流动的装饰，而主要使用纤细清秀的水线或"无形线条"（指矩形稿件之间以自然的空白为间隔）；注重对于"组版第四元素"留白运用，让版面自由呼吸。再配以并不张扬的字体和简明标题，以及恰到好处的图片、图示和插图等，并降低报纸整体色彩的亮度，从而使得版面的整体风格予人清新、简洁、大气、优雅之感，这在头版体现得尤为明显，从而深受精英读者群的青睐。

除此之外，《新京报》对于各种具体的形象符号的使用，也尽力展现着与众不同的独特追求和品味，而他们在这方面取得的成果，仅从所获得的国内外多种单项奖这一角度评判，与其整体版面设计相比不仅毫不逊色，甚至超乎其上。

对于《新京报》在这方面的成功经验以及许多具体的成果（例如曾获各种奖项的优秀作品），国内的学界和业界，甚至《新京报》自己，此前已有不少着眼于不同角度的评议。如果按照本文的分析思路和理论体系，在笔者看来，则可以归结为一条：在充分认识到形象符号的特质、功能及在信息传播过程中的独特作用的基础之上，按照自己的读者定位和价值取向，充分挖掘形象符号的表现力，尽可能展现多方面的内涵和意义，从而除了

---

1 《转身全媒体——〈新京报〉2010 白皮书》，内部资料。

与文字配合完成最基本的信息传播任务之外,也带给读者更多的阅读和审美感受。关于这一点,《新京报》自己虽然没有明确的阐述,或许甚至没有如此清晰的认识,但是在其视觉表达与传播的实践活动中,却是分明体现着的。

大致说来,《新京报》在运用各种具体的形象符号时所刻意展现的多种内容涵义,至少可以归纳为以下三个主要方面:

1. 基于社会责任所具有的引导意义

《新京报》虽然笼统意义上可以归为都市报,也主要依靠市场化运作谋求生存与发展,但是从创刊伊始,主要由极富新闻理想和社会责任感的中青年组成的《新京报》办报团队,就秉承着光明、南方两大集团的优良血脉与基因,以城市精英和社会中坚自诩,立志把《新京报》办成"新型时政类主流综合型日报"。这一办报宗旨,不仅深为同属城市精英和社会中坚的《新京报》读者群所期待,而且也是具有社会责任感的报纸生存与发展之根。正如《新京报》社长戴自更所言:"没有新闻理想的报纸是走不远的。"[1] 既然要办成主流的报纸,则自然对于社会大众就负有正确引导的责任。但是都市报毕竟不是党报,因此除了要像党报一样坚持党性原则,坚持正确的舆论导向而外,《新京报》还依据自己的读者定位及其理想期待等,还力图将运用形象符号所蕴含的引导意义,覆盖于维护国家利益、弘扬民族精神、宣扬社会正义、倡导国际视野等更为广泛的领域。这方面实例很多,即如报头下方小小的报徽,就很耐人寻味。这个报徽的图案由太阳、烽火和长城组成,既是中华历史发展和辉煌文明成就的缩影,又象征着国家和民族的光明未来。再施以如同天安门城墙的红色,更增添了中国特色和所处地北京的地域文化特色。

---

[1] 《转身全媒体——〈新京报〉2010白皮书》,内部资料。

2. 体现新闻规律所具有的传播意义

如同前文所言，图像是集线、型、色、质等基础形象元素于一身的最典型的形象符号，因此也是处于全球视觉浪潮中的所有报纸最为常用和最为看重的视觉形象。但是在如何使用方面，由于对于其作用、意义的不同理解，会呈现着不尽相同的状况，其传播效果自然也不尽相同，国内的一些报纸，表现得尤为突出。然而，报纸毕竟首先是"新闻纸"，满足信息传播的需要，遵循新闻传播的规律选择和使用图像，应当是其第一也是根本的原则。违背了信息传播的需要和新闻传播的原则，报纸所使用的图像符号，就会时常被简单地作为营造视觉冲击和炫目色彩的工具，成为只可外观而不可内视的躯壳，待有漂亮的脸蛋而灵魂空虚，其信息传播的价值必然大打折扣，其传播力自然也就无从谈起。

应当正是基于这样的正确认识，我们看到，《新京报》对于图像符号的使用，历来极为谨慎和小心，即便是起辅助作用的插图、图示等，莫不追求与新闻及其他信息的传播具有水乳交融、难以分割的契合作用，以帮助读者对于各种信息的获取和认识理解，而不是仅仅追求形式上的炫目。至于新闻图片，一如我们前文的分析中所提到的，则更是注重其对于文字符号难以尽现的新闻细节的呈现，例如新闻性、真实性、知识性、价值性等，以帮助读者对于新闻事件的全面而真实的了解，而不是追求对于视觉感官的刺激。《新京报》在这方面的探索和追求所取得的良好的传播效果，从他们在国内外所参加的多种视觉传播评选活动中所获得的各种不同奖项中，得到很好的证明。

3. 契合读者心理所具有的情感意义

最后，我们在前文反复提到，作为具有思想和情感的高等动物，人类自古以来便有着多种多样的生理、心理和情感需求，而形象符号本身，相较于文字符号，天然具有比文字符号更为多样和丰富的内容含义，因此，除了可以作用于人的理性思维之外，还会更多地作用于人类的情感和心理需求，呈现多元的价值和文化内涵，从而引发多种意趣和情趣的感受。因此，当代报纸对视觉手段的运用，还应当注意并善用形象符号的这样一些特质，更多地满足读者的这类需求。《新京报》对于各种形象符号的使用实践，应当说较好地践行了这一规律。不仅是各种新闻版面，包括那些各具特色的多种专刊，莫不有针对性地面对读者的需求，力求在新闻价值和社会价值之外，也给读者带来诸如正义、崇高、善良、包容、大气等意趣感染，和诸如轻松、有趣、诙谐、幽默、激情、哀伤等情感体验，从而形成其视觉表达和传播的重要特色，丰富和充实着其报纸的价值内容，也大增强了报纸的核心竞争力。

总而言之，放眼人类社会生存和发展的历史，形象符号和文字符号，都是人类借以认识自然世界和人类自己的基本和重要的工具，从信息传播的角度而言，也都是人类重要的信息接受和传播手段。甚至形象符号的出现，更在文字符号之前。而在当代信息化的时代，对于当代报纸而言，随着信息传播技术、方式、手段的进步及读者接受信息方式的改变，与文字符号的作用有所减弱相伴而行的，是形象符号的传播作用在更高社会发展层面上的回归和"释放"，这是历史发展的潮流。只有认识并且顺应这一潮流，运用正确而有效的方法改革报纸传统的信息传播方式，才能满足社会发展和当代读者的需求，实现报纸自身的生命延续并谋求更大发展。在这一领域，国内的《新京报》和其他一些党报、都市报已经或正在进行着卓有成效的改革尝试，这是具有积极的示范效应的，我们期望更多的报纸加入进来。

本文原载于《新京报》8周年系列图书《新号外》，新星出版社2012年7月版，有删节。作者系北京大学新闻与传播学院教授、新闻系系主任

三 风景这边独好——影响力营销

面对寒冬,《新京报》如何凭借优势资源逆势而上

戴自更

按:《新京报》每年年初会举行经营人员全员会议,讨论并决定当年的工作思路。每年《新京报》社长戴自更会就经营指标及其落实做相应的讲话,这是他 2015 年 2 月经营会议上的讲话,根据录音整理,有删节。

在两天前的中层年度工作会议上,我讲过要完成今年的工作任务,是有相应的优势资源可以凭借的,具体有哪些呢?

第一个优势资源是《新京报》的品牌美誉度高。《新京报》是目前中国最好、最有影响力的报纸之一。展开来说,一是每年都有经典报道积累,是中国原创新闻能力最强的媒体之一。据可靠资料,《新京报》的新闻原创力在目前的国内媒体中排前三。大家参加过报社年度表彰大会,也看到了获得《新京报》年度报道金奖和提名奖的报道作品,可以说是它们都是国内最好的新闻作品,去年各个网站评的大奖也多给了我们,我们每年产生的优秀报道作品比很多报纸几十年的总和还多。二是《新京报》鲜明的价值观和敢于发声的媒体特性赢得了很好的口碑。大家到外面走一走,包括与普通读者、市民做交流,他们对《新京报》的肯定、尊重、赞誉是普遍的,《新京报》在读者中的口碑是很不错的,很多读者认为是《新京报》一份有良知、敢说真

话、有职业操守的媒体，是值得信赖的媒体。三是很多企业家对《新京报》、对《新京报》人的所作作为，大多心怀敬意。我们的一些报道，以及报道透露出来的立场，能够得到他们共鸣、认同、甚至钦佩。往往只要听说是《新京报》的，会多一分信任，这就是报纸的公信力的商业价值，因此我们在营销方面具有别的报纸所不具有的优势。四是《新京报》的影响力很大，是被新媒体转载和点击最多的报纸，我们每天产生大约300多条原创内容，永远是各大门户以及客户端推送的前列，这是众多的网站负责人一致认可的，《新京报》几乎就是原创优质媒体的代名词。这些都是我们的优势。

第二个优势是《新京报》积累了丰富的经营资源。

（1）发行量居北京报纸首位。去年北京一家以零售见长的报纸大幅下滑，以前我们跟这家报纸的差距据说主要是零售，现在其零售出现大幅下滑，那么《新京报》发行量不仅总量第一，零售也是第一了。还有《新京报》读者里高端人群比较多，主要是政府部门、企事业单位的，相对其他报纸，读者的社会地位、综合素质、经济收入比较高。举个例子，前几天我们经济新闻做了70家上市公司涉及腐败的报道，反响很大，至少收到4家上市公司的老总给我打的电话，直到昨晚还有人找我。后来时事又做了一篇关于3家银行高管落马的报道，马上就有相关行长希望过来沟通，说是《新京报》的影响力太大，杀伤力也太大。我们的很多报道，许多领导也在看，我们经常可以收到中央领导在我们报道上批示的信息，说明我们的读者档次真的很高。

（2）广告客户的信任度比较高。去年除了个别行业同比业绩有所下滑，大多数行业保持了稳定，有些行业甚至逆势上涨。究其原因，主要是《新京报》的价格体系、服务水准比较恒定，所以客户对《新京报》的印象比较好、信任度比较高。我查了一下相关数据，像同城其他报纸，常规的广告合作客户每年在1500家左右，而我们差不多有3200家，是它们的一倍以上。这些年来跟我们合作过的客户总数超过9000多家，这与我们一直以来采取的直销的方式有关,客户资源比较多,也与我们的服务水平、广告效果好有关。

(3)行业活动多,报社重大活动市场反响好。《新京报》创办后从南都移植了很多好的营销手段,比如在搞活动方面,包括行业层面的活动和报社层面的活动。活动营销一直是我们的长项,记得当初报纸创办才5个月,我们就在亦庄做了一场车展,此后我们的各种营销活动层出不穷。这几年我们的活动相对来说有些滞后,创新不够,变化不够,有些甚至被别的媒体学了,超越了,但我们做活动的整体策划能力、执行能力、变现能力还好,底蕴还在,口碑也好,如果能够根据市场变化进行改革提高,相信还是可以做到胜人一筹的。我们搞的"最美五十人""时尚权力榜""文化创业产业论坛""青年经济学人""报社周年庆典"等,还有一些公益项目,在业内和合作企业中,包括在广大读者中都有很好的印象。

(4)广告创新多。去年因为市场环境不好,逼迫我们积极利用相关资源,开展经营创新。我举几个例子,一是昨天大家看到的文娱事业部做的PPT,它们去年在影视剧方面的创意广告收入有300多万,这些广告弥补了因特殊政策出台而流失的晚会广告、演出广告。二是"小记者营"。"小记者营"活动去年实现收入200多万,也弥补了教育广告下滑的份额,这是一个全新的创意,把报社的资源和品牌结合起来,为营销打开了另外一个窗口。三是3C的互联网企业广告。3C广告是遭受互联网冲击最大的行业,市场变化可谓翻天覆地,并且极为迅速。以前我们的3C广告主要依靠像国美、大中、苏宁等卖场,每到周四、周五最多时能够做到20个版,现在都看不到了,但去年我们的3C广告收入不仅没有下滑而且还有增加,靠的就是新增加的很多的互联网企业广告,我们把更多的广告版面卖给了360、百度、阿里巴巴等,大家看到的大量的扫码广告,就是阿里巴巴投放的,全年差不多有600多万。再举个例子,是旅游行业。众所周知,旅行社广告是下滑的,但我们加强与政府部门的合作,政务广告多了起来,像昨天做的丰台区世博会的 6 个版，就是内容定制，它把主题宣传过和营销活动很好结合起来，各方都比较满意。以上各种，都是创新的结果。有创新才有机会，才能更好地应对市场的挑战，让自己立于不败之地。我们的很多行业都有创新，包括房地产搞的"绿行动"植树活动，每年有近 300 万的收入。很多行业的创意广告和活动，都做得很好，积累了很多好的经验做法，这里我就不一一列举了。我们源源不断的创新能力，是做好经营的重要保证。

第三个优势是团队素质比较高，专业能力强。据我了解，《新京报》的采编人员出去后多是各大门户网站的抢手人才，有些在《新京报》可能是编辑，到网站就可以当个中层，同理我们经营人员的素质整体也比同城其他报纸高。《新京报》的经营人员相对来说比较职业、比较敬业、责任感也比较强，大家拥有较高的价值取向一致性、有较强的执行能力和职业荣誉感。《新京报》经营人员对报纸的理解、与客户的沟通、活动的创意策划，包括服务意识、专注精神方面都比较好，这是我接触到的其他报纸经营人员跟本报经营人员对比后得出的最大的印象。当然我也听到过有人说《新京报》员工不过如此的话，但一般情况下，多是出于讲话人的嫉妒心理，或者是他们所在单位实在不过如此，可以套用"南桔北枳"的典故。没有好的土壤，即使从我们这里挖了好的员工过去，未必能够发挥好的作用。前两天见到一家媒体老总，他说，你们《新京报》人就那么回事，也没搞成什么事。我说他们在《新京报》做得很不错啊，要不你挖他干嘛，你把他们弄过去后没搞不出事，是你没用好人才。我们的采编也有跑到同城其他媒体的，没待上几天就走了，因为环境不适合他们，这是土壤的问题，什么样的人才要具备什么样的土壤，这是相辅相成的关系。还要说一下，一个人能力发挥得如何，关键得有团队和企业文化为基础。最牛的人，最能干的人，你单枪匹马跑到一家不适合的媒体去也做不出什么成绩，甚至可能与这个企业固有的文化格格不入。就像一个优秀的演员，没有好的导演、摄影、剧本，没有与你配戏的演员，你是成不了大腕的。团队的作用，集体的力量，就是那片土壤，才能让红花和绿叶相得益彰，才可能让你风生水起。这已经有实例证明。

第四个优势是我们的激励机制和企业文化。之所以我们的员工能够与众不同，就是因为《新京报》企业文化比较好。可能有些人刚毕业工作就到《新京报》来了，感触不深，如果你到外面待一段时间再到《新京报》就会有所感受。《新京报》有比较完善的考核办法、相对规范的管理制度、相对合理的分配机制。我们的考核办法比较完善，每个部门，从部门负责人到基层业务人员，每个人都知道自己的经营指标，基本的责权利是什么。还有管理方式，我们的广告审批都是自下而上，逐级报批，不能逆着来，否则就是违规。管理人员只能帮助业务员去经营广告，不能把广告计到自己头上，因为你的职责是做管理，是带领业务人员去经营，不能既做管理，又挣提成，这在别的报社也许很正常。我们的分配机制总体比较合理，根据难易程度，你做什么样的事，取得什么样的成绩，就得到相应的报酬。还有这里有比较合理的管理架构，特别是实行事业部之后，岗位职责比较合理、清晰。《新京报》的企业文化总体比较纯粹，人际关系也简单，对事不对人，比较好协作，这在其他单位可能很难做到，所以《新京报》是能够单纯做事的地方，没有勾心斗角，能资源共享就共享，不能共享也告诉你为什么不能共享，我希望《新京报》的企业文化和工作氛围能够继续保持下去，这是做好经营工作的做好的保障。

第五个优势是北京有地理之便。北京是首都，各种资源比较多，包括政治资源、人脉资源、网络资源、资本资源、人才资源等，如果运作得好，可以产生意想不到的效益。在北京见一个省部级领导，可能比其他地方见个局长还容易些；在北京见一个银行行长、甚至总行行长都有可能，你到下面去可能见一个分行的行长，支行的行长都很困难，这就是北京的地理优势。《新京报》之所以能够产生这么大的影响力，就是因为高举高打，我们的一些报道前几年未必比广东、上海等的地方媒体强多少，但我们的影响力，特别是在高层领导中的影响力可能比外省媒体强了很多，包括网络转载率也远比它们高,为什么?就因为这些中央领导也是我们的读者,他们生活在北京,他们的亲朋也在北京,他们对我们的报道有直接的感受;还因为《新京报》在很多年之前就是网络管理部门指定的、可以被门户网站转载的报纸。

本文系《新京报》社长戴自更在2015年经营会议上的讲话

关于行业事业部运作的实践和思考

戴自更

一、为什么要搞行业事业部

搞事业部，最初的探索是从房产开始的。应该是 2010 年，当时《新京报》已经很有知名度了，但是房产广告始终做不到区域第一，我一直在想是什么原因，最后认定是客户资源不行。报纸最好、报道最有影响力，但是人脉关系不行，经营就上不去，尤其是北京这样"圈子文化"比较盛行的地方。

于是我就对报社有关房产采编和经营做了整合：把原来的房产新闻部和房产经营部进行合并，成立房产事业部；对管理人员也做了调整，把当时还是房产新闻部做记者、但是在房产领域已有相当影响力的张学冬任命为房产事业部主任，统筹采编和经营，后来又兼任房产新闻部主编。当时做这样的调整阻力还比较大，但是社委会基本上赞同我的想法，虽然也有员工因为利益格局和管理模式改变而离职，但总体推进比较顺利。实践证明，这样的机构设置和人员安排，对提高《新京报》在房产行业的影响力、提升房产广告业绩起到了决定性的作用。到 2011 年，《新京报》的房产广告突破 1.5 亿，成为北京报业第一，第二年又增加到近 2 个亿。这些年来，不论是顺境还是逆境，《新京报》的广告一直比较稳定，始终能够保持一枝独秀。

在房产事业部探索取得成功后，2012年我又决定尝试组建汽车事业部。汽车行业的情况与房产不同，房产行业主要是区域市场，客户多在北京，汽车行业是全国性的，客户分布在全国各地。汽车事业部组建后，《新京报》的汽车广告也有很大提升，当年业绩做到1.25亿，也把竞争对手抛到后面。后来北京市实行汽车限购，其他媒体汽车广告大幅下滑，我们还能保持稳定，很大原因在于报纸影响力和客户关系的紧密。因为房产和汽车行业的经营业绩得益于事业部的建立，于是在2013年又组建了旅游、食品事业部，去年我们在总结相关事业部经验的基础上，开始在全行业实行事业部制。

总的来说，凡是对事业部工作理解到位、执行坚决、资源整合好的行业部门，业绩都能够保持稳定并有所增长，即使市场环境十分不好，同类媒体业绩大幅下滑的时候，我们也能有较好的表现，这在去年和前年尤其明显。2013年，北京包括全国的报业广告都在下滑，而《新京报》与上年基本持平；2014年，报业广告下滑加速，有些报纸下滑超过25%以上，《新京报》下滑只有4%，主要原因还是人员变动造成的，一些行业还做到了逆市上扬。

如果说当初我决定搞事业部，主要是从房产、汽车等某个行业的具体经营来考虑的，是尝试把采编资源和经营资源整合起来去实现更好业绩的一种经营手段，那么到2012年，则是从全面应对市场环境来考量了，因为互联网对传统媒体的冲击已经十分明显，我们原来单纯依靠报纸品牌获取硬广的经营模式已经不能适应了。

这些年来，经过不懈的努力，《新京报》在品牌影响力上的积累卓有成效，但更多体现在时政报道、舆论监督、评论等方面。在行业影响力方面，除了个别的，并没有取得特别的优势。此外，我们过去经营的成功很大程度上是建立在直销模式和人海战术上，基本上是粗放式的，现在如果还是一成不变，遇到瓶颈是肯定的。

正是为了应对现实市场环境的变化，报社对原来的经营模式做出了必要的调整：推行全面实行事业部制。我们认为，既然可以把时政新闻、舆论监督、文娱报道、评论等做出影响力，那么也可以在行业资讯方面做出影响力，如果我们的行业报道也能成为媒体中的翘楚，也能构建出行业子品牌的影响力，那就可以为经营工作插上另一个翅膀。

二、行业事业部的运作要点

所谓行业事业部的运行模式，简而言之，就是把某一行业的采编资源和经营资源整合在一起，为实现报社的经营目标进行运作。具体有：一是要求采编全力以赴做好行业报道，提升行业影响力，为经营搭建平台；二增进客户关系，为经营提供方便和支撑；三是打通采编资源和经营资源，做好营销方案和活动策划，除了提供单一的硬广服务，还要提供其他增值服务，包括个性化的服务，如"内容定制"等；四是推动平台建设，特别是新媒体、多媒体平台建设和运行。与此同时，带动报纸在本行业的发行；五是培养出懂采编、能经营、会管理、还有新媒体思维的复合型干部。

大约包括以下几方面内容：

1. 明确行业事业部的功能。事业部的组建是以经营为导向的。事业部是内容生产、经营活动、成本控制、人员管理、制度执行的基本单位，相当于《新京报》传媒公司的分公司。

2. 做强行业报道。事业部所有的周刊版面必须把方向调整到为经营业务搭建平台、提供支撑上来，不做对经营没有实际意义、所谓"传播生活方式"之类的内容。首先是把行业新闻、行业资讯做强，以我们的"三性五化"来要求，树立公信力，形成影响力，这方面房地产的经验值得借鉴；二是为企业服务。比如时尚、旅游、家装、汽车、3C等行业报道本身就是版面的内容，可以为客户量身定做。我们要转变观念，不能不接地气，不要好高骛远，要让采编人员明白做"内容定制"也是其职责所在。当然我们要拒绝不适合"内容定制"的资讯，比如歪曲事实的、名不副实的、言过其实的、文过饰非的、贬低对手的,等等,不能付了钱就可以造假,绝对不行。因此要求我们事业部的采编对"内容定制"要亲力亲为,分管负责人认真审核。有些部门搞"来稿照登",把客户的东西原封不动放到版面上,这个影响版面的公信力,"内容定制"就是通过专业处理把资讯变成有可读性的、有阅读价值的东西。

3. 拓展人脉资源。一是增进与客户的沟通,及时向客户传递报纸影响力,形成价值观和认识上的趋同;二是通过高水准的报道建立和深化客户关系,同时为客户表达意见和品牌传播提供便利;三是事业部各个层面的人员,都要与客户以诚相待,本着合作共赢的原则,为客户提供有价值的服务。要求事业部负责人每月见客户不小于5到6人次,做企业家的朋友。

4. 做好活动策划。事业部要成为营销策划活动的发动机。现在简单的硬广投放时代已经不复存在,更多的需要为客户提供系列解决方案,因此要根据客户的需求,在整合报纸影响力、采编资源、经营资源和社会资源的基础上,提供有效的、个性化的营销方案,包括硬广、软文、活动、多媒体等各种元素,还得有执行方案的能力。要保证每个事业部每年有较大的行业活动在5场左右,承担报社层面大型的活动1项左右。

5. 加强多媒体平台建设。除了做好报道和经营,还要密切关注互联网时代的传播环境,及时发现创建新平台的机会,利用相关资源,开发运作新媒体产品,形成新媒体产品集群,形成集团化、多元化的经营格局。

三、行业事业部运行的机制保障

首先是坚持好采编标准和经营标准,严格遵循采编和经营既互相依存,又互相独立的制度安排。作为一家传统媒体,《新京报》刚创刊时,采取的是采编和经营截然分开的原则,采编部门严禁搞营销,同理,经营部门也不允许做报道,正是因为严格遵循这一规定,与同类报纸相比,《新京报》显得更有公信力、更加专业，团队也显得更加纯粹、更有职业操守。

但现在搞事业部，要求把采编资源和经营资源打通，是不是意味着原来的采编和经营分离的原则发生变化？不是的。1.这里所谓的"打通"，是指行业资讯，不涉及时政、经济等刚性新闻；2.即使是行业资讯，"打通"也是有原则的，必须坚持真实性和公正性；3.可以有"量身定制"的资讯，但记者报道、编辑审稿、总编签发，有严格的程序，经得起复核。其实现在的行业事业部，应该是缩小了的《新京报》，在报社，采编和经营各有专业要求和考核标准，不能混同，但在报社层面，采编和经营是一个整体，是互相依存，互相联动的。我想只要制度清晰，执行到位，是能够在采编和经营深度合作的同时，确保避免有偿新闻、有偿不闻、敲诈勒索等违背职业操守现象的。

其次是明确事业部主任负责制。事业部主任的职责：一是做强行业报道，二是拓展客户资源，三是统筹采编、经营人员和版面资源，用好行业影响力，做好活动策划，完成经营指标和新平台建设。事业部主任是经营业绩的第一责任人，由于媒体特点所决定，事业部主任一般由采编负责人转身而来，但是这种转身不能扭扭捏捏，必须坚决彻底，确立经营主动性。事业部主任相当于报社的分社社长，既管采编又管经营，还得懂管理、懂财务等，是个复合型的岗位，也很能锻炼人，报社现在经营做得好的事业部主任，都是多面手，成长也比较快。

第三是把事业部的采编人员与经营业绩做更紧密的利益安排。根据各事业部的特点，可采取以下方式：一是采编人员的收入与事业部的经营业绩整体联动和挂钩。采编人员日常稿件按照采编标准，但年终奖，可以与经营指标完成情况对应；二是采编人员直接承担相应业绩指标，这主要是针对一些特殊行业，比如时尚，比如活动策划等；三是把采编人员与经营人员编成相应小组，共同承担经营指标，其中的采编人员有责任在客户关系维护上、活动策划上提供必要的支撑，相应的经营人员从收入中划出部分费用作为奖励。在调动采编人员为经营提供支持和服务积极性方面，目前我们持开放的态度，前提是不违反新闻职业操守，但一定要让采编和经营形成利益共同体。

第四是严格执行有关事业部管理制度。一是执行好有关事业部的业绩管理、业务管理、财务管理和人事管理等制度；二是要有大局观，搞清楚社会效益和经济效益、个人利益和单位利益孰轻孰重，平衡好各方利益关系；三是严格实行公司化运作，责权利清晰，考核机制到位；四是合理配置资源，公正对待员工，不搞亲亲疏疏；五是树立对授权人负责的意识，不唯我，不唯下，坚持独立性和协同性的统一；六是加强事业部内采编人员和经营人员的互动，坚持联席会议制度，让采编人员有经营意识，经营人员有媒体意识。七是在打通行业内采编和经营之间壁垒的同时，打通事业部之间的壁垒，加强各部门之间资源整合，尤其在活动资源方面。

今年是《新京报》蜕变转型的关键之年。事业部的运作和完善，对报社完成经营业绩，实现转型目标，成功蜕变，有着重要的支撑意义。"我们的前面有一条路，我们的后面没有路"。搞行业事业部没有现成的经验可资借鉴，只有主动了解报业发展大势，了解新媒体，积极探索，努力创新，抓住稍纵即逝的市场机会，在内容和经营上推陈出新，精耕细作，我们才可能找到适合自己发展的路，我们的事业才能长盛不衰。

本文原载于《〈新京报〉传媒研究·第六卷》，中国书籍出版社2015年5月版，作者系《新京报》社长附：

《新京报》经营的原则及影响力营销理念

戴自更

一、报业经营的含义

狭义的：指广告、发行等经营业务。

广义的：指报纸或者整个报社的经营。采编是产品研发、生产部门，广告和发行是营销部门，行政财务等是后勤服务部门，品牌推广是产品的形象构建部门，还有如投资并购等。广义的报业经营就是把报社看成一个企业，去综合运行，找出并强化其核心竞争力，赢得市场的关注。上面采编、经营、行政等方面是一个整体，互相支撑，互为因果。

只有明确报业经营的内涵，才能对症下药，知道我们要干什么。因为都市报是市场化的媒体，有产业特性，与传统党报的经营不是一回事。最优秀的都市报的经营人才，也不可能做好传统党报的经营，换句话说，传统党报并不是靠运行自己的资源去赢得市场的，而是有其他的生财之道。

二、决定都市类报纸经营状况的因素

报纸综合地位。
报纸影响力。
受众和数据。
广告和发行适配度。
营销方式。
团队。
机制。
本地区的经济状况和宏观经济环境。
竞争对手和同类报纸。
资源整合和衍生能力：资本、机遇、合作、新媒体等。

三、报纸综合地位

行政级别、资源调动能力。
自身独立性。党报的子报，有独立资质的都市报，都市报集团。经营的独立性：在办报、定价、用人、分配等决策方面。
地方党政首脑和职能部门的重视程度。
市场份额：读者的认可度、广告商的认可度。

四、报纸影响力

（一）报纸影响力的表现
介入当地政治经济社会文化的能力和程度，推进某地社会进步的能力。
认同或者改变读者、特别是决策者能力，读者的信任程度。

对新闻事件的话语权。

舆论监督的能力。

舆论的标杆意义和主流媒体的形象。

其他媒体和网络的转载率。

（二）报纸影响力的打造

差异化的办报理念和实践。

喉舌功能和市场化程度；保持官方意志和民间呼声的平衡。

致力于读者关心的社会热点和重大新闻报道。

舆论监督，保持对公权力的批判。

遵循新闻专业主义。

多元视角；独立思考。

观点新闻，及时发声。

评论的尖锐性和建设性的统一；保持常识和理性。

丰富的资讯和服务性。

普世的新闻伦理和媒体的尊严。

人文情怀和进步的价值观。

优秀的、独特的文本。

符合现代审美要求的视觉元素。

五、受众对象和数据

发行方式和发行量。零售、征订、地域覆盖，精准发行和有效发行。

受众特点：社会地位、经济收入、年龄结构、消费特点、示范效应与数据公司的合作。

六、报业经营的适配度

显性的：报纸定位、受众对象和适合刊登的广告。

非显性的：（1）媒体一定时期形成的特点和广告客户的印象。（2）广告适配度跟报纸的绝对发行量、定位指向不一定成正比。（3）适配度是可以营造的：调整产品形态，调整发行方式，舆论推广，等等。

报业经营要从广告和发行的适配性入手，善于从中找出市场的机会。

七、影响力营销

两个层面：一是营销人员要自觉进行报纸影响力的传播，二、利用影响力营销产品和广告版面。这是"道"和"术"的结合，为此，我们把营销人员称作媒介顾问。具体：

（1）要熟悉报纸及其产品定位、特点。

（2）要了解报纸的报道内容，每天看报，定期向客户通报。

（3）要认可报纸的价值观。

（4）善于根据报纸及其版面的特点，结合客户的品牌和销售需求，量身定制相关营销方案。

（5）广告内容与刊登方式，要与报纸的格调气质基本一致，不损害报纸品质。

（6）进行全流程、全方位的服务。

（7）及时反馈客户意见给编辑部门。

（8）报纸、报道、广告在营销环节能够成为一个有机整体，实现报社—客户—读者共赢的格局。

八、其他营销方式

1.传统的报纸广告营销方式,代理制——目前市场上占有绝对市场份额的媒体;通过委托广告公司来承揽广告。有利方面:省心、省人、业绩稳定、款项不拖欠;不利方面:客户情况不了解,市场不熟悉。

自营模式——适合新兴的媒体,优点是:(1)直接掌握资源;(2)涉及面更为广泛,客户资源量大;(3)有利于突击提高经营业绩;(4)有利于资源的调配;(5)给竞争对手有压力。问题:(1)人力成本大;(2)管理要求高;(3)因为利益问题而产生发展瓶颈。

代理和自营相结合的模式——《新京报》目前采用的。主体是自营,代理是兼顾;或者签订三方协议,但是保持透明,形成稳定的合作。

具体的经营模式,可根据媒体的成长时期进行选择。

九、打造职业的经营团队

理解本传媒的特点。

忠诚。

进取心和拓展意识。

职业感。

协作精神。

基础功培训:了解行业、了解客户、文案功夫、创意能力、沟通能力、服务水准。

严守纪律、令行禁止。

十、机制

保持相应的增长比例。

处理好集体和个人的利益关系。

多劳多得，奖勤罚懒。

业务型和管理型。没有高下之分，要依据各人的特点。

管理人员能上能下。

严肃透明的问责制度。

定期考核。

轮岗制度。

整体的协调发展。广告、发行、采编，事业拓展和盈利能力，收入和支出等。

十一、微观和宏观经济环境判断

企业情况、市场情况、受众特点等。结合当地具体的经济特点制订经营战略。房产、教育、旅游、金融等。

研究竞争对手，制订应有的对策，前提是有序竞争。

要根据经济形势的变化调整相应的营销计划和营销手段。

十二、资源整合和衍生：机遇资本、机遇、合作、新媒体等

要有明确的目标，短期的，中长期的。

要做大报业规模的唯一途径就是资本。文化产业和其他实体经济一样，需要资本的扩张。

抓住机遇大干快上比什么都重要。

新技术会对报业形成冲击，但也是突围的口子。

要有上下游产业的结合、长短线产品的结合。

整合优势优势，形成积聚效应。

十三、都市报经营的若干法则

经营也是办报，不能放任要求。

好的也要改变，市场才是导师。

没有永远的第一，相信自己，市场是可以改变的，对手是可以超越的。

报纸是经营的基础，否则经营者再出色也是走不远的。

经营永远不要践踏采编和新闻原则。

经营就是服务，要实现效益最大化，基础就是服务最大化。

不停地折腾。

人才是核心，以人为本的企业才是充满前途的。

《新京报》房地产广告业绩如何逆势增长

张学冬

2014年,在市场整体环境日趋严峻的情况下,《新京报》房地产事业部却逆势增长,为《新京报》实现年度经营目标做出了很大贡献。而事业部制的有效运行,是房地产经营成功的最重要保障。《新京报》传媒有限责任公司执行总裁张学冬分享了房产事业部的实践经验。

4年前,《新京报》的经营如日中天,当时报社进行事业部探索的背景和初衷是什么?

张学冬: 2010年,《新京报》经过多年的不懈努力,《新京报》品牌的影响力已经深入人心,并且在报社的经营合作中产生了强大的推动力。当时的经营模式主要是以人海战术为主的直客模式,报社创业阶段,这种粗放式的管理方式可以快速接入经营市场,并且取得较好的经营业绩。随着广告经营市场的精细化需求出现,同时同城媒体的竞争更加激烈,一成不变的经营机制和管理模式必然会遇到瓶颈。

《新京报》当时进行事业部探索,首先是报社的未雨绸缪,提前感知并面对广告经营市场的变化,预感到以传统的硬广投放方式,会逐渐向以行业资源整合、新闻定制、活动组合以及硬广配合的整合性投放转移。显然,这也是报社应对经营市场变化做出的一种经营模式的调整。其次,则是报社对行业子品牌打造的战略,通过事业部的探索,拓展更多的以《新京报》品牌影响力为核心的行业子品牌影响力。一方面扩大《新京报》行业周刊在业内及新闻传播上的影响力,另一方面就是为该行业的经营拓展更多的空间。

事业部探索为什么选择从房地产部门开始?

报社当时还是从经营层面考虑的。2010年之前《新京报》房地产广告,虽然每年都呈上升趋势,但在同城纸质媒体中还没有做到第一。说实际的,《新京报》的房产新闻报道一直是可圈可点,在业内的影响力也足够大,房产采编系统,也积累了一定的行业人脉和相对应的资源,这些资源能够对经营产生一定的助推作用。同时,北京是一个"圈子文化"盛行的城市,房地产行业也比较江湖,讲情义,良好的人脉资源能够快速融入到行业中来,产生更多的行业影响力和经济效益。

当时您和房地产部以及报社其他部门同事对这项实践抱有什么态度?

我真的没什么大的想法,就是觉得这个是报社交给的一份工作而已。房产采编部门态度应该还相对平静,报社在宣布成立事业部之前和采编部门做了很好的沟通,采编没有出现太大的波动,大家的心态都是走走看。房产经营部门相对来说还是欢迎这种尝试,因为采编资源的介入,对于广告业绩的拉升肯定是正向作用的。报社其他部门同事的态度我也不是很清楚。因为这是报社首次新的模式的尝试,而且没有波及其他部门利益,大家的心态都是走走看。

有疑虑和反对的声音吗?

这个肯定是有的。因为之前《新京报》一直是采编、经营彼此独立,经营很少介入采编工作中来。而且新闻操作的独立性,已经成为《新京报》骨子里的东西。当时有人对事业部制没有形成很好的认识,对其操作模式的认知出现偏差。主要来自以下三个方面:一是采编和经营由一个人来统筹,是否会背离《新京报》多年来积淀下来的新闻独立原则,影响到《新京报》本身的品牌。二是如果统筹不好,就会出现两种极端现象,要不为了经营摒弃报纸的新闻操作底限,无限制发客户的软性报道,影响报社形象;要不就是为了要广告，用采编去威胁客户，破坏《新京报》在业内的影响力。三是让一个采编出身的人参与经营管理，不懂经营方式，没有管理经验，同时还是报社最主要的创收行业，搞砸了就会波及报社整个经营大局。我想当时社长也是捏一把汗的。

房产事业部的实践是如何展开的？

《新京报》人还是很职业的。房产的采编和经营系统虽然有些波动，但很快都按照报社对事业部的规划进入工作状态。我记得是2010年1月11日报社宣布房产进行事业部尝试，当天报社召集房产采编和经营两个部门的同事开会，社长、总编辑、总经理都出席并分别讲话，三个领导从报社规划、采编、经营三个方面给大家进行了说明，稳定大家的情绪。我记得社长说，事业部就是个小报社，成立事业部就是将采编资源和经营资源打通，进而带动房产在行业的影响力的提升，打造《新京报》房产在行业中的品牌，同时也实现房产广告业绩的提升。

采编是向总编辑汇报工作，经营是向总经理汇报工作。三个领导对我都是"扶上马，送一程"。刚开始都是手把手教如何开展工作。我本身是采编出身，采编工作相对得心应手，同时采编在事业部制中受到的影响不明显，采编团队相对稳定。经营工作当时确实一窍不通，而且当时经营团队还面临着人员不足，部分骨干人员离职等特殊情况，需要在短期内将团队配置好。此外，还面临客户快速介入，管理制度要建立等事情。也可以说是懵懵懂懂的就开始进入了实践，《新京报》人的职业性为实践的快速开展也奠定了基础。

调整中阻力来自何方？理顺大概花了多少时间，付出了怎样的代价？

调整中阻力还是很大的，我认为主要是利益格局的打破。大致用了1年的时间，2011年房产事业部各项制度全面建立，新的管理和经营模式也形成。采编和经营的各种配合也比较默契，同时一些创新性的模式也基本形成。付出的代价主要是一些员工因为利益格局的调整，包括管理模式的变化而离职。非常可喜的是，经营业绩在当年有了较大幅度的提升，采编质量也没有因为事业部而出现下滑，一些采编参与策划的报道反而在业内的影响力大增。同时，事业部还创办了2本杂志，其中《房地产世界》杂志当年就实现了盈利。

房产事业部这些年较好地完成了报社的任务，即使在整体环境不景气的2014年，仍然取得了不俗的成绩，如果不实行事业部制，成绩会不会更好？

传统纸质媒体的经营越来越不好做，如果按照之前的旧有模式，经营必然会遇到更大的困难。事业部制应该在很大程度上是推进经营业绩提升的。相对旧有的经营模式来说，事业部制是一种创新和突破，代表是的一种纸质媒体较为先进的经营管理模式。我觉得事业部制的实行是去年经营业绩提升最大的保障。

实行房产事业部制最核心的经验有哪些？最应该注意哪些问题？

事业部主任的心态和管理是关键。事业部主任均从采编中产生，是经营业绩的第一负责人。一方面需要其拥有一定量的行业资源，另一方面则需要放平心态，能够快速融入经营工作中来。事业部相当于一个小报社，事业部主任统筹采编和经营工作，事业部主任的站位很重要，良好的管理能力和心态是关键。

应该注意至少有两点：首先是事业部整体不要用力太猛，采编要有经营意识，但不能沦落于经营的配合工具。经营业不要认为有采编资源的支持，就可以威胁客户，或者为了实现经营目的承诺太多的资源，经营要和采编做好更好的平衡。其次是要培养职业的经营团队，采编资源的转化，需要有更专业的经营团队去执行和对接，事业部主任可以将多年来采编部门沉淀的行业资源进行更好的开发，但最终仍需要职业的经营团队来配合。

如何解决采编和经营之间的专业分工及界限问题？

采编和经营各司其职，专业分工没有变化，两者之间的配合和协作性加强。事业部主任统筹采编和经营，并不意味着采编和经营合一，而是为了两个资源更好的协调和统一。事业部制下,采编仍旧是坚持报道独立。但其中有几个变化:一是采编会参与策划工作,一些特刊或专刊的策划工作由采编部门来参与。二是采编具有一定的大局观,在一些报道方面可以做到有的放矢。三是采编对经营的配合性工作加强了,主要是新闻配合和新闻定制工作。但上述所有工作的展开都是要坚持新闻采编原则,坚持采编立场。

经营工作同样按照其行业特性开展,事业部制下,经营获得资源和支持会增加,一些通过采编系统获得客户资源、策划资源,新闻配合资源,都可以为经营工作的开展插上翅膀,提供更好的支持。

事业部采编和经营的荣耀如何解决?事业部采编经营人员的意识和做出的内容和过去有什么样的不同?

具有良好秩序的事业部,采编和经营的荣耀会加强。采编仍旧坚持独立报道,重大行业报道不缺席,反而更能够得到行业及企业的尊重。企业不会因为一次监督报道,或者一次为其吹嘘的报道就决定投放或不投放,客户的合作,更多的是建立在报纸的影响力、传播力以及在行业中报道的客观性和公正性。

采编和经营具有了良好的协同关系,采编获取的市场信息会全面,接触企业会更多,报道会更加客观和接地气。采编参与策划,可以发挥其所长,可以制作出在业内有影响力的特刊或者专刊,赢得业内的认可和口碑。最后采编会成长为一个行业的专家,成为行业信息的专家型报道者。

经营的综合能力增加,事业部主任会根据市场的需求,融合更多的采编思路进行专题的策划,甚至将良好的人脉资源进行整合,这些支持会使得经营工作开展更加得心应手,经营业绩也会随之提升,经营人员在行业及客户面前的认可度增加。事业部制下的经营人员,是一个了解采编,具有策划能力,活动整合能力,以及经营统筹能力的解决方案的提供者。

事业部的线上(版面内容),线下(活动)如何才能更好地配合?

事业部主任良好的统筹是两者配合的关键。事业部制下采编和经营不会是两张皮，而是一个彼此良好协作的整体。活动推广，以及活动配合广告合作模式更应该是事业部的强项。事业部可以整合更多的行业资源、活动资源、策划资源、报道资源。每个事业部都至少应该有一个在全行业内有影响力的活动。好的活动可以增加经营收入，同时也可以扩大报纸在行业的影响力。

房产事业部做的"城镇化与企业家论坛""文化创意（北京）峰会"等大型活动，均是采编、经营和活动三个部门良好合作的典范。采编会在专家邀请、版面报道方面提供有力的支持，经营则会将良好的活动策划进行推广，部门获得更多的经营收入，活动部门则会将活动组织的层次，邀请的专家，以及最后的落地做得更加完善。

2014年报社全面推行事业部制，作为先行的实践者，您是如何评价其他事业部的努力？有什么样的建议可以和他们分享？

其他事业部都非常努力，而且在不同的行业都为报社赢得尊重和关注度，提升了报社子品牌的影响力。事业部制能否取得更大的成功，事业部主任是关键。事业部主任应该能担当，采编和经营要一视同仁。同时每个行业都有其独特的个性，事业部的管理和一些资源的整合要结合行业属性，不可能一蹴而就，不要骄傲自满，也不要妄自菲薄。

这两年新媒体对纸媒的冲击很大，您准备如何带领分管的各事业部拓展进去，盘活资源？

我认为事业部制能够更好地应对新媒体的冲击，事业部拥有大量的资源，在现有的各种资源的基础上，盘活资源，打通渠道是可能的。

一是要深度挖掘行业资源，加大对行业资源的整合，通过新闻定制、活动等资源的综合利用，寻找更多的赢利点。二是要加大对行业的新媒体属性资源的开发和服务，比如说客户的微信维护，活动整合等。三是要将分管的多个部门的资源进行整合，融合，实现多个事业部的资源融合。四是建立多个事业部资源联盟，包括微信、策划等部门的联盟，实现资源打通，互利互赢。

本文原载于《〈新京报〉传媒研究·第六卷》，中国书籍出版社2015年5月版，作者系《新京报》社委、《新京报》传媒有限责任公司执行总裁

投征分离需要大胆和任性

杨曦微

投征分离是报纸发行中的一种做法,就是把报纸的投递和征订业务分开。在自办发行的都市报发行实践中,投征一体曾占有主导地位,对都市报的发行也曾立下汗马功劳。但是,随着市场环境的变化,尤其在北京报业竞争异常激烈的市场环境中,投征一体存在的问题越来越突出。自2012年起,《新京报》开始尝试探索投征分离做法。

一、为什么要搞投征分离

我们的投征分离尝试是从2012年开始的。

《新京报》是北京报业市场的后来者,进入北京时报业市场格局已经形成,要在发行市场占有一席之地,只有一条路,做大发行量。故《新京报》每一年都下达一个看似不可能完成的发行增长量,高压高奖,激流猛进,拼死完成。经过数年的努力,《新京报》发行从新进入者成为北京报业市场的领先者。

跟其他自办发行的都市报一样,高任务高压高奖之下,由于投征站是由同一个人完成征订和投递工作,不免出现订单弄虚作假的现象,虚假订单的出现既增加发行成本,还影响着我们的有效发行,给广告经营带来一些影响,时常出现因投递资料的差错导致服务不到位的投诉。然而,由于投征一体,一个人征订上报订户资料,又自己投递,很难发现和一一查处弄虚作假的订单。

由于发行队伍整体受教育程度低,投递人员面对北京庞大的中央机关、各部委、市属党政机关和企事业单位,不少单位的业务跟进都只能到收发室层面。订阅量和增长量基本靠报纸自身影响力维持。相比之下,北京的其他报纸尤其是北京市属报纸占了先机,这些报纸几乎都有自己的归口系统,资源好,而且办报时间长,耕耘早,跟市属机关单位关系近。党政企事业单位这块蛋糕,切到一定程度后我们遭遇份额增长瓶颈,难以突破。

还有一个情况,就是小区征订扫楼、摆台、活动推广等征订方式随着社区物业管理的逐步规范和市场化,推行越来越难,收效越来越微小。小区订单在 2010 年后就增长无力了。

基于以上主要原因,在报社的倡导和支持下,我们开始尝试推行投征分离。

二、投征分离一波三折,权衡利益,逐步推开

2012 年春节后开始,我们陆续招了一些应届大学生做征订专员并对他们进行岗位培训。征订专员负责 30 份以上党政机关企事业单位的报纸征订。

我们把 30 份以上的订单给征订专员了,动了投递员的奶酪。这些客户关系曾是投递员的资源,所以我们遭遇到了从站长到投递人员的隐性抗拒——寸土不让,跟征订专员抢资源。怎么抢?直接去告诉客户,你的投递是我在做,我很辛苦,你的报纸要跟我订。有的甚至跟客户说,不从我这里订报纸我就会不按时投递或者不投递你们的报纸。他们把抢订回来的单,变更客户名称和地址上报,或者在单位订户里分出部分自己订走。对他们而言上报资料准确与否不要紧,反正投递时自己做,不出错就行。

我们的投递人员绝大多数是小学或初中文化，高中生都比较少，他们跟采编人员的职业追求不一样，他们求的就是一个饭碗，价值观大局观说服不了他们，他们只谈利益，而且是眼前利益。这些尽管都可以理解，还得想办法改变。

第一年试行投征分离的结果是，许多征订专员工作受挫，内外到处碰壁，年终远不能完成任务，收入低，心气很受影响。这些大学生虽然具有年轻，有激情，受过良好的教育，喜欢尝试新东西等优势，但是，他们没有经验，尤其是跟社会上各种人员面对面交流的经验，多数还有好高骛远，吃不了业务之苦等缺点，他们更难以理解和接受来自内部的一些阻力。40多名征订专员，年底还余下不到十人。

我们没有动摇投征分离的方向，因为2012年出现了新的情况，站内投征人员在外兼职现象明显增多，送完报纸后，利益驱使，去兼职送餐和物流配送，而不愿意去征订报纸，毕竟征订报纸难度越来越大。

2013年，报社再招30多号征订专员，跟进30份以上党政企事业单位，由我直接管其业务。这次报社实行征订专员和投征站点同计业绩政策，所谓同计业绩，是把资源划给征订专员跟进，做出来的业绩，既计征订专员业绩，同时也计订阅单位所在站点的业绩，跟站长的收益挂钩。这样一来站长权衡利弊，开始主动帮助征订专员，同时杜绝站内同事抢单和作假。得到了站长的支持和帮助，2012年我们跟进的党政企事业单位订阅量实现了23%的增长，同时站内订单的资料也准确无误了。这一年我们留下了27名征订专员。

但到了2013年，网络和新媒体给发行带来的影响，在个人订户中凸现出来。物流业的高速发展，使发行投递队伍离职率也不断升高，小区征订业绩与当年下达的任务有较大差距，发行整体任务完成率没能达到90%，总业绩与上年基本持平。

2014年我们着手尝试彻底的投征分离。

我们选取了城区党政企事业单位相对集中的站点，住宅小区相对集中的站点和边远郊区站点各三个，试点完全投征分离。根据站点征订量的大小，每个站至少安排三个征订专员，负责全部征订业务，投递人员只负责报纸投递和物流配送。我们再次遇到强力隐形抵抗。首先是站长不愿意管试点，因为这次征订业绩与站里彻底无关了，这部分利益全部剥离，站里只负责报纸投递和物流配送。而当时我们正准备加大物流配送业务，物流业绩量一时跟不上，各站业务量还不均衡，要求投征站就近或在自己区域里承接一些送餐或配送的业务，作为短期过渡，弥补投递人员失去的征订收入，从而稳定队伍确保报纸的投递。

这一年，我直管试点站工作。从春节后挨个跟有相关经验的站长做工作，希望他们出来担任试点站长，同时协调站长跟站内负责征订的同事工作合作问题，直到4月试点站工作正式展开。

对于试点站征订专员来说，原来跟进纯党政企事业单位的客户，现在要跟进包括小区订户在内的所有客户，征订专员必须完成跟线投递的过程，接触了解所有订户，这时就会出现部分人沉不下去，不习惯或不愿意一户一户上门征订的情况。

截止到7月底，我们把运行了四个月的试点站与非试点站相关数据进行了对比，从站里业绩、续单率、投诉率、站内自接物流等数据来看，试点站均处于优先状态。

8月，投征完全分离全面推行。我们一时无法招聘到足够数量的征订专员，就从各站班长和业务能力强的人里，抽出三名征订专员，专门做该站的征订业务。

进入10月，部分征订专员收个人订单的时间精力不够，往往委托站内同事帮收订自己投递线路上的小区订户，造成小区续单率出现再次下滑。12月，对站内站长、班长一律下达小区征订任务，高压执行。

年终数据显示，由 2012 年留下来的 27 名大学生组成的试点站征订人员，平均续单率高出其他站近 18 个百分点，党政企事业单位最集中站，续单率达到 70%，党政企事业单位整体任务完成率达到 90% 以上。征订专员采用新业务模式，利用我们的社区资源，通过为企业提供活动推广方案，促成订报 200 多万。我们的总发行量在采编和广告经营部门的共同努力下，2015 年元旦与 2014 年元旦同比增长了一万多份。

三、投征分离实践带给我们的红利

通过三年投征分离的实践，首先，报纸在党政企事业单位征订方面实现了再突破，在极其严峻的市场形势下，不仅使征订量做到了基本稳定，2014 年还实现了少量增长。

第二，通过对党政、航空、石油、银行、酒店单独下达增长任务，征订专员向企业开展订报送活动等新的营销方式，使报纸的读者结构得到进一步的改善和提升，有利于影响力营销和广告结构的进一步改善，同时单位投递和小区投递比例的变化，也使发行投递成本得以有效控制。

第三，《新京报》的读者数据资料基本清晰了，这不仅有利于我们做好投递服务，还为我们做进一步的数据营销提供了有利条件。没有投征分离是做不到这一点的。

第四，面对自办发行纸媒员工在外兼职越来越盛的现象，2014 年完全投征分离后，我们将 540 名投递人员改签成了非全日制劳动合同的临时工，并将其薪酬模式改为了报纸投递和物流配送计件工资方式，既减轻了企业负担，又给物流和其他多种经营带来了轻松灵活的机制。

第五，几年的投征分离实践，使我们 2015 年的工作思路变得清晰明朗。1. 我们把十份以下和小区订单交由投征站征订，十份以上订单交给业务二部征订专员跟进，航空、石油、银行、50份以上酒店订单交由业务一部跟进。征订站点确保小区订单，业务一部和二部要求实现20%以上增长；2.加大物流配送业务；3.开始做读者俱乐部数据营销，以电商模式尝试报纸征订和垂直细分产品销售。

本文原载于《〈新京报〉传媒研究·第六卷》，中国书籍出版社2015年5月版，作者系《新京报》传媒有限责任公司副总裁，北京黄马甲物流有限公司总经理

《新京报》广告经营特色

周媛媛

创刊于 2003 年 11 月 11 日的《新京报》，通过三年时间实现盈利，保持持续高速增长，并在创刊后第八年达到广告刊例总额 17.1 亿元，跃居全国第四位，北京广告市场整体第一位，同时在房产、汽车、教育、旅游等行业保持第一的市场份额。

《新京报》从广告经营而言，其明确的市场定位、有效的经营策略、灵活的运作手法与有力的广告团队，使其得以高速发展，并在激烈的报业竞争与广告市场中走出一条属于自己的道路。

第一，坚持"直客与渠道"并行的双轨制——这一广告经营的管理模式已被媒体广泛认同并效仿。

《新京报》自创刊起就实行"以直客为主，渠道代理为辅"的广告经营管理模式。直客部门的工作人员，通过直接联系广告主，沟通谈判，实现广告合作；渠道部的工作人员则服务于广告代理公司，通过广告公司所网罗的客户资源，间接实现客户广告投放；两个部门明确分工的同时，针对部分客户而进行的部门之间有效配合，更是在一定程度上有效促进、保障了客户在《新京报》的广告投放。

《新京报》广告中心自创刊至今，一直保持着300人左右的销售队伍，其中直客人数达到200人以上。这些人不仅要做好客户基础关系实现其在《新京报》的广告投放，同时也要全面学习《新京报》的办报理念，新闻报道准则及优质新闻报道，让客户在关心其广告合作版面、价格、投入产出比等同时，了解《新京报》是一份有责任感和使命感的报纸，并产生价值认同。除此之外，对于媒体的不断学习也保证了对广告客户服务的专业性和深入性，为其以客户需求为导向来挖掘《新京报》的最大价值提供了可实现性。经过多年的客户服务与市场磨砺，这支广告销售队伍已经从早期的业务、媒介顾问成长为专业的传播、营销型团队，成为决定广告经营成功与否最主观能动的因素——人才与团队因素。

第二，分行业、分部门、分事业部，精耕细作的市场开拓模式，是广告做大做强的根本保障。

《新京报》的广告经营不单纯依赖房产和汽车行业，也注重消费类专栏广告的经营。对广告市场按行业进行划分，精耕细作，为快速占有各个细分市场打下基础，更成为《新京报》广告经营持续高速增长的有力保障。

《新京报》目前分房产、汽车、教育、旅游等10个行业，每个行业有自己专业的销售人员，也有其对应的行业周刊。各细分行业的广告销售人员会专注于本行业信息资讯及客户动向，在与客户高频沟通的同时实现行业活动的策划及落地。行业周刊承担着对一周行业信息资讯的集中处理，不但服务于读者，也服务于行业客户，为了提高周刊服务于读者的功能，增强可读性，采编人员还会在不同时间节点推出专题策划及主题活动，《新京报》行业周刊已成为广告客户品牌展示及活动促销信息发布的精准平台。

如时尚行业每周五出版的《摩登周刊》，始终站在主流日报的时尚前沿，除了为读者提供专业丰富的时尚报道，还通过主办《新京报》腕表日、时尚权力榜等各种时尚主题活动，传播新的都市生活风尚，成为联系读者和业界的桥梁。再如汽车行业每周一出版的《汽车WEEKLY》会在大型车展期间推出特刊，除正常随报发行之外还会加印数万份，在车展现场做有针对性的免费派发。

第三，擅长活动策划、客户个案定制及资源整合，建立增值服务、创新营销的广告服务模式。

面对媒体形态的多样化及受众群体的不断分流，企业在选择媒体投放时已经不满足于单纯的广告版面回报，如何创新客户服务价值，在现有的版面资源基础上提供给客户更多的价值回报，这是《新京报》人一直在思考和实践的问题。

《新京报》是一家自办发行、自主经营的媒体，有优质的采编资源和读者群，有效整合内部资源，达到客户、读者、报社三方共赢，也是《新京报》在京城媒体竞争当中获取优势的一个方面。基于对内对外的资源整合能力及服务客户的需求，《新京报》每年推出的大大小小行业活动数百场，单一客户定制活动也更是屡见不鲜。

行业活动，如房产事业部推出的北京别墅发展论坛等；汽车行业推出的金手套售后服务满意度调查等；金融行业推出的服务于保险行业的金保单等。

单一客户定制，暂举两例，如基于北京邮政储蓄银行拓展其小微金融业务的需求，《新京报》与其共同策划"创富先锋——2011中国邮政储蓄银行创富大赛"，并举办"幸福创业高峰论坛"。活动得到了北京市政府及社会各界的支持，市金融局、人民银行营管部、市农委、市私个协、市发改委、市经信委、国内外知名经济学家、创业领袖及企业家等积极参与创富论坛，探讨小微企业的发展方向与融资理念。活动通过行业推介会、创富巡展、媒体传播等不同宣传形式，鼓励创业者积极参与到大赛中来，鉴于其社会意义，大赛也得到了众多知名媒体的关注。据统计，通过此次创富大赛，共有近千个创业项目从中受益，创业者获得融资支持达 5.8 亿元人民币，《新京报》更是通过此次大赛与北京邮储银行达成 300 万的广告合作。

再如，基于新东方教育集团对高考生这一目标客户群的传播需求，《新京报》整合北京市城市管理综合行政执法局，策划推出"高考爱心服务站"活动。活动以在高考考点现场设立服务台，为送考的家长提供免费饮用水及当天《新京报》的形式，来搭建高考家长群体这一精准渠道。新东方在当天推出 8 个版的定制特刊，另有其他教育客户在当天投放整版或半版广告进行品牌及招生宣传，据不完全统计，通过该活动带动所带动广告投放最高可达百万。该活动成功举办 6 届，有效整合了《新京报》内部采编、发行资源及外部资源，覆盖到了北京城六区及远郊区县的 120 多个高考考点，影响高考生及家长 10 万余人，曾受到国家领导人刘延东、市长郭金龙的赞赏与肯定。

第四，引领行业发展，建立服务标准，建立其在各细分行业市场地位的影响力经营模式。

《新京报》通过客观真实的新闻报道关注行业及市场动向，同时通过策划有影响力的论坛、研讨会、调查、评选等搭建起与政府、社会、公众、企业等沟通的桥梁，推动行业发展、树立行业地位。

如相继举办 6 年的《新京报》房产家居标杆峰会，不但见证了房产家居行业的成长历程，而且已成为颇具权威性与影响力的房产家居年度盛事。2011 年举办的房产家居标杆峰会就 2012 年房地产市场走势、保障房建设、产业链内部合作等问题展开热烈讨论，并揭晓标杆地产、标杆家居等奖项。《新京报》以媒体责任为基点，通过评选行业标杆，树立企业品质榜样，为行业的持续健康发展引领方向。

第五，通过大型项目实施、推广与深度营销，实现《新京报》品牌社会价值向经济价值的有效转换。

《新京报》通过举办大型论坛、评选等活动，面向广告中心的所有客户进行招商，基于对客户需求的把握，实现客户在常规广告投放基础上的合作增量。该类活动的成功举办，不仅提升了《新京报》自身的品牌影响力，而且对赞助商的品牌也起到了广泛的传播作用。

如由《新京报》和文博会共同主办的"2012世界经济论坛"，邀请国际国内众多政府官员、专家学者、企业家共同探讨世界及中国经济走势、世界城市建设、文化产业发展、科技创新、可持续发展等当前热点话题。北京市副市长鲁炜、商务部国际贸易谈判副代表崇泉、诺贝尔经济得主蒙代尔、斯蒂格利茨、文化界人士于丹、赖声川等出席论坛，此次论坛是中国经济领域的一次盛会，也是《新京报》年度最具影响力经济活动。通过与文博会的合作，《新京报》获得官方身份，而且论坛的定位、嘉宾级别，使本次论坛较其它媒体更所办活动更具独特性、唯一性与前瞻性。

如发起于2005年的"中国最美50人"活动，通过每年一度评选出50位具有代表性的文化娱乐界公众人物，为行业乃至整个社会树立积极正面形象。2011年，由《新京报》主办，东方时尚冠名、中广新媒协办的"东方时尚中国最美50人"活动，通过明星等公众人物的影响力，来表现"成就""责任""突破""专注""新锐"等榜样的力量。该活动通过平面媒体、网络媒体及电视媒体等全方位立体化的全程报道及转载，影响上亿受众群体，在传递"最美"真谛的同时，对东方时尚及中广新媒的品牌传播亦起到非常好的推动作用。活动期间，谷歌搜索"东方时尚 最美50人"相关检索已达到6.74条。

第六，定位主流广告行业、主动舍弃部分广告市场，有所为有所不为广告价值策略与取舍原则，保持其服务高端读者与客户的品牌形象。

肃清广告环境，拒绝刊登假的征婚广告、假招工广告、非法医疗广告、快速致富广告、有色情内容倾向的声讯广告、甚至分类广告，以房产、汽车、教育、旅游和通讯等同《新京报》读者身份、地位、需求相吻合的广告投放为主。坚持社会效益第一的原则，塑造负责任的主流报纸的良好品牌形象。

简言之，《新京报》之所以能够制造出中国报业的一个又一个奇迹，是独具特色的广告经营、在市场上坚持走自己的路不断折腾和探索的结果，更是其最大化的发挥了采编、广告、发行各自优势，高度联动，有效配合，不遗余力塑造报纸品牌和打造影响力的结果。

本文原载于《〈新京报〉传媒研究·试刊》，内部资料2013年1月，作者时任《新京报》广告中心媒介专员

从"中国好广告"看平面媒体的品牌传播

董妍

2013年11月4日,一句配有新闻图片的广告语"你有尊严,这个国家就有尊严"出现在《新京报》A12版。11月5日和6日,"你若坚持,这个国家就有希望"和"你若努力,这个国家就有未来"的另外两篇形象广告也陆续刊登,被媒体圈人士广泛转载。尤其是主持人华少转载过后,这系列广告就有了"中国好广告"的名字。

此后不久的11月11日,另一则形象广告——"《新京报》以责任推动社会进步"同时出现在《新京报》及另外30多家媒体上,而这一天,是《新京报》成立十周年的日子。

2013年11月4日、11月5日、11月6日,《新京报》上版广告

但凡了解一些媒体投放策略的人可能都会疑问，为何同一个品牌的周年形象广告是风格完全不同的两个版本？这样岂不是违反了"品牌一致性"的传播原则了吗？尤其是11月4日起投放的系列形象广告，大量留白，没有任何宣传色彩，完全不像一般意义的形象广告，而更像是新闻或公益广告。

类似以上的广告投放方式对《新京报》来说已经不是第一次，早在2011年5月，《新京报》就在本报投放了一系列品牌形象广告。

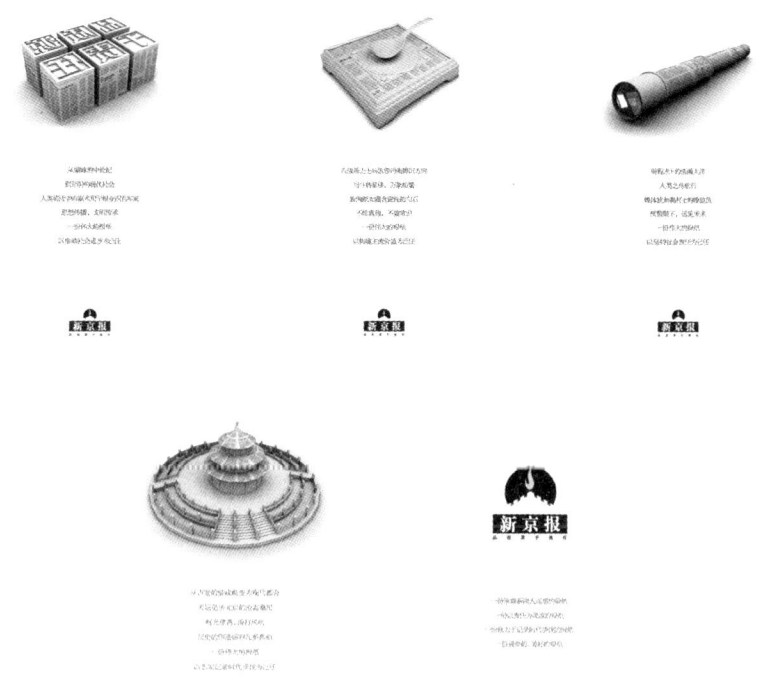

这系列广告以报纸包裹出的元素和简练的文字构成，从传播思想（活字印刷）、遵循真理（司南）、预见未来（望远镜）、本土化视角（天坛）等几个角度阐述《新京报》对社会的责任感和推动力。画面与文字的风格极具"《新京报》"版式特色，图像干净简单、大量留白；文字洗练沉稳，充满理性特质。整个系列连续投放五天，反响良好，但是并未在其他媒体上看见其中任何一副。而在当年的 11 月 11 日社庆日,《新京报》的广告投放却仅有一副风格完全不同的"影响中国"广告。

卖报纸？传播思想和态度

不同的广告风格,不同的投放策略。一切源于《新京报》在媒体品牌传播策略中的与众不同。

一般品牌传播过程是品牌经过媒体或其他渠道将信息传递给最终消费者。无论是广播电视、报刊、互联网还是移动终端 APP、户外广告,全部都是传播媒介。在这个过程中,品牌可能作为广告主出现,也可能作为报道对象出现。品牌会受到投放介质的影响,让不同的媒体为品牌带上不同的背书。比如,投放央视新闻联播的黄金时段的广告,便是搭载该节目广大覆盖面的同时,借助国家级大台增加品牌的可信度;而在财经类媒体投放广告的德意志银行,则是看重媒体金融业读者群体。最终到达消费者端的信息,在很大程度上经过了不同介质的再加工。

虽然品牌信息也能不通过媒体,而以自身的包装或终端设计直接到达消费者，但是借助媒体的影响力和覆盖力进行传播的是大部分知名品牌都会选择的方式。搭载媒介传达信息的同时，受到媒介特质的影响，给品牌戴上媒体公信力的光环。但是，品牌传播的层面完成之后，最终能够满足消费者需求和真正影响消费者的，还是产品自身。因此对于普通品牌来说，传播品牌与满足需求是两个步骤。

一般品牌的传播过程可简化为下图：

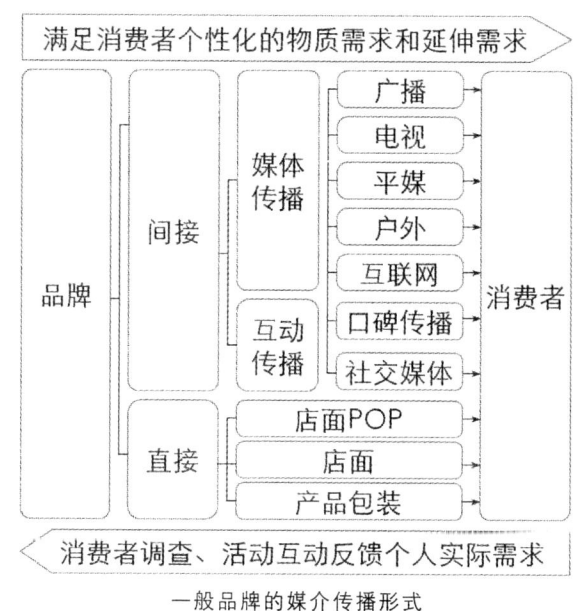

一般品牌的媒介传播形式

媒体品牌不同于一般品牌。媒体提供讯息与思想，满足读者的精神需求。在读者接触媒体的同时，本身就完成了对媒体的需要以及媒体自身的品牌传播过程。媒体的品牌形象传播可以不依靠其他介质，借助自己的发行覆盖面和读者群，直接曝光直接影响受众。从品牌传播角度来说，一份报纸本身就是这份报纸最好的广告。直接传播是媒体最主要的传播方式。

媒体品牌的传播过程，在读者需求被满足的同时完成，其品牌传播过程可参见下图：

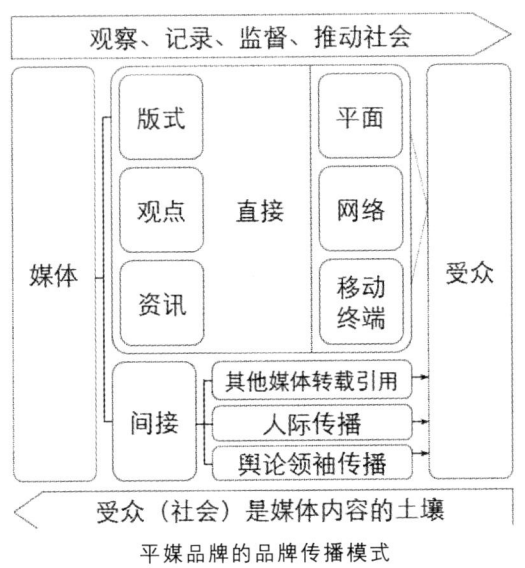

平媒品牌的品牌传播模式

媒体的社会价值，在于通过观察社会还原事实真相、真实记录、舆论监督、传达价值观和影响力从而推动社会。媒体（以纸媒为例）通过自身的定位，以自己的观点和资讯，以风格化的版式语言和真实、震撼力的图片构成一个完整的内容体系，在满足受众阅读或汲取信息需要的同时完成品牌传播，在读者接受信息的同时也消化了这个媒体的品牌形象。因此，独树一帜的品牌定位、独特的观点和丰富的讯息及版式语言，才能够让品牌在众多媒体品牌中凸显，以形式和内容共同影响读者。

《新京报》建立之初，就在寻求不同于党报和都市报的第三条道路。在很多读者心目中，《新京报》有着都市报本地化和亲民的特质，及时传播讯息；又有着党报权威和严肃的风格，以评论和深度见长，带给读者以鲜明的态度和新鲜的观点。早在2003年已经被几大都市报瓜分完毕的北京报业市场，《新京报》一创刊就以清新脱俗的面貌成为了北京最厚重、时政味浓郁并且充满理想与激情的报纸。然而，一份报纸的重量并不在于多少页纸张，而是带给读者资讯与思想的分量和精神的光芒。正如《新京报》广告语所述："当活字印刷用于报业四百年来，报纸的作用在于思想传播和文明传承，媒体如桅杆上的瞭望员，预警眼下，远见未来。"

覆盖面？影响力 > 传播力

衡量品牌的影响力，通常会从品牌认知度、忠诚度、美誉度几方面来考量。而具体的传播指标则需要考虑受众到达率、媒体覆盖率、网站的点击率等数据。一般品牌尤其是消费品品牌对大众媒体的需求从未减少，他们需要依赖媒体的覆盖面与传播力，是媒体传播与营销帮助产品塑造品牌，让品牌具有更多的无形资产附加值。品牌如想得到消费者的反馈，传统的方式是通过市场调查来收集消费者信息与意见，当然随着社会化媒体和互动营销的兴起，得到消费者的反馈也变得更加容易。

媒体品牌影响受众的方式完全是直接和开放的。数年前，如果想了解一份报纸的能量有多大，必问发行量。谁占领了更多人头，谁就更有号召力。但是对于今天新媒体发展、多屏影响受众的时代来说，媒体品牌的衡量指标就只有一个——影响力。媒体通过报道的风格、内容的定位、内容本身的思想性与建设性，依托版式、图片等表现手法等方面来呈现内容，影响读者。虽然纸媒的信息在今天早就变成了不同屏幕中的文字，信息传播不再依靠一叠纸，但传递信息与观点这一点永远无法改变。

《新京报》总编辑王跃春认为，媒体影响力以下几个方面：其他媒体的转载和引用；读者的层次，影响有影响力的人；团结在报纸周围的专家学者，影响能够成为舆论领袖的那些人；用新闻和报道推动传媒业、推动社会的能力。

10年以来，无论发行量涨跌，读者看新闻的工具更迭，对于读者来说，他们的需求一直没有改变，就是他们想要的内容。你早上打开电视看新闻，央视《第一时间》的读报栏目正在朗读《新京报》对某事件的评论；你在上班路上打开搜狐或者网易新闻客户端，看到的几条重量级新闻也来源于《新京报》；你在单位午休时浏览微博，一条不知真假的被吵得沸沸扬扬消息已经被《新京报》的官方微博还原了事情的原貌。经过大量媒体的引用和舆论领袖们的传播，一张报纸的媒体影响力就逐渐形成。在新媒体逐渐垄断读者信息终端的今天，伴随着各种新闻客户端和社会化媒体的兴起，报纸早已不是传播信息的唯一源头。一份报纸的发行量已经不能够说明其真实的影响力。

然而新媒体对于平媒的冲击影响依然有限，网络上大量的信息和各种传达信息的工具让谣言比任何时候都容易传播。正是在这样的信息海洋中，有了传统媒体的深入调查报道解释事件真相，才最终促进事件的解决，社会依然需要平媒作为舆论终结者的角色。因此对于有影响力媒体来说，它只是转了个身，包裹上新媒体的形态，通过不同的窗口到达受众。正因为媒体内容易复制、可被转载的属性，媒体的影响力也更容易传达到更广的受众层。媒介研究学者也不止一次地重复着一个观点："无论媒介形态如何变迁，影响力和公信力始终是衡量话语权的重要因素。"

在今天，强大的媒体品牌不再用发行量说话，甚至官方微博的粉丝数量也仅仅是参考数据之一。当这个媒体的思想与风格融入更丰富的传播渠道，通过各类传播方式到达受众，源头的影响力依旧。

一致性？语境决定效果

整合营销传播的兴起，让各个传播渠道统一发声变得无比重要。品牌不能只依赖单一渠道或媒体传递品牌信息，所有的媒介接触点都被视为传递品牌的渠道。为了加强某一品牌形象，让多个传播渠道起到1+1>2的作用，同一品牌在不同的媒体或传播渠道上总是被统一口径，一致对外。

一致性对于维护品牌形象固然重要。然而，媒体本身就有自己的调性。对于《新京报》来说尤其突出。《新京报》从诞生起就注定独一无二，从建立之初就依托光明报业集团和南方报业集团两大媒体集团横跨南北，带着南方报系的品牌基因，寻求不同于党报和都市报的第三条道路。对新闻专业主义的坚持，对责任感的恪守，让《新京报》10年来建立了品牌影响力。这些因素让《新京报》注定与众不同、个性鲜明。即使是在各大媒体无法避免提供同质化内容的今天，《新京报》仍然在不断地调整，以深度和杂志化运作的风格，保持自己独特的品牌调性。

为了不让强烈的品牌个性在传播媒体上过于突兀，品牌的语境显得尤为重要。在"你有尊严，这个国家就有尊严"系列广告创作之初，就注定这系列带有浓重《新京报》味道的广告只适合也只能投放在本报。广告中的主人公，不是劳动模范和时代精英，他们只是大时代中的小人物：灾难中背负全部家当希望重建家园的老人、艰苦环境里靠捡煤生活还积极举手回答问题的小学生、每天背着沉重的轮胎锻炼长跑的少年……他们无论身处的环境如何，心中却始终怀揣梦想，坚定前行，不抛弃、不放弃。这些平凡的小人物一直是《新京报》关注的对象，他们的微小与坚持与《新京报》传递的价值观如此一致。这系列广告在《新京报》亮相，可以被视为一种良知媒体对于时代进步、美好的呼吁。它们是一种态度的传达，是报纸内容本身的一部分。这种品牌形象的传达，在众多媒体的投放中也只能选择《新京报》，才能保持品牌传播语境的协调统一，以加强广告的传播力量，加深和强调《新京报》的品牌理念。因此，在《新京报》十周年之际，仍然专门制作了投放于其他媒体的形象广告。

"《新京报》以责任推动社会进步"这篇形象广告在2013年11月11日投放在其他20余家平面媒体上。这意味着传播的语境发生了变化。在其他媒体的版面和风格不统一的情况下，只能尽量保持画面简单大气；尽量用最少的文字阐明最核心的理念。整篇广告以整版或者半版投放，广告中的文字不到200字，大量留白，与《新京报》报纸的形象统一。画面内容以报纸包裹的齿轮为形象，代表着肩负使命感的媒体在推动社会进步中的力量。这个力量虽然不如其他力量那么直接、庞大，但是，以报纸形成的齿轮，仍然代表了对社会进步从不放弃的永恒决心与坚定动力。

在信息庞杂的环境里，以最简练的语言在最短的时间攫取受众的注意力，才有可能获得效果。

多渠道？人际助推二次传播

《新京报》10周年的品牌推广，除了在30余家平面媒体、北京各个调频广播时段、Music Radio音乐之声等投放外，还在鸟巢盘古七星大厦大屏幕进行了15天的户外广告投放。这次广告投放的覆盖面及多种渠道的选择，对《新京报》来说算得上是一次全新尝试。但是真正对《新京报》广告传播引起热议的，还是微博上的转发和后续的发酵。

媒体品牌的间接传播，可以简化为其他媒体的转载、人际传播及舆论领袖的传播三种方式，这也是铸就媒体影响力的基本方式。然而广告不是新闻，不能指望被其他媒体或舆论领袖转载。但是对于"你有尊严，这个国家就有尊严"系列广告，其本身更像是一则公益广告，观点鲜明，号召力强。于是在广告投放的第一天，著名"大V"袁腾飞首先发现《新京报》形象广告，并拍照发微博。其后，华少、柳岩等网络名人的转载便使得这支广告的影响力从平面到屏幕，在价值观被认同的同时，传达给更多受众。尤其是被华少转载过后，这系列广告便被称为"中国好广告"，同时中国公关网、中国4A广告网等广告业内媒体的官方微博也纷纷转载。此条微博至今转发量达5691次，评论633条。

《新京报》官方微博同时也转发和发布了此系列广告，在微博上提供正能量，引起一片热议。此后系列广告在微博上不断传播，经过一个月后仍在发酵。12月15日，@徐昕再次将系列广告发表在个人微博上，获得近3000次转发和400余条评论。资深媒体人杨锦麟转发并评论，认为这条广告是《新京报》韧性和态度立场的表达。

在媒体品牌传播的过程中，无论传播方式如何、使用了多少传播渠道，内容才是传播的基石。一般的品牌传播营销手段和广告方式对于媒体来说固然有效，但对于媒体长久的品牌形象来说，只能是锦上添花的效果。好的内容，才是媒体品牌影响力的持续原动力。

本文首发于《〈新京报〉传媒研究·第四卷》，新世界出版社2014年6月版，作者董妍，时任《新京报》传媒研究院品牌部高级经理

一份报纸的"品牌探戈"
——《新京报》品牌分析

张树庭　孔清溪　李若曦

从不谙世事的"混血贵族"到北京综合类日报销量的三甲之一,《新京报》用实践验证了品牌的力量。自创办伊始,《新京报》的销售逐年上升,到2011年报纸的日均发行量为86.7万份,其中征订量为53.26万份,占整个发行市场的61.43%;零售量为32.08万份,占市场的37%;而定向赠阅量为1.36万份,仅占1.57个百分点。可以说,七年来《新京报》已成为北京主流社会的首选报纸之一,并占据政府机关、高校、写字楼、中高端社区等主要发行渠道,拥有高品质的读者群体。同时,根据中国传媒大学IRI网络(口碑)舆情研究所2011年3月发布的最新研究成果,《新京报》连同新华社、新浪微博、天涯、中新社成为2010年五大舆情源头,并且居于首位。可见,《新京报》在与网络等新媒体的较量中继续保持了传统媒体的强大优势。

《新京报》的成功并非偶然得之,而是在整体品牌发展战略指导下进行的一项长期的品牌塑造活动。分析其整个过程,我们不难发现其中蕴含的报纸品牌塑造的一般规律以及《新京报》的创新之举,希望这些分析能对我国报业媒体的常青之路提供可借鉴的参考。

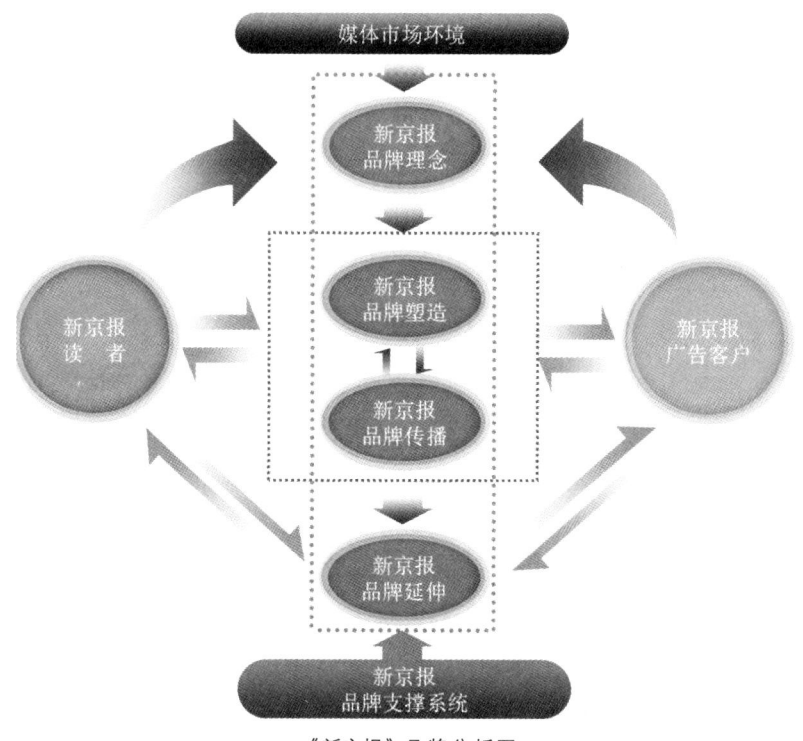

《新京报》品牌分析图

一、品牌理念：梦开始的地方

归根结底，一份报纸的成长取决于对内容设置、传播、营销等方面规律的认知和总结，即品牌理念。而品牌理念上的差异，则会导致品牌走上完全不同的发展轨迹，直接或间接的影响品牌在市场上的表现，从而决定品牌在行业中的位置。可见，富有远见的品牌理念是一个报纸品牌得以扶摇直上的原动力，它站在起跑线上却能望得到品牌的终点。

（一）品牌制胜——影响力营销

响亮的品牌是能够让产品享受从量变到质变得以溢价的最好理由，也是能够让一份报纸从夹缝中突围的绝好途径。任何市场的终极竞争都是以品牌为导向的决斗。由此可见，对"品牌"这一概念的认知和理解将关乎报纸发展的成败。

《新京报》在创刊之初就对品牌有着清晰的定位和理解，并且结合自身的特点，发展出一套具有《新京报》特色的经营理念，即在坚持社会效益的前提下，本着报社、读者、客户三方共赢的原则，实现经济利益、品牌价值最大化的影响力营销。这一营销模式是《新京报》的品牌法宝，它为《新京报》的发展打下了良好的基础。依据它的规划，《新京报》在内容、广告、营销、发行等多个方面都做了相应的努力，朝着全面提升报纸影响力的"红心"万箭齐发，全速前进。

（二）品牌创新——穷则变，变则通

面对瞬息万变的市场，故步自封只能使自己与成功渐行渐远。行业竞争的关键词始终是"淘汰"与"发展"，因此，适者生存的法则同样要求报纸应与时俱进，实现可持续发展。

没有创新作为实践的指导，就不可能让《新京报》迈出精彩的步伐。为了应对市场的变化，《新京报》也在适时调整自己的策略，从而使之更加顺应行业的发展和顾客的需求。例如，针对2008年举世瞩目的奥运盛事，《新京报》抓住机遇，精心策划，全力备战，提出了"北京人的新闻主场"的品牌发展目标。而到了2010年，《新京报》又乘新媒体发展大潮，高效整合优质资源，将品牌带入"全媒体时代"。2011年，面对信息持续的井喷式的爆发和人们媒介接触习惯的改变，《新京报》又一次对品牌的成长方向提出反思，确定了互联网时代报纸发展的三个特征，即"精华""阅读""实用"，并通过深度挖掘信息、缩减字数、增加图片使用比例等一系列内容和版面上的改革，将品牌的影响力推向一个新的高度。

（三）品牌精神——对信念的坚持

无论是富有远见的品牌理念，还是谋求突破的品牌创新，都无法缺少一以贯之的信念。对信念的坚持已经成为《新京报》的品牌精神，也是让经营战略得以持续的保障。不断的妥协和放弃只会让一个品牌满目疮痍，难以实现质的飞跃。

坚持是品牌镇守的底线，更是发展对实践提出的要求。《新京报》在创刊近八年的时间里，排除万难，始终坚持着"责任""品质""专业""影响力"的发展理念，正如报社社长戴自更自诉："没有什么比坚持更能阐释《新京报》走过的道路了，多少次身处逆境，我们没有选择放弃，而是坚韧地向着既定目标迈进。现实的磨砺，没有消减我们的情怀，只是擦亮了我们的眼睛，让我们更加清醒，更加从容不迫，于每天的勤奋中体现充实和专注，体现新闻人存在的价值。"

二、环环相扣，塑造可识别的品牌形象

如何打造优质的品牌形象？是从产品入手，还是仰仗独具匠心的定位，亦或铸造品牌文化的"圣杯"？可以说，以上述任何一种手段为策略的品牌塑造都是正确而不完全正确的。品牌塑造是一个环环相扣的过程，通过由产品到核心价值，核心价值到定位，定位到文化，文化再到产品的渐进，每一次循环都会使品牌形象更加清晰而强大。

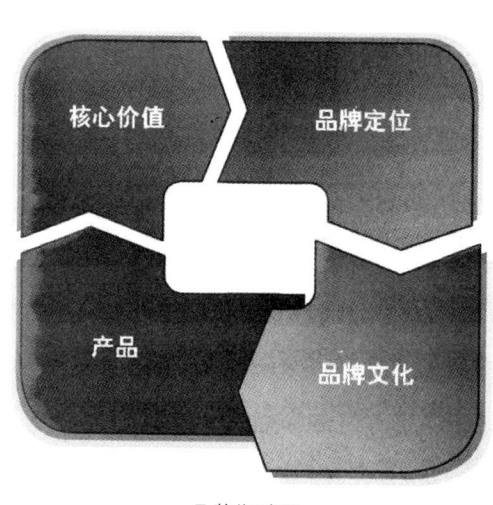

品牌塑造圈

（一）产品的符号化

可以被符号化的产品元素很多，对报纸而言，它们或许是名称、标识等此类外在表现，也可能是内容特色、栏目等这种内在因素。《新京报》在产品符号化的实践上有着不少值得借鉴的经验。首先，从外在的表现形式来看，《新京报》在创刊伊始就别具一格地设计了标徽"长城烽火台"，并且为自己量身订制了具有浓郁中国特色和北京特色的标准字体。通过对标徽和字体的详细阐述，《新京报》表达着与国际接轨和借势科技的愿望，昭示了为中国报业树起一块"金字招牌"的壮志雄心。其次，《新京报》一直不遗余力的磨砺着内容的"锋芒"。经过长期的坚持与积累，《新京报》目前已基本形成"评论""深度报道""新锐视觉""专题策划"等几个为人熟知的产品特色。

（二）核心价值："品质源于责任"

品牌核心价值是品牌的精髓，而"责任"就是《新京报》的精髓。从初期"负责报道一切"到2006年提出的"品质源于责任"，《新京报》始终把责任看作办报的天条。在这一核心价值的引导下，报纸从内容、传播、营销、发行等各个环节全面体现出对国家和人民利益负责，对新闻真相负责，对时代进步负责的态度。通过反复传递"责任"的概念，《新京报》在公众中树立起清晰而有力的品牌形象，与受众形成了良好的品牌关系。根据CCMC关于北京地区2011年报纸订阅原因的调查发现，《新京报》在公信力方面的表现十分突出，以高于竞争对手七个百分点的优势稳居榜首。而在由中国传媒大学和中国商务广告协会共同主办的"2010中国消费者理想品牌大调查"[1]中，《新京报》也成为最受北京消费者喜爱的五大报纸之一。

---

[1] "2010中国消费者理想品牌大调查"是由中国商务广告协会和中国传媒大学主办，中央电视台广告部协办，15家协会、商会和研究机构的大力支持，BBI商务品牌战略研究所策划执行，全国36所知名高校共同研究的权威性、系统性的消费者品牌消费行为调研。

（三）品牌定位的"第三条路"

自创办以来，《新京报》就在实践并摸索着和而不同的道路。面对北京地区最优势的资源和最严肃的报纸，《新京报》选择走一条有别于传统党报和传统都市报的"第三条路"。这样一份新型的时政大报用《新京报》自己的话来讲，就是："试图把传统党报坚持导向性、权威性、严肃性与传统都市报贴近读者、注重服务、追求经济效益的优势结合起来。"介于党报及都市报之间的品牌定位对于读者和广告主来说无疑都是新鲜的。她摒弃了严肃可能导致的空洞无物和"唯娱乐"的浮躁粗俗，不但符合新闻的普世价值，更注重报纸的经济利益。从2004年开始不断攀升的发行量和销售量就是定位有效性的最好佐证。"第三条路"不仅为品牌提供了差异性的优势，同时有助于融市场、资源、资金为一体，探索一条适合品牌持续性发展的道路。

（四）文化成就品牌

《新京报》的成功在很大程度上依靠的是企业文化的成功。《新京报》一向重视企业文化的培育，从报纸成立之时就将企业文化建设纳入了议事日程并提高到战略高度。经历了八年的沉淀和积累，《新京报》如今已经形成了完整且颇具特色的文化体系，鼓舞着报纸品牌以及团队成员在发展的道路上不断前行。其中，一个值得回味的细节是《新京报》将自己的文化整理和浓缩成了一曲社歌——《我的纸里包着我的火》。这首歌不但凝聚起《新京报》的每一份力量，还向世人展示着她的气魄与风采。

三、传播生力，迈开强者步伐

"品牌探戈"不是一场"独舞"，仅仅独善其身将无法成就品牌的传奇。把怀揣的美好淋漓尽致的展现在观众面前是一个舞者的职责，也是一个品牌的追求。因此，有效的品牌传播将在品牌的成长中扮演关键性的角色。

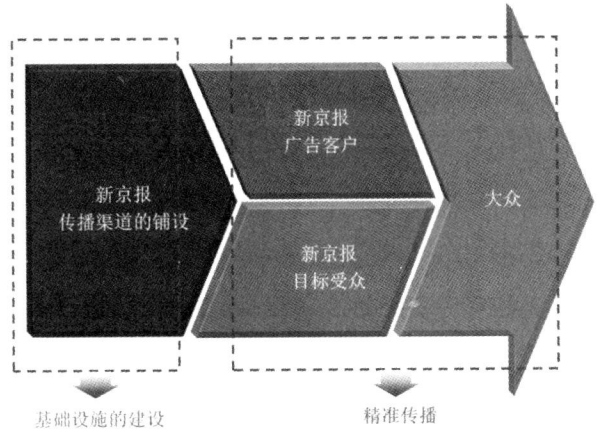

《新京报》品牌传播模式

（一）传播渠道的铺设

渠道是传播的基础设施，渠道的丰富程度与布局的合理性都将直接影响品牌的传播实力。因此，传播的首要任务在于基础设施的铺设和搭建。如今，新媒体势如破竹的发展使一元媒介为载体的时代早已一去不复返，而媒介接触习惯的改变迫使品牌在传递信息之前，不得不先完成"人群—媒介"的连线题。由此可见，为了让信息更快速、更准确的传递出去，全媒体布局已然是大势所趋。

报纸自然也不例外。作为借助"纸"这一载体传递信息的行业，报纸的重点是"报"，而不是"纸"。因此，它完全有能力摆脱"纸"而联姻新媒体拓宽自己的传播与发行渠道。为了顺应这种发展趋势，《新京报》在2010年提出了"转身全媒体"的品牌发展战略。《新京报》整合优势资源，打造适于当前发展的媒体通道，初步实践全媒体部署，为报纸的品牌传播和影响力的提升打下坚实的基础。

（二）精准传播

在获得完备的基础设施的保障之后，品牌传播的下一个问题就在于传什么？传给谁？对报纸而言，主要的品牌传播对象无外乎目标受众和广告客户两类人群。但为了产生更为深远的影响，报纸还必须将触角伸向大众，广泛宣传其品牌价值。

首先，报纸应针对其读者展开有效的品牌攻势。读者是报纸的"衣食父母"，没有消费者的青睐，报纸的品牌价值就无从谈起。品牌传播的关键在于把信息精准的传递给有需求的人。因此，《新京报》在这一方面采取了精准发行的策略。所谓"精准发行"，主要包含了"全面覆盖""创新""整体联动"和"定向"四个理念。在这些理念的带动下，《新京报》在北京地区的发行达到了以中高端读者为主、多样化、质量并重的目的。同时，通过与其他品牌策略的联动，《新京报》抓住一切机会，贴近读者，有条不紊地扩大了品牌在读者中的影响力。

其次，赚取广告费用仍然是报纸目前主要的盈利模式。因此，实现自身品牌价值与客户品牌价值平稳对接的重要性自然不言而喻。针对这一问题，《新京报》主要的应对手段是通过整合媒体优势资源，结合广告客户特点，制定个性化的品牌传播方案，并取得了良好的成效。在中国传媒大学、中国商务广告协会及CTR央视市场研究联合发布的"BBI2010中国最具品牌贡献力媒体排行榜"中，《新京报》位列全国报纸媒体第十二名。同时，《新京报》还利用策划、活动营销、行业评选、影响力论坛、数据库营销等方式将自身的品牌利益与广告主的品牌利益"合多为一"，在传递客户品牌价值的同时，扩大自身的品牌影响力，如举办多年的"集体婚礼""360°试乘试驾"等活动，其活动本身已经具备了一定的品牌知名度，实现了报纸与客户的双赢。

最后，品牌传播的效果是由"广度""深度"和"认可度"来衡量的。

为了使品牌的影响力走得更深更远，就必须把品牌带入更多人的视线之中。公益营销是《新京报》面向公众，拓展其社会影响力的主要方式。公益营销一方面承载着社会效益，另一方面则肩负着品牌核心价值的传播。"爱心包裹""温暖孩子""孤儿来京过春节"等公益行动高度契合了《新京报》以"责任"为天条的品牌核心价值，容易引起公众的共鸣，从而强化报纸的品牌形象。

四、舞步铿锵，源自有效管理

从塑造到延伸，品牌得以健康成长的背后必然有一套强大的支撑体系在运转。每一条战术的快速传达，每一个策略的顺利实施都是以支撑系统的保障为前提。在这套机器中，团队建设和体制保障起到了关键性的作用。

首先，品牌的发展最终还是要落在人的问题上。《新京报》长久以来秉持着以人为本的管理理念，致力于最大限度的激发和挖掘员工的潜力，发挥个体的积极性和创造性，做到人尽其才。在《新京报》的员工构成中，以25—30岁的中青年人为主，折射出报社充沛的精力。《新京报》重视团队文化的建设，并通过企业价值观的渗透，在成员间形成一种强烈的归属感和凝聚力。此外，报社会定期开展一系列的员工培训和拓展活动，为团队成员创造良好的个人成长环境和工作氛围，激发他们对品牌以及工作的热情。

其次，体制常常是牵绊国内品牌发展的祸首。《新京报》目前在组织架构上已经实现了采编与经营的完全分离。并坚持采编生产影响力，经营传播影响力的理念，在二者间形成良性的互动。采编与经营的分离能够使不同的主体各司其职，从而提供更为专业和优质的内容及服务，加强经营的灵活性，也为品牌和报社的发展创造了更多机会。

五、品牌眺望：让梦想继续

通过剖析《新京报》的品牌生态，从中不难对中国报业品牌的发展规律管窥一二：

（一）内容为王，服务为本

言及传统媒体的核心竞争力，相信绝大部分人会不假思索地回答，是内容。虽然我们经历着媒体的巨变，但最终被改变的只有传播方式和承载介质，信息本身并没有发生质的变化。人们真正要看的不是传送，不是平台，不是各种技术，而是内容本身。因此，对于同为传统媒体的报纸而言，"内容为王"依然适用。

但是，继续坚持"内容为王"并不意味着今天的市场仍与一百年前一样。媒体，尤其是传统媒体已不再是高高在上、令人垂涎的稀缺资源。如今的报纸应该更多的看到自己作为信息服务者的角色。通过打磨内容、丰富渠道，报纸旨在满足消费者五花八门的需求，进而使信息和服务产生价值。因此，报纸在秉持"以提供优质的服务为己任"的经营理念的前提下，摆正自己在市场中的位置，以顾客的需求为导向，坚持服务为本，才能真正实现报纸品牌的飞跃。

（二）报纸路在何方

面对着新旧媒体的围追堵截，同行业内的混战厮杀，报纸路在何方？
答案是：延伸。延伸。延伸。
第一个延伸指的是横向延伸，即报纸利用现有的品牌、产品等资源，摆脱"纸"的束缚，向外拓展业务，并借助全媒体的布局，实现产品的"一次生产、多次加工、多功能服务、多载体传播"。横向延伸带来了诸如手机报、门户网站、微新闻等这样的"新媒旧品"，它是报纸延伸的初级阶段。虽然横向延伸可以使品牌得到迅速的提升，却无法实现持久性的增长。

第二个延伸指的是纵向突破，即报社沿着报纸从生产到流通的轨迹，深度开发产业链上除报刊出版以外的其他环节，并进行产业链向上或向下的延伸性挖掘。纵向突破代表着报纸向产业化方向的挺进，它能够为报社的发展开辟一条全新的道路。

第三个延伸指的是报业跨行业、跨地区的拓展，它是报纸延伸的高级阶段。报纸凭借自己的资金、品牌、产品、资源等优势，进入与主业相近或者相关的领域，建造一个属于自己的传媒集团王国。

结语

跳一段探戈不难，但跳一出精彩绝伦的"品牌探戈"实则不易。从理念到塑造，从传播到延伸，甚至是身后强大的组织体系，以及每一双托起品牌的手……《新京报》用自己热忱的声音向世人宣告着："一份美好的报纸就在这里。"

本文原载于《新京报》8周年系列图书《新号外》，新星出版社2012年7月版，有删节，作者张树庭时任中国传媒大学MBA学院院长，孔清溪为中国传媒大学BBI商务品牌战略研究所讲师，李若曦为中国传媒大学广告学院广告学硕士研究生

四 以蜕为进
——转型进行时

《新京报》转型：路在何方？

王跃春

十年：最大的发展是网络

首先谈点个人感受。昨天，我参加一个会，主要是回顾10六大以来党和国家取得的成绩。我首先想到个人生活的变化，从衣食住行方面，最大的感受是10年前没有高铁而现在有了，从南京到武汉的距离，现在三个半小时就能抵达，这是10年前不可想象的。不过这方面虽有很大的提升，但就个人生活质量而言，10年有没有飞跃式的提升，还要打个问号。

再谈到权利方面。作为媒体人我最大的两点感受，一是我们10年前在做的新闻，现在依然在做。譬如早在1998年，《南方都市报》便开始在广东率先推出地沟油的暗访报道。而在这10多年的时间里，地沟油非但没有被取缔，反而发展成了一条非常庞大的产业链，以至于现在已经进入药厂，这是非常恐怖的。这么多年做新闻，我们经常说推动了社会很多方面的进步，但在这些问题上，到底是在进步还是在退步，我看很难说。还有个例子是，10年前我们做过一篇报道，说的是一口没有盖子的井，有个小孩掉下去了，我记得很清楚，那是一个四岁的小女孩。而就在前两天，北京有个三岁的孩子，同样掉进了一口井里。类似的事件仍然在发生，尽管跨越了10年时间。

但这10年来，我认为最大的发展是网络。我能感受到的社会变化里，这是唯一可称之为"翻天覆地"的变化。从2002年的门户网站，到现在新媒体,我们的媒体环境整体变得更加多元化。

回顾这10年,我觉得《新京报》在其中占了九年的时间,从2003年创办到现在,《新京报》赶上了黄金10年里的九年,但是黄金期后紧接着的是不是衰败期?九年时间里,都市报从高歌猛进到现在进退维谷,各有各的艰难。

2003年《新京报》创办的时候,刚好赶上都市报发展的黄金时代,所以《新京报》很幸运。我们常常讲,如果没有在2003年创刊,可能就没有这份报纸,或者说这份报纸不会有今天的快速崛起和全国影响力。

2003年全国有三件大事:第一件是"深圳,你被谁抛弃"引发的官民互动,这是中国网络史上第一次被大规模认知的"官方和网民就一个城市命运的问题进行大研讨"的活动。第二件是孙志刚案,废除了收容制度。第三件,便是《新京报》创刊。

挑战之下,怎么来办报纸?

现在有三个舆论场同时存在:第一个是网络、网民形成的舆论场;第二个是以都市类媒体 以这些还算在传统媒体范畴内的媒体所形成的舆论场,这个舆论场跟网民所形成的舆论场在进行积极的互动,但两者是不相同的;第三个就是主管单位,政府部门、公权力机关所形成的舆论场。这三个舆论场其实是分离的,中间也有互动和交集。其影响,可以称之为多元化,也可称之为"无法达成共识"。我们有特别强的感受,譬如现在做新闻或者谈一个观点,已经很难获得社会的广泛认同,大家面对同一个事情会有截然不同的看法,甚至包括对事实的认知,以及从观点上的判断,都是不一样的。所以大家都在互相怀疑、不信任。在目前的这种舆论空间、生存空间下,对媒体来讲,我们都面临挑战,这种情况下怎么样来办报纸?

关于《新京报》,我们从3年前开始,提出要打造互联网时代的报纸,希望每天的报纸都能给读者提供精华的阅读内容。因为媒体竞争早已从争夺信息的竞争，到争夺话语权、解释权，到谁来设置议题的竞争。当然，我们一直都在重视深度报道跟评论，所以在明确提出"打造互联网时代的报纸"的时候，更加重视的一方面是深度，一方面是观点和专题的策划，这其中还包括新闻的策划，评论的文本，包括视觉体验、图片、制图版式的设计等诸多方面的质量提升。

今年《新京报》改版更明确地提出了几个方向：

第一，差异化；第二，深度化；第三，杂志化；第四，视觉化。

这是我们今年改版的整体目标。譬如"7·21大雨"报道，这是我们做的受到社会广泛好评的报道。在大雨之后的四五天里，我们平均每天将近20个版的报道加上评论，这些专题完全是以24小时为周期进行的"杂志化"操作。这里面包括动态消息，包括灾情报道，包括深度调查，也包括我们的评论，它实际上是一个立体报道的综合体。可能原来类似的操作更多的是在我们的周刊里出现，大家也会在市面上一些杂志里看到这样的一组封面报道。现在你看《新京报》，会越来越多地看到以"天"为周期的报道，这也是为了想在互联网时代形成传统媒体报纸的报道优势。

同时，我们也在发展自己的新媒体，开发了不少移动阅读终端，在iPad、iPhone，包括Android系统，包括马上要更新的Windows系统手机里面，读者也都能看到《新京报》的电子报。我们的各类客户端现在大约有80万的下载量，这个数据已经超过了纸质报纸的发行量。《新京报》的官方微博有超过240万的粉丝，在北京媒体里是排第一位的，在全中国的报纸里排第五位，这是很重要的媒体渠道。今年也计划打造"新媒体集群"的概念，实话实说，这样的新媒体发展，目前在我们看来还是停留在终端化阶段。我们只是多了新的评论方式，但是在新媒体方面还是刚刚起步，还有很大的发展空间，这是我们下面重点要做的事情。

本文原载于《〈新京报〉传媒研究·试刊》，内部资料2013年1月，有删节，作者系《新京报》总编辑

《新京报》"＋互联网"

大燕网对《新京报》是一种创新

靳秒　李阳

《新京报》的优质内容和影响力与腾讯首屈一指的平台资源的强强联手，是大燕网鲜明的特色之一。

从 2014 年 12 月 28 日上线运营到 2015 年 6 月 26 日正式发布，总编辑耿小勇与大燕网一同经历了"魔鬼月"。

《新京报》与腾讯是怎样合作的？大燕网如何定位？从传统媒体转型互联网又有哪些心得体会？

《新京报》传媒研究院专访耿小勇，听这位《新京报》老同事讲讲他的新故事。

大燕网的"魔鬼月"

大燕网是什么时候上线的？最初运行的情况是怎样的？

耿小勇：2014年12月28日，大燕网上线运营，此时距离我们第一批员工入职才一个多月，这一个多月培训、演练、内测，可谓"魔鬼月"。上线后最开始PC端北京、天津、河北三地日均UV约70万，日均PV500万左右，三地移动端日均UV约50万，PV200万左右。

现在大燕网已经上线6个月了，咱们网站目前的发展怎么样？

耿小勇：经过半年的运营，大燕网发展势头还是很不错的。目前京津冀三地PC端和移动端日均UV约600万，日均PV5000万左右，已成为京津冀三地用户最大的区域门户。

大燕网团队是如何构成的？

耿小勇：北京腾新科技有限公司的主要高管来自腾讯和《新京报》，腾讯派出总裁，《新京报》派出总编辑，代表双方利益做一个制衡，其他人员全部是公司进行社会招聘。我们招聘的人员有来自报纸、电视等传统媒体，也有来自互联网的，总体而言90后占大部分。现在北京、天津、河北三地加起来，团队已有100多人，团队文化融合显得尤为重要。

这其中，《新京报》和腾讯怎么分工？

耿小勇：从股权结构来说，《新京报》占49%，腾讯控股51%，双方高管组成董事会。从具体运营来说，运营大燕网的主体是北京腾新科技有限公司，这个公司的法人和董事长都是《新京报》社社长戴自更。

唯一以服务国家战略定位的"大网"

北京被称为"网都"，网站扎堆，大燕网是如何定位？

耿小勇：大燕网定位城市生活服务平台，向用户提供切实需要资讯服务和产品生活服务、民生服务是大燕网的特色。我们希望用户来到大燕网，不管是在 PC 端还是移动端，都能做到"能看、能玩、能用"，用户能在大燕网能停留，能参与。目前大燕网还是以资讯服务为主，未来要实现用户能缴水电燃气等民生服务项目、还可购买本地特色商品等增值服务，以及本地生活服务方面的 O2O 的探索与尝试。

您是《新京报》派出到大燕网的总编辑。从您的角度来看，《新京报》与腾讯合作大燕网，是出于怎样的考量？

耿小勇：我个人认为，《新京报》和腾讯合作成立大燕网，是《新京报》转型新媒体中的一个尝试。其实，此前腾讯在其他地区已经跟其他报业也进行了合作，做"大网"系列，大燕网是第 13 个。大网的商业模式和运作模式都是相对成熟的。这次合作，《新京报》看重腾讯的技术、产品和平台，腾讯看重《新京报》的影响力、内容和资源，双方相互对品牌也高度认可，经双方高层经过沟通，借势京津冀协同发展国家战略作一次新的尝试，这就有了大燕网。大燕网对《新京报》是一种创新，对于腾讯也是一种创新，是腾讯唯一跨三个省市的大网，也是唯一以服务国家战略定位的大网。

对于大燕网的未来，您有什么愿景？

耿小勇：从内容角度来说，我希望大燕网生产出一些优质的新闻资讯和生活服务资讯，希望内容实现用户的积累和沉淀并形成影响力。其实，大燕网已经错过了区域门户最黄金的阶段，需要探索一些新的模式，这包括内容方面的探索，也包括商业模式的探索。比如我们未来要做一些更垂直、更细分领域的内容生产，也要做一些 O2O 项目的尝试。

尝试 O2O 项目？

耿小勇：对。我一直有个不太成熟的想法：《新京报》12 年在北京各行各业都积累了大量的资源，形成强大的影响力，甚至是行业标准。特别是广告直客模式，直接接触客户、直接接触市场，清楚的了解客户需求和市场情况。

《新京报》有 to B 的一部分，腾讯大燕网有 to C 的一部分，to B 就是对企业，to C 就是对用户，如果能在 to B，to C 之间找到一个真正解决痛点的产品，那么有可能打造一个优秀的本地 O2O 的产品。

这也是腾讯大燕网未来想做的一个方向。

平衡专业主义与用户反馈

您作为传统媒体人转型到网站编辑，也经历过所谓的"魔鬼月"么？

耿小勇：对于我来说，互联网是一个新鲜的事物，大燕网是新鲜事物中的新鲜事物。它是跨三地的网站，编辑对互联网的理解程度也不一样，新组建的团队存在文化的融合问题，各地新闻管控的环境不一样，需要学习和考虑的东西比较多。

比如？

耿小勇：从转型互联网做内容这个角度来说，互联网是需要优质内容的，但优质的内容不一定等于信息，用户体验 + 使用场景 + 信息 = 优质的内容，我之前欠缺的是对于用户体验和使用场景的准确把握。

传统媒体和互联网合作过程中，会有企业文化和编辑思想的碰撞吗？

耿小勇：的确。传统媒体和互联网公司的确有不同的企业文化。从编辑思想角度来讲，我个人体会更深刻，经常遇到报纸上还不错的稿子直接放到互联网上传播，UV、PV 并不高。在传统媒体，我们认为一篇好稿子往往是从专业主义的角度来判断的，它的采访、逻辑、文本去判断的，缺少用户反馈机制，有的时候甚至"我们认为这篇稿子好，它就是好"。但互联网有完善的用户反馈机制，用户是不是喜欢，后台数据马上就会反映出来。

面对用户即时反馈的信息，您和您的团队是怎么应对的？

耿小勇：上线初期，编辑们选稿子有很大争议，传统媒体有传统媒体的判断标准，比如采访扎实、逻辑清楚等，互联网有互联网的判断标准，比如兴趣点、吐槽点等。但我认为这两者之间是有共性价值的，统一的标准肯定有，关键是找到最恰当的操作运营方式。同时，各地的用户是有差异的，之前其他兄弟大网给我们介绍经验的时候说，烧杀抢掠、车祸之类的新闻 PV、UV 往往比较好的，但这一点在北京是不适用的，北京点击量最高的是民生新闻，比如地铁涨价这样的新闻。

说到用户，大燕网覆盖京津冀三地，用户构成是怎样的？

耿小勇：京津冀三地用户的差异还是蛮大的。大燕网用户北京、河北、天津三地比例基本上是 5∶4∶1，大燕网在河北的用户市场是超出我们预期的。最初我们认为天津市场要比河北市场好，但实践证明河北 PV、UV 比天津高得多，甚至有时候超会过北京。更重要的是河北用户对大燕网的认可度和接受度非常高，腾讯新闻客户端河北页卡刚上线时，不少河北网友在新闻下面评论"大河北终于走向世界了"。

本文原载于《〈新京报〉传媒研究·第八卷》，中国书籍出版社 2015 年 10 月版，作者：靳秒、李阳，受访者系大燕网总编辑

《新京报》"+资本"

"寻找中国创客"一出生就风华正茂

李晨

《新京报》从什么时候开始关注创投领域的？

戴自更： 我本人有不少创投界的朋友，一直有交往。大约在2014年下半年，渐渐萌生进入创投领域的想法。2015年初，编辑部策划了一组新春走基层报道，主题是"寻找新青年"，报道把"新青年"定位在青年创业者这个群体身上。报道刊发后，社会反响非常好。也是那年的3月，"双创"写进了全国两会政府工作报告。在两会闭幕的总理记者招待会上，李克强总理又正好点了我们的记者提问。这是26年来都市报首次获得总理提问的机会。他在回答我们有关网购的问题时，不但阐述了"互联网+"与中国经济的关系，其中也提到创业。

这就是"寻找中国创客"项目开始的一些缘由？

戴自更： 对。两会后，在报社有关会议上，我提出了要做创业报道、最终介入创投领域的设想。接下来，我们开了多次策划会，5月21日，正式启动"寻找中国创客"大型创业报道及大赛活动。这既是对双创的一种回应，实际上也有一些更深的思考。

新旧媒体融合是媒体转型的一个途径，而利用媒体现有的品牌和资源与其他产业相结合也是一个途径。我们平时更多地讲前者，而后者成功的案例也不少。新闻集团是媒体，但它还有其他产业，雅虎是媒体，雅虎还投了阿里巴巴；IDG是媒体，它还投了很多著名的互联网项目；现在的FB、谷歌也是如此。为什么我们不能利用自有资源去投资新媒体、甚至其他产业？阿里巴巴是做电商的，现在它已经涉及很多领域，包括媒体，而我们这些做媒体的，为什么不可以在其他领域去寻找机会？

创投产业比起其他投资，更多的不是资金，而是眼光和机会成本，包括传播资源，而这是我们固有的优势所在。因此"寻找中国创客"是报社转型以及多元化战略的探索。

如果从另一个角度看，您认为与其他创投机构相比，《新京报》做创投平台的优势在哪？

戴自更： 信息、资源、品牌、资本，这是《新京报》做好创投项目所具备的四个优势。《新京报》是媒体，可以通过对创投领域深入的采访，掌握更加全面的信息。对一些创业企业的现状和走向更为了解。《新京报》作为一家主流媒体，可以邀请到国内最有影响的企业家和创业大咖来担任创业导师，把媒体的资源整合起来形成资源优势。作为主流媒体的一员，当《新京报》去报道创业企业、或者创投领域的新闻时，本身就会产生一定的社会影响力，这是《新京报》品牌的力量。这也是普通创投机构很难做到的。最后，《新京报》除了自身积淀的资金外，也有能力调动其他的社会资本为创业企业服务，形成资本优势。

除了推进《新京报》自身转型，您也曾提到"寻找中国创客"的社会使命。

戴自更：是的。我们希望通过"寻找中国创客"为创业者画个像，树个标杆，同时营造全社会的创业氛围，呼吁影响未来的伟大公司的诞生。

我们理解，"寻找中国创客"包括三方面的内容。首先是报道，对于双创和互联网＋的热潮，作为媒体要广泛的关注和报道；第二是构建交流平台。举办"寻找中国创客"活动，再依托这个活动，让媒体更深度地通过活动与创业企业、创投机构以及行业中的领军人物产生更多的交流；第三就是我们要参与到整个创业创投里面去，要进行包括投资在内的资源整合。从报道、活动再到投资，这是一套完整的体系。

当然从更大的方面讲，《新京报》有服务国家大众创新、万众创业战略的任务，助力新经济发展。我们国家经过改革，综合国力，经济总量已经跃居世界前列，要想保持持续发展，原有的生产模式已经不适应第四次科技革命，需要借助新经济，尤其是创新性经济。作为媒体，应该呼唤这个时代的到来，拥抱这个时代的到来。中国是计划经济占很长时间的国家，自由创业思维一直受到压制，作为媒体，要勇于去呼吁、构建创业、创造的价值观，只有自由的创造，才能把人类解放出来。这也是我们《新京报》的使命。

那您心目中希望寻找到的中国创客是什么样的？

戴自更：我认为，可以冠名为"中国创客"称号的，应该是能够推动中国社会进步、提高人民生活幸福指数的企业。简单些说，"中国创客"大致有这样五个标准：一是在科技领域有较大突破，代表当今世界科技先进水平或发展方向的；二是创建新的商业模式的；三是对固有的生产方式和生活方式带来重大变革的；四是国外已经存在，但结合中国实际，在规模上、品质上能够超越的；五是有服务人类的伟大理想、有推动社会进步的使命感。

从去年5月启动"寻找中国创客"活动后，《新京报》每周都有大量关于创业领域的报道，每期都会围绕一个专题展开，既有高端访谈、行业分析、创业故事、活动报道，内容形式多样而且成体系。

戴自更： 这本书所集纳的就是 2015 年"寻找中国创客"第一季的报道。这期间刊发了近 30 个专题，150 个版面，报道了 200 个创业项目和它们的创始人，报道了 10 多位导师及其他们有关创业的故事和创业的思考，还有大量的导师和创业者的现场交流和对话，在国内的创业报道中，如此系统性、大规模、有深度的报道，可以说是绝无仅有的。

这有赖于《新京报》一直以来的新闻专业能力。它包括导师访谈、行业纵深观察、创业公司报道、新锐投资人访谈、调查类报道等五大版块。像导师访谈，我们会让导师们向创业者分享创业经验、企业家成长的思考，以及公司管理、对大环境的把握这些话题。行业纵深观察，则是每期找到一个热点话题，针对不同细分领域的创业，采访这个领域的领头创业者、投资人，做纵深扫描。在创业公司报道中，我们每期会选择 1—2 个创业公司采访。从团队背景、商业模式、到市场策略、用户增长、投资人分析等方面，剖析、分享当下最新鲜、有价值的创业项目。在新锐投资人访谈中，我们会请投资人针对某一个话题分享观点。

我们的调查报道做得还是很有特色的。比如 2015 年上半年创投界热情高涨，很多创业者凭借讲故事就能拿到融资，然后烧钱买用户，有一点数据，再融下一轮。这种商业模式在投资界被称为"2VC"，《新京报》是第一个揭发这个现象的。"一亩田造假风波"就是《新京报》记者在新发地做了简单的调查后，推导出真实的结果。后来其他媒体也一起跟进，发现这个公司确实存在严重数据问题。但一亩田并不是个例，《新京报》记者在后续的采访中发现，这是个行业问题。2015 年 9 月，刊发的"O2O 刷单"的稿子，引发国内创投界对 O2O 造假热潮的反思，也刺激投资界对烧钱模式的反思，进而引发所谓的 2015 年下半年资本寒冬。所以说，媒体的客观思考、调查对创投界的帮助是非常有价值的。

是否可以这样理解，用专业主义的态度进行创客报道是《新京报》与其他创投平台最大不同？

戴自更：与其他的媒体的创客报道相比，《新京报》在"寻找中国创客"报道中一直坚持新闻专业主义原则。现在很多新媒体的创业报道浅尝辄止，依靠单方信源，甚至有的平台承诺给创业公司背书。"寻找中国创客"平台则是依托《新京报》，在报道中多方采访求证，按照新闻标准写作，所以报道极具公信力。

除文字外，我们还投入专业的视频团队、摄影团队，实现报纸、网站、公号以及其他合作移动平台的全渠道传播。对采访过的创业项目，我们还采取线上线下结合的方式，包括导师论坛、沙龙等多种形态，持续为这些项目提供扶持。可以说"寻找中国创客"是一个有观点的创投媒体平台。

谈到这本书，您认为出版它的现实意义和现实价值在哪里？

戴自更：这么多优秀的创业导师，这么多优秀的投资人和创业者，他们的真知灼见汇集到同一个平台，这在以前是没有人做过的，相信它们可以给整个中国的双创事业带来参考价值和指导意义。

像马云在第一届"寻找中国创客"的颁奖典礼上讲，阿里巴巴有今天，犯的错误肯定比别人更多，但他们"从失败中总结，在失败中反思自己的错误，肯定也比任何人多"。这点给现在的创业者们很大启示。

老柳（柳传志）从第一代创业者的角度谈他的人生经验。他鼓励创业者，要想创业成功，就要往高跳，夹在中间是不行的，谁能熬得住谁最后就能成功。

徐小平认为，创业者的生死与资本寒冬无关。"最伟大的营销是踏踏实实地把产品和服务做好，这是一个最根本的价值观"。

雷军则建议创业者们"无论你遇到多大的困难，你都要享受这个过程。创业跟痛苦是一起发生的，所以，遇到困难的时候，要充满信心，充满希望"。

作为投资人的熊晓鸽也认为坚持10分重要，他说"一个成功的企业家和创客首先要有梦想，要有激情去实现这个梦想，同时非常重要的就是坚持"。

还有李开复，他对投资者提出了忠告，直言不讳地说，"土豪型"投资一定会付出代价。"没有经验但自认为懂的投资人，最后一定会赔钱"。创客导师们的这些话可以说指明了方向，至少提供了特别好的启示。

您刚才讲到做"寻找中国创客"是为了构建一个交流平台，怎么理解？

戴自更："寻找中国创客"首先就是个行业交流的平台。在这个平台上，风口上的一些问题，创业者和投资人可以从各自角度进行交流。我们做过很多专题，比如健康、直播、文化、教育、人工智能。还有和区域相关的，比如上海、深圳。这些都是我们提供的行业信息交流平台。

同时我们也组织业务探讨，应对创业者一些正常业务管理方面的诉求。比如创业企业如何管理？怎么做架构？用什么样的股权设置激励更好？还有比如创业企业怎么来提高自己的品牌影响力？怎么跟投资人打交道？怎么能更好利用政府的相关政策？针对这些创业企业里普遍都有的问题，我们会搞一些小范围的沙龙。邀请一些官员，邀请一些创业的企业和投资人，在小范围进行探讨。这是业务交流平台。

这个交流平台的第三个功能是根据创业者和投资人的需求，通过我们活动促成他们之间的合作。你这个项目到底能不能融到资？能融到多少钱？这可以通过我们的平台和投资人沟通。而我们自己，也有了成立基金的考虑，跟其他投资人一起来为创业企业提供辅导服务。从这个意义上，我们还在搭建一个投资平台。

在"寻找中国创客"活动中，邀请到了国内顶级创业大咖和杰出企业家做导师，是怎么邀请到的？

戴自更：最初在第一季中我们邀请到10位商业领袖、投资人担任"创客导师"，到今年第二季增加到15位。在这些人中，像柳传志、王健林是老一代创业者，他们既是企业家也是最早的一批中国"创客"。像马云、郭为、俞敏洪、雷军、周鸿祎都是知名企业的创立者。徐小平、李开复、熊晓鸽、沈南鹏等则是投资人。

像第一季，我们邀请到的10名创客导师，以前就是我们经常采访报道的对象。这些企业家一直与《新京报》有着比较紧密的联系，我们的报道或多或少的在他们心中有些印象。他们认同《新京报》的办报理念、价值判断，觉得《新京报》是当下一家有公信力、有态度、有影响力的媒体，愿意为我们举办的"寻找中国创客"这样的公益活动站台或做些贡献。

而我在媒体圈这些年，与这些商业领袖多少有些联系。像俞敏洪、徐小平、张近东、李开复、郭为、周鸿祎、毛大庆这些企业家和投资人，一直都有联系，也比较熟悉；如马云马总，现在名满天下，位高而名盛，但见故人相邀，也答允了；还有如柳传志柳总、王健林王总，我是一向钦仰的，以前或采访或拜望，多有受教，他们觉得我做个媒体人已很不易，也给予了支持。还有如沈南鹏、熊晓鸽、阎炎等著名投资人，这之前并不认识，但当我把意图和想法告知他们后，也欣然应允。因为有他们，《新京报》"寻找中国创客"才能一出生就风华正茂，才能先声夺人，很快形成影响力。

这些大咖除接受"寻找中国创客"专访外，还参加了"寻找中国创客"举办了很多场次的活动、沙龙。

戴自更：在第一季中，我们举办了5场千人落地论坛活动，还有数场小型沙龙。柳传志、雷军、周鸿祎、李开复、徐小平、熊晓鸽他们均参加了活动，还和我们的观众分享了心得。可以说，每次我们组织的千人论坛的话题都受到各类媒体的追捧，很多最终形成社会共同探讨的话题。由于每场活动参与的嘉宾、人员自己也会自发传播，这些活动也常成为社交媒体的热点。

不过印象最深的还是去年12月16日，"寻找中国创客"第一季在乌镇举办的收官活动。此前参加报名的有3000多个项目，"我们筛选了200个参加路演，这200个项目参加完了之后，选择40个到50个进入最终决赛。当天我们邀请到了柳传志、马云、雷军、熊晓鸽、郭为等一大批国内外创投风云人物，为毛大庆在内的24个年度创业者、新锐投资机构颁了奖。

据我所知，通过参加我们的活动，很多创业企业扩大了他们的品牌影响力。参加乌镇那场活动的创业者还拓展了国际视野。最重要的是这些活动帮助完成了很多创投领域的交流，尤其是在资金投放方面的。据统计，参加"寻找中国创客"活动，得到《新京报》报道后，截至今年3月底，有66家企业已经完成下一轮融资，有个别公司还完成了两轮融资。至少出现三个独角兽公司，七个估值超过10亿人民币的公司。在公开估值的项目中，54个项目估值过亿。

"寻找中国创客"项目从2015年初启动到现在基本成形已经快两年了，最后您能否概括下它的总体发展情况？

戴自更：首先，毫无疑问，整个《新京报》系，包括传统媒体和新媒体，都是创客项目的强有力的支持者，我们的很多报道，很多活动，都是集中报社采编和其他资源去完成的。其次，我们从今年开始设立了创客报道部，是从经济新闻中心分离出来的，现在有10几个人，而去年专职创客报道的只有林其玲、郭永芳等四个，其他的都是一些兼职的同事。呈现在这本书里的报道，就是这些刚出校门不久的年轻人采写的。他们勤奋好学，敬业创新。他们都很年轻，但成长很快，进步很快，不到两年已经成为中国创业报道领域的佼佼者了。

目前整个创客平台的构成有：每周一期5个版的报纸创业专版，一个每日更新的"寻找中国创客"公号，目前粉丝有26万多，一个叫做"寻找中国创客"的网站。

此外，为了更好地服务于创业企业和创投机构，我们还设立了一个"中国创客俱乐部"，有专职人员对接导师和创业企业、投资机构，经常举办各种沙龙和活动。此外，我们也设立了专项投资基金，为创业企业提供服务。应该说，《新京报》的"寻找中国创客"，较好地把现有各种资源整合起来，较好地实现了平台价值，也较好地营造了全社会的创业氛围，成效比较显著，为媒体的转型提供了另一个示范。

本文系《寻找影响未来的伟大公司——"寻找中国创客"第一季》的序言，机械工业出版社 2016 年 11 月版，作者李晨，受访者系《新京报》社长

版权战略

为什么今天还要强调知识产权保护

戴自更

"对于一个企业来讲,知识产权是它们的生命;对于一个国家来讲,知识产权是一个国家能不能变成强国的基础。"

新闻报道的知识产权保护,虽然是个老生常谈的问题,但我们还要谈,尤其在今天,在传统媒体遭遇前所未有困境的移动互联时代,我们更要强调维护我们的权益。尽管这种努力,不一定立即就会见到成效,但这首先是个价值判断问题,是态度问题。

传统媒体今天遭遇的困境,管理体制和技术进步的冲击固然很大,但是,国家对知识产权保护不力,全社会没有形成知识产权意识,也是导致媒体走向溃败衰亡的一个非常重要的原因。

我们这个国家,是后发国家,对法律的尊重,对知识产权的尊重,向来缺少历史传统。我们熟悉的是"师夷长技以制夷",这背后的逻辑,就是功利主义的"拿来主义",只要我们觉得有用,都可以拿过来,而且在过去,面临救亡图存,这样的理论和行为,迅速被精英阶层和社会大众普遍接受。但是,救亡图存的时代过去后,原来的权宜方便之计,却成了和平建设时期人们的惯性选择。而政治对私有产权的清算,也让整个社会的产权意识更是薄弱。在知识产权领域,权利人不懂得保护自己的权益,侵权人不以侵权为耻,权力部门听之任之甚至变相纵容,以至于侵犯知识产权的行为,有时竟然是一种理直气壮的社会流行。

改革开放的深入,慢慢要与世界接轨,我们才知道尊重知识产权,是现代文明的共识。我们也制定了知识产权保护的法律,也宣传要保护知识产权,权利人的权利意识也渐渐觉醒。但是,整个国家的惯性和对法治的漠视,知识产权的法律一直没有足够的权威,很难真正保护权利人的权利,这导致知识产权受侵害的情况特别严重,尤其在传媒领域,更是如此。

媒体投入无数人力物力采访写作出来的报道,大量未经许可被无偿转载。在PC时代,传统媒体为了所谓的"扩大社会影响力",把自己的核心版权以极其低廉甚至无偿的价格转让给了门户网站,而门户网站正是依靠传统媒体的"慷慨"和对知识产权的轻忽而崛起,最后又把传统媒体逼到濒临生死边界。这样的现象在当下的移动互联时代,甚至变本加厉。

传统媒体和媒体人确实要反思自己的版权意识权利意识不足的问题。过去PC时代,一些传统媒体人也曾先后搞过多个版权保护的联盟,试图团结起来,建立攻守同盟,共同维权,对抗门户网站,但最后都无果而终。而传统媒体之间,盗用的情况同样也是屡见不鲜。

一些网站和移动终端,在大肆侵权的同时,还发明出一种"理论",称"时政新闻报道不存在知识产权"。这在计划经济年代,媒体被单纯地赋予宣传功能,一切费用由公家埋单的背景下,也许有一定的合理性,但在当下的市场经济大环境下,简直就是奇谈怪论。网站和移动终端转载传统媒体的原创内容，其目的不就是为了盈利？而很多媒体要保持相应的采编水准，需要花费巨大的财力，而这样的媒体往往不是吃皇粮而是自负盈亏的。更何况时政新闻的每一条报道与其他题材的新闻报道一样，凝聚着采编人员的心血，又怎会没有版权！

其实所谓的"时政新闻报道没有知识产权"的歪理，对那些侵权的网站来说，也就是障眼法。据我所知，它们对官方通讯社的版权还是愿意支付相对高的费用的。众所周知，这些官方通讯社和媒体，主要就是提供时政新闻的通稿，但媒体包括网站若要使用，是需要支付不菲的费用的。由此可以推断，"时政新闻没有知识产权"不过就是说说而已，传统媒体生产的所有新闻报道，包括时政新闻报道，也应该享有知识产权。遗憾的是长期以来，一些传统媒体信以为真，就此放弃自己的权利，牺牲自己为网站供血，演绎了一出新的"农夫与蛇"。

这种版权意识严重缺失问题，不仅存在于盗版者、媒体人身上，也同样存在于行政主管单位甚至司法机构中，它们对于盗版行为有意无意或多或少地纵容放任。在过去《新京报》百折不挠地和侵权行为斗争维护自己的权利过程中，通常很难得到社会的理解和支持，旁观嘲笑甚至落井下石的都有，而有关部门都是以息事宁人的态度和稀泥，甚至包括一些司法机构，人为地设置诉讼难题，变相保护侵权者的利益。

正是因为上述各种原因，像《新京报》这样具有强大新闻报道原创能力的媒体的利益遭到巨大的侵害，每天我们都会发现自己的报道作品在很多网站、微信微博和移动客户端上或被直接盗用，或被改头换脸，取证举报都忙不过来，只能是无奈地看着自己的权益被肆无忌惮地遭受侵害。如果你要维权，也许遭到的痛苦更多，当然我们还是会维护自己的权力，尽管这条路太过坎坷艰难。

新技术的挑战，全世界传统媒体都在遭遇，但欧美诸国和日本的媒体，并没有遭遇我们传统媒体今天面临的断崖式跌落，能够相对从容地在新媒体时代寻找转型之路，一个重要原因是它们能够依靠强大的法律保护，保护自己的知识产权不受侵害，建立起自己的付费墙制度。典型如《纽约时报》《经济学人》等。据纽约时报公司发布的2015年第一季度财报，其数字订户业务在去年创造了大概1.7亿美元的收入，同比增长了13.5%。尽管《纽约时报》数字产品的收入只占到了整份报纸全部收入的约1/5，但"付费墙"的后续效果仍然值得期待。《经济学人》订阅电子版需要130美元。现在有160万订户，其中有50万左右是为电子内容付费。一年的收入大约3亿英镑，利润大约6000万英镑。就收入结构而言，不到30%来自广告和赞助，另外70%是订阅收入。

在欧美和日本，法院对于侵害知识产权的惩罚，是极其严厉的，它不仅仅是赔偿造成的实际损失，更是看什么样的处罚才能让侵权人感到切肤之痛，以儆效尤。更不会出现我们面对的行政主管领导出面和稀泥摆平和司法机构枉法纵容的情况。与欧美国家相比，中国的传统媒体的困境尤甚，体制之外，更在于知识产权的保护不力。

对于一个企业来讲，知识产权是它们的生命；对于一个国家来讲，知识产权是一个国家能不能变成强国的基础。

如果一个企业只是模仿抄袭，它永远只能存在于低端市场；如果一个企业的创新成果不停地被侵害盗窃，得不到应有的保护，它投入创新的动力和意愿同样也会衰减，最终消失。这也可以说明，为什么中国的媒体数量可能是世界上最多的，但只能停留在低端的同质化竞争层面上，不可能产生强大的有国际话语权的媒体。侵害知识产权，扼杀的是企业的创造力，也纵容了一种不劳而获的心态，最终戕害的，是一个社会一个国家的创新能力。一个国家失去了创新能力，也就不可能变成一个强国。

这也是今天我们明知得不偿失，仍然要持续不停地进行反侵权斗争的根本原因。我们要对侵权者说不，要用舆论的法律的渠道捍卫自己的权利，我们要不断地呼吁全社会重视知识产权保护，我们也会不断地采取知识产权保护的行动，让侵权者站到被告席上，尽管这样的行动曾经让我们心力交瘁，但我们依然义无反顾,我们认为,像《新京报》这样的主流媒体必须尽到自己的社会责任,捍卫一个企业乃至一个国家的创新能力,捍卫世界公认的普遍价值,对此别无选择。

本文系《新京报传媒研究·第八卷》的序言,中国书籍出版社2015年10月版,作者系《新京报》社长

十问《新京报》版权策略

李晨　冯琪

最近,有关《新京报》将在与一些版权合作方协议到期后,不再与一些过去的合作者续签版权协议,或者将大幅提高版权费用的传言在业内流播,记者专访了《新京报》总编辑王跃春,王跃春介绍了《新京报》的版权策略。

每年都在提高版权价格,价格谈判的空间更小。

提高版权收入不是我们的目的,只谈版权合作是没有出路的。

希望在垂直领域和互联网企业进行合作,将内容产品化,《新京报》享有充分的、永久的产权,而不是一个简单的版权。

作为一个内容供应商,如果我们没有自己的用户,一切皆无可能。

侵权的门槛太低,维权的成本太高。

捍卫版权的目的,不仅仅是版权本身。

《新京报》版权大幅提价的传言是真的吗?

王跃春:我们每年都在提高版权价格,只不过今年针对门户网站和聚合类新闻客户端的提价幅度更大,并且价格谈判的空间更小。

为什么要提价?

王跃春:提价是理所当然的事。一方面内容成本逐年提高,另一方面,我们原创生产的内容更多了,《新京报》的内容早已不只是一张报纸,即时新闻、微信公号、动新闻等新媒体内容的版权正在逐年大幅增加。

在自媒体喧嚣的年代，一旦碰上重大突发事件，还是要看《新京报》这样的有着较好专业素养的职业媒体。最近在天津港发生的大爆炸，《新京报》所提供的独家新闻报道数量之多质量之高，已经充分表明了这种信息内容供应者的不可替代性。那么，报社与门户和其他新媒体平台的版权合作到期后，是否有进一步提高版权重新定价的考虑？

王跃春：准确地说，这个问题不是现在才考虑的，而是早就下了决心并开始付诸行动。我们认为，是时候对媒体版权进行重新定价了。关键时刻还是看专业媒体和专业新闻人，天津爆炸事故不过是再次证明这点而已。不管你用什么"屏"接收信息，那些又快又准又深入的新闻与思想，还是被大家称之为传统媒体的媒体提供的。

这次很多人对冒着生命危险到爆炸现场采访的记者表达了尊重和敬意，其实，最好的致敬应当从尊重新闻版权开始，让媒体版权回归它应有的价值。版权价格的倒挂已严重影响到专业新闻的品质，失去了优秀的专业的新闻内容，各种"屏"传播什么呢？《新京报》的版权定价本身就是逐年提高的，因为我们始终致力于内容建设，不断加大内容方面的投入，我们对自己的原创内容是有底气的，因此，2015年已确定大幅提高针对门户网站和新闻客户端的版权定价，增涨幅度将超过300%。这一定价也仅仅是纠正悬殊的倒挂，让价格更接近《新京报》版权的真实价值而已。我们已通知所有版权协议到期或即将到期的网站、客户端：这次涨价没有还价余地，你可以选择不续签协议，但请不要再转载使用《新京报》的任何内容，否则我们将诉诸法庭。

同时，我们加大力量监控各种侵权行为，建立了监控——反侵权公告——诉讼的维权机制。我们清楚，门户网站和新闻客户端的竞争也是非常激烈的，竞争的核心还是在内容；作为优质原创内容的供应商，我们要理直气壮地夺回定价权。

为什么在版权提价上态度如此坚决？

王跃春： 因为我们想明白了，提高版权收入不是我们的目的，只谈版权合作是没有出路的。

一直以来，门户网站或者聚合类新闻客户端和传统媒体的版权合作是这样的：传统媒体生产内容放在报纸上，靠这些内容产生的影响力去拉广告；门户网站和客户端对这些内容进行二次传播，他们靠这些内容带来的PV、UV和用户数，同样是去吸引广告。也就是说，从盈利模式上看，我们把自己的内容版权给了竞争对手，并且除了少得可怜、连成本都支付不了的版权收入，我们没法通过网络的渠道获取利润。

所以，只谈版权是没有出路的。

您认为出路在哪里？

王跃春： 我们的核心竞争力是内容生产。我相信不管是在PC端还是移动端，好的内容永远是稀缺资源。但我们在渠道上是弱势，所以希望利用自己的内容和别人合作，通过占据渠道获得属于自己的用户和基于用户产生的收益。

具体来讲，如何占据渠道？

王跃春：《新京报》在探讨这样一种合作模式：希望在垂直领域和互联网企业进行合作，将内容产品化，《新京报》在里面享有充分的、永久的产权，而不是一个简单的版权。在产品吸引广告和投资的过程中，《新京报》永远享有收益，而非像版权的销售那样，一次性买断。比如《新京报》与腾讯合作京津冀生活门户大燕网、《新京报》与小米、360、三胞集团等合作的动新闻，都是这样的合作模式，这种模式才是可持续的，才是传统媒体转型的正确出路。

这个想法是从今年形成的么？这种变化是从哪来的？以前纸媒做网媒的内容供应商，网媒转载纸媒的内容吸引了用户，同时纸媒扩大了影响力，当时这种合作模式很融洽，但为什么就突然转变了？

王跃春：今年更清晰吧。往年也还在纠结影响力和版权的关系。网络转载带来的影响力在《新京报》初创阶段，确实对报纸的品牌、广告、发行是有利的，《新京报》的发展也的确受益于这种影响力。但直到越来越多的人只看手机，不看报纸的时候，我们才清晰地意识到，互联网在跟我们争什么。没错，争的是用户。作为一个内容供应商，如果我们没有自己的用户，一切皆无可能。

门户早年依靠纸媒的内容积累用户，发展迅猛，而纸媒势微，这样的历史进程可能改变么？

王跃春：恐怕总体上改变不了。哪怕早在门户崛起之初，所有的纸媒都觉醒了，联合起来对抗门户，门户网站就起不来吗？也未必。2005年有一个《南京宣言》，好多媒体联合起来抵制门户，后来不了了之。根本没有实质作用，毫无意义。

目前来看，《新京报》面临的侵权现象严重吗？背后的原因是什么？

王跃春：仍然严重，大网站、大公司的侵权在减少，但很多小的网站、新媒体随意转载，包括现在微信公号上的侵权非常严重。还有很多把我们的内容改头换面拿去使用转载，增加了维权的难度。

2003年到2008年，是整个中国市场化都市报发展最迅猛的几年，都市报的影响力很大程度上确实是靠门户做起来的，《新京报》也是如此。另外，传统媒体之间，囿于它的地区、它的主管单位、它的体制，任何联盟都很容易被攻破，很难搞起来。这不是一家媒体所能决定的，而是中国的整体环境造成的——体制环境、法律环境等。

侵权的门槛太低，维权的成本太高，这是中国知识产权面临的非常大的问题。

《新京报》版权意识觉醒是从什么时候开始的？

王跃春：从2005、2006年开始，《新京报》的版权意识开始觉醒。我们创刊的前两年基本免费，那时门户网站的转载确实在一定程度上扩大了我们的影响力。正式收费是从2005年开始，和门户网站签署版权协议。之后价格逐年在上涨。

除了门户网站之外，2006年有一个标志性事件，就是新华网的版权合作。在那之前，新华网从来没有花钱购买都市报的版权。《新京报》是第一家。虽然钱不多，但意义重大。

2006年，《新京报》打了和门户网站的第一个官司，是和TOM网站。当时TOM一直没有和我们签署版权协议，但一直未停止使用《新京报》的内容。TOM是一家上市公司，我们的起诉对他们的冲击是非常大的，最终TOM主动提出和解赔偿，《新京报》打赢了第一个版权官司。2008年，我们又与浙江在线打了整整三年的官司，其间历经各种波折，最终获得了应得的侵权赔偿。

我们第一个公开质疑今日头条利用技术手段侵犯媒体的版权，最终由国家版权部门出面干预规范聚合类新闻客户端的转载。

我们也是唯一一家坚持定期刊登版权侵权公告的报纸。

《新京报》始终以捍卫版权的"斗士"形象出现，但我们很清楚，捍卫版权的目的，不仅仅是版权本身。

本文原载于《新京报传媒研究·第八卷》，中国书籍出版社2015年8月版，作者李晨、冯琪，受访者系《新京报》总编辑

报纸做成内容商，底气来自哪里？

陈昌凤

题记：作为 13 年的读者，本来我准备感性地描述一下《新京报》对我个人的影响——它的优质报道和锐利评论，不只成了我的教学研究的素材，也成了我在社交媒体上为之争论的对象，当它评析某个公共政策而被权威人士批为"谣言"时，我竟然还要帮它发两条微博；它的书评周刊还常常诱导我买回一厚摞新书，经典书评也给学生们找到了阅读研究的切入点，至今学新闻史的学生们还在研读比较不同时代的《梁启超传》从而理解什么叫"历史"，只是因为《新京报》上刊出过一篇优秀书评；它的天气预报版的打油诗、意境图，让我们比春天更早感受到春、在雾霾中用自嘲消解了愁郁；它的某篇报道标题与内容有出入，我会去它的微博给它留私信……本来是想多写写这些年对《新京报》的感知感受，没想到一提笔，还是写成了"枯燥"的论述体。

记者节期间参加记协理事会，分组讨论时，媒体人有不少为自己叫屈：我们辛辛苦苦做出来的内容，互联网随随便便就复制走了。互联网时代，传统媒体最感艰辛的事，莫过于费心费力生产了内容，却得不到回报——你的内容瞬间就可以被搬到那些互联网新媒体上，被用来装点别人的平台、提升别人的被关注率，让别人从中获得更多的利益。几年前当美、英的媒体纷纷开设"付费墙"、开启网络收费模式的时候，中国媒体在各种嫉羡之际，曾生出疑惑：互联网时代免费信息铺天盖地、过载冗余，哪还有人付费看你的信息？的确，让我们中国人付钱看新闻，其难度不亚于让水乡的乡亲买票进游泳馆。

传统媒体如何转型？《新京报》以自己的实践，提供了一种新的模式，在互联网时代拼出了一条新路：让自己成为新媒体平台的内容供应商，扬己之长，借道避短。不仅如此，《新京报》还以一己之力，革新着中国媒体的生态、新旧媒体的关系、媒体与用户的关系。媒体集团通过进入文化娱乐、金融投资等产业融合的方式提高了效益赢得了利润，这样的转型案例超出了新闻业本位，成功固然，但是其对于整个传媒格局的影响并不大，仅限于"独善其身"。《新京报》的创新模式，则在改变格局、革新关系、重塑结构方面，对中国的传媒业转型、对新闻业与新闻工作者的未来，意义更加深远。

内容 + 渠道：共享用户，双赢的合作

报刊等传统媒体的核心竞争力是内容生产。在信息泛滥的时代，用户需要的已经不是信息量，而是优质内容，而这正是传统媒体所长。传统媒体拥有完善的机制、有训练有素的采编人才、有品牌和影响力，生产的内容质量有所保障。当媒体在信息的广度和形态、新闻的独家性与深度、评论的敏锐性和洞察力、新媒体手段的运用等方面，做得优异时，其内容成了稀缺资源。《新京报》就是这样，当然，它与其他同行一样也有先天缺陷，那就是在渠道上明显呈现弱势，无法与新媒体相提并论。如果充分利用自己的内容与新媒体进行合作，通过占据新媒体渠道，从而获取属于自己的用户和基于用户产生的收益，那就柳暗花明了。

对于网络新媒体而言，他们求内容若渴，与传统媒体的合作可以保证其优质内容来源，而且也维护了新媒体的体面和形象，不必总陷入盗用版权之

名。在2005年以来兴盛的版权大战中，新媒体平台总是处于道德与法律上的不利地位，如今它们不再处于刚刚起步、势单力薄状态，有了较好的经济基础、新的赢利模式，肯花大价钱购买版权、以彰显其独立的气质。一些网络平台新贵正努力突出其高标准和多元化，拿钱购买内容已然是寻常事，他们四处寻觅作品，会与刚刚出道小有影响的民间写手签约。去年今日头条不是拿出大笔银子，让一千个"头条客"每人每月获得了一万元收入吗？今年今日头条的老总张一鸣又宣布，将投资10亿元给头条客生产短视频。坊间早就传闻中国社交媒体上的几大段子账号，将那些段子手悉数签约、尽收囊中。一些段子公司利润可观，据悉某并不显山露水的网络段子公司，年流水达15亿。新浪微博今年发布的信息说，他们帮内容创业者赚了100亿元。对于新浪微博、今日头条和那些内容创业的公司而言，他们除了通过数据来判断信息供应者的状况，终究无法对那一个个名称稀奇古怪的网络账号满怀信任。而传统的专业媒体，可以成为最靠谱儿的内容供应商。

当然，目前大多数传统媒体还未能成为内容供应商，《新京报》凭什么就做成了？撇开艰辛的版权之战不说，单从其优质的内容而言，它确实具有让众多影响力巨大的新媒体平台不惜巨资去购买的资本。《新京报》从创办以来即非常突出其深度报道，目前在媒体界已经难出其右，独树一帜；它的评论犀利深刻、思想性强，其论"人人胸中有而人人笔下无"，有"公共论坛"之气概。在重大的新闻事件报道中，它总是有上佳的表现，记者常常第一时间冲到现场，不仅时效性强、而且视角独到，比如天津大爆炸、邢台洪灾、G20峰会；常规的报道也从内容到形式上有所创新，比如年年两会、春节走基层，对宣传与报道的协调把控巧妙、贴近社会、贴近生活、贴近百姓，解读新颖。《新京报》在文化领域也是引领者，书评周刊和其他副刊，在媒体界都首屈一指。除了报纸内容，近两年它还开拓网络新媒体的内容，运用新技术创新内容和形态，可销售的内容类型也丰富了许多。如其"热门话题"客户端所宣称的：它提供"有趣有用有温度"的内容，"与肤浅为敌，将有趣进行到底",让用户看到不一样的新闻解读、另类的新闻重构、用户参与的热点话题。

一句话:内容供应商的底气,来自高质的、个性化的、不可替代性的内容。有一种"神器",可以让媒体"以不变应万变",那就是"内容为王",把报纸做成"内容供应商"。

从版权到产权:内容供应商的未来之路

门户网站兴盛的时代,最初纸媒与网络的合作模式是:纸媒为网媒供应内容,网媒转载纸媒的内容吸引用户,扩大纸媒的影响力;门户网站以及后来出现的聚合类新闻客户端对传统媒体生产的内容进行二次传播,去吸引广告。《新京报》创办于门户网站兴盛的时代,最初通过网络转载其内容,确实扩大了报纸的影响力,有利于报纸树立品牌、争取广告和发行量。在web2.0技术带来的新型媒体冲击之前,大概在2008年以前,《新京报》与中国其他市场化都市报一样,发展迅猛,web1.0时代的门户网,带动了都市报的发展。但是web2.0技术带来的信息个人化、分享式、互动式,以及随之而来的信息移动化,把用户分走了。当人们不看报纸而只看手机等移动端的时候,媒体才"清晰地意识到,互联网在跟我们争什么。没错,争的是用户。作为一个内容供应商,如果我们没有自己的用户,一切皆无可能"[1]。最初的合作者看似分工不同——纸媒管内容生产,网络新媒体管分发,看似分管传播的不同阶段,但是渐渐地,纸媒发现合作者成了竞争对手。纸媒把内容连同版权都给了竞争对手,几乎没有得到版权收益,即使有也少得连成本都支付不了,报纸在供应了生产的内容后,却无法获取利润。许多的报业集团曾以为通过网络扩大影响和知名度,将会改变自己的处境、提高自己的效益,实

---

[1] 《新京报》传媒研究记者:《〈新京报〉总编:版权大幅提价的原因是什么?》,传媒圈公众号,2015年9月15日。

际上却未能，当读者成为"用户"以后，媒体所得的利益却在折损，媒体的版权意识开始觉醒。2005年，20多家报业老总曾经联合发表《南京宣言》，呼吁"全国报业应当联合起来"，腾讯、网易、新浪等门户网站受到控诉。但《南京宣言》并未能付诸行动，很多媒体仍在渴望得到网站转发、为其带来知名度，许多媒体和记者至今都把被"……网转载"作为其显示业绩的证据。

不过，2006年《新京报》却打赢了第一个与门户网站的版权官司——与上市公司TOM网站，最终TOM主动提出和解赔偿。2008年《新京报》又与浙江在线打了三年的官司，最终获得了侵权赔偿。传统媒体与新型媒体开启了合作新模式，比如今日头条帮助内容生产者在移动互联网上高效地获得更多的曝光和关注，同时通过版权支付后也获得了可观的利润；而传统媒体中的佼佼者如《新京报》，则做起了内容供应商，通过生产优质的内容可以获取高额的版权费。《新京报》从2005年开始，即其影响力逐渐形成后，开始停止前两年的免费模式，与门户网站签署版权协议正式收费。之后价格逐年在上涨。这两年《新京报》对各门户和聚合平台实行的就是这样的版权政策。

《新京报》刚刚开始时售卖的版权只限刊于《新京报》纸上的内容，比如2014年与一点资讯、zaker等签署了一年的版权协议。在拓展新媒体的背景下，《新京报》的版权战略作了调整。针对门户类商业网站和聚合类新闻客户端的版权使用，2015年价格增长幅度惊人——理由是：内容成本逐年提高，原创生产的内容更多了，内容早已不只是一张报纸，而且生产了大量报纸以外的即时新闻、微信公号、动新闻等新媒体内容。[1]《新京报》2014年以来生产的大量视频、3D动画、二维动画，都要分别售卖版权。[2]

---

1 《新京报》传媒研究记者：《〈新京报〉总编：版权大幅提价的原因是什么？》，传媒圈公众号2015年9月15日。
2 张江：《〈新京报〉将停售版权给一点资讯和zaker等客户端》，记者站公众号2015年7月7日。

新闻产品的版权一直是个复杂的问题，单纯事实消息在世界上都不受版权法保护，但是时事消息的采编者对这种具有价值和时效性的信息的合法权益在美国等地是受保护的，[1]数字化时代的版权在多个国家也有种种规定，比如美国的《千禧年数字版权法》(DMCA)。但是中国的新闻业在版权方面还没有得到充分的法律保护。美国的媒体界在2012年由美联社联合《纽约时报》《华盛顿邮报》等28家新闻机构创办了"新闻权利有限责任公司"，专门从事在线"内容追踪"追索版权费，中国的媒体界并没有一个有此功能的联盟公司，《新京报》以一己之力在版权领域的奋斗拼搏，具有"筚路蓝缕，以启山林"之功。《新京报》是唯一一家坚持定期刊登版权侵权公告的报纸；《新京报》建立了监控—反侵权公告—诉讼的维权机制；《新京报》作为优质原创内容的供应商，"要理直气壮地夺回定价权"。由于《新京报》引领下的媒体界的努力，最终由国家版权部门出面干预规范聚合类新闻客户端的转载。

《新京报》的实践为传统媒体转型探索着一条新的可持续的出路。他们认识到，版权合作、版权收入不是终极目的，而希望在垂直领域和互联网企业进行合作，将内容产品化，报纸享有充分的、永久的产权，而不是一个简单的被一次性买断的版权。他们在探索在产品吸引广告和投资的过程中，报纸永远享有收益的模式。比如《新京报》与腾讯合作京津冀生活门户大燕网、《新京报》与小米、360、三胞集团等合作动新闻，都是这样的合作模式。这也是"内容供应商"的未来之路。

特别值得一提的还有：《新京报》的维权努力，为传统媒体的记者编辑带来了新的希望。目前媒体界一些热门的记者，不少已经成为新媒体平台的签约写手，作为"个体户"他们的劳动也很难从新媒体机构那里得到很高的价值体现。他们之所以一心二用，一身多主，主要还是因为自身的价值没有

---

[1] 王昆仑：《保护新闻内容资源的他山之石》，载《新闻与写作》2015年第4期。第17—20页。

充分彰显、劳动没有得到应有的回报，与其让他们去成为个体户，不如媒体以机构之力去维护记者编辑的劳动成果、并给予应有的价值回报，那么记者编辑不仅可以得到经济上的价值肯定，而且其社会地位、专业荣誉感也会提升，"成就动机"会给未来的新闻业注入新的活力。

本文原载于《新京报》传媒研究公号（xjbcmyj），刊发日期：2016年11月10日，作者系清华大学新闻与传播学院教授、常务副院长

融合报道

"不创新,毋宁死"媒体融合发展模式下的《新京报》

李晨

早在 2003 年的创刊大会上,《新京报》提出"世上一切进步都是创新的结果。没有创新,没有超越,就没有价值,就没有明天,就没有生命。不创新,毋宁死"。3 天以后的 11 月 11 日《新京报》横空出世。事实上,作为中国首家获正式批准的跨地区联合办报试点,也是中国首家股份制结构的时政类报纸,《新京报》的诞生在当时就是一次创新之举。

在随后的几年里,《新京报》从 2000 万元启动资金起步,创刊第三年即实现盈利,第六年坐上本地发行和广告市场首席,成为报业市场的一个传奇。随着互联网技术的飞速发展,近年来媒体的传播渠道急剧变化。两微一端兴起后,互联网传播从 PC 端向移动端转移。为应对新技术的冲击,实现与新媒体的融合。从 2012 年起,《新京报》开始探索全媒体发展路径。通过提高新闻采集、分析、整合能力，借有强大的网络传播渠道逐步实现自身转型。

2014年，《新京报》11周年社庆时，全媒体发展战略进一步被明确，"革故鼎新"，下定"蜕"变决心。社长戴自更甚至为此表示"为了钟爱的事业，我们愿意赌上一切"。此后《新京报》对内容及其生产流程，包括从业人员结构做根本变革。

2015年，《新京报》提出"《新京报》+"和"+互联网"概念。把原创内容的优势，与IT公司的技术、渠道和资本优势进行嫁接，先后与腾讯、奇虎、小米、三胞集团、去哪儿网等公司合作，创办了大燕网、动新闻、热门话题等新媒体产品，走出了一条独特的媒体融合发展之路。2016年，《新京报》利用采编优势与腾讯新闻合作，全面铺开新闻直播报道。在今年全国两会报道、雷洋案、凉山悬崖村探访、南方洪灾报道等一系列热点事件中表现抢眼。

现在《新京报》不再只是一份报纸，而是拥有报纸、杂志、网站、移动新媒体、文化投资的传媒平台。

一、内容与产品创新

今年《新京报》采编系统在全媒体内容原创生产上狠下功夫，并根据传播主场的变化，进行内容供给侧改革。《新京报》对于内容的重视是一贯的。一切创新的核心也是围绕优势的内容生产展开。总编辑王跃春在接受"《新京报》传媒研究公号"采访时曾表示，《新京报》的所有机会与影响力相关，而影响力来源于我们的内容。这也是现在我们仍着力加强内容建设的根本目的所在。对我们而言，它就是一，其他的都是零。

如果说，重视内容建设是《新京报》新闻生产的根本，那么对于新闻采编的流程再造则可以看做是《新京报》应对传统媒体转型、渠道变化以及自身进行媒体融合实践的必然结果。

同时，伴随着新闻采编流程的再造、传播渠道的变迁，《新京报》针对移动互联时代媒体规律的新变化，推出了一批新产品，将优质的新闻内容通过多渠道、多样式的创新产品传播给受众。本文在这里着重介绍：官方微博、微信矩阵、视频直播和动新闻。

（一）官方微博

2016年8月，《新京报》官方微博粉丝数突破2000万，无论是粉丝数还是影响力在平面媒体中稳居前列。

2016年5月27日凌晨，当红明星李易峰驾跑车撞上朝阳大郊亭桥墩，《新京报》微博制作的相关话题，在30日时，《新京报》微博话题#车主李易峰超跑车祸#阅读数已达3.3亿。

《新京报》微博话题能达到这个惊人的阅读量，恰恰是《新京报》在媒体融合上的成绩体现：事发的凌晨3点44分，《新京报》的报道微信群就建起来，里面包括了文字及摄影记者、报网及报纸编辑、视频编辑、微信微博编辑。前方记者在现场有文字、图片等新的素材就会实时分享，后方的微博编辑根据新闻立即申请话题，在该话题下实时推送多篇最新的独家新闻。

可以说，之所以《新京报》官方微博在李易峰超跑车祸的报道中脱颖而出，与《新京报》整个的采编流程再造、多种媒体形式融合密不可分。

（二）微信矩阵

据笔者统计，《新京报》目前微信矩阵有超过28个公号，《新京报》在微信矩阵建设方面，并非简单的依据报纸内容细分，将稿件内容发布在微信中。《新京报》社长戴自更在《新京报》新媒体规划的探索布局中指出："把报纸上优势内容转化为新的网络平台,特别是垂直领域。"[1]

以《新京报》时政新闻部微信公众号"政事儿"为例,该公众号在创办四个月内粉丝增长 40 倍,阅读量增长 50 倍,20 个 10 万加,连续三个月在第三方数据监测平台上,"北京地区纸媒公号排行榜"中排名第一。

这种成绩的取得,与《新京报》将报纸上优势内容转化为新的网络平台联系紧密。《新京报》时政新闻部副主编马俊茂曾撰文称:"在时政新闻的大事件面前,政事儿在大多数时间内都做到了内容上的差异化,不跟风同类媒体做过的角度,为读者保持连贯的新鲜感;强调新闻性,注重事实和对事实以及政策的分析解读,摒弃个人化表达的评头论足。"

内容差异、注重事实与分析解读,这些其实都是报纸的优势,《新京报》正是依托报纸本身具有的这样"天然"优势,将其转化为了对微信垂直受众的传播。这样"新瓶装老酒"的方式,是《新京报》微信矩阵创新的重要因素。

(三)视频直播

视频直播是《新京报》今年重点发力的领域。据 CNNIC 发布的第 37 次《中国互联网络统计报告》显示,截至 2015 年 12 月,中国网络视频用户规模达 5.04 亿,其中手机视频用户 4.05 亿。《新京报》布局视频直播,是依据传播环境改变而进行的顺势而为。目前,《新京报》已成立专门的视频直播部门,定名"我们",主打一手、鲜活的新闻视频。

以今年全国两会为例,《新京报》与腾讯合作,进行了持续 16 天直播,累计直播时长 98.5 小时,在《新京报》网、《新京报》新闻客户端以及腾讯新闻各个平台上,累计浏览量超过 1 亿人次,剪辑制作视频新闻 120 余条,累计播放量将近 7000 万。不间断、零时差、现场实时直播报道代表委员参政

---

[1] 马涛:《新京报:让新闻成为生产力——专访新京报社社长助理、传媒研究院常务副院长朱学东》,载《传媒杂志》2015 年 11 期。

议政，全方位、多角度、全景呈现全国两会盛况。

之后的六一儿童节悬崖村探访，三名记者分别使用航拍机、直播眼镜、直播手机，在30度高温下攀爬至海拔1400米的悬崖村，当日直播在线观众超过100万，后期点播视频的点击量总计超过400万。除了视频直播，《新京报》还先后发出快讯、图片新闻及深度报道，将多种渠道的传播形式有机融合，形成多角度、多维度的创新报道形式。

（四）动新闻

从2015年9月至2016年9月，《新京报》动新闻融合《新京报》传统媒体的采编资源，将第一手的新闻，进一步深加工成新闻动画。让新闻动起来，有了全新的呈现方式。动新闻时《新京报》与小米、360、三胞集团合作推出的融媒体产品，目前已成立动闻天下公司。

动新闻主打3D动画以及二维动画，3D动画运用在新闻报道中，往往能还原到不了的新闻现场，也能展现微观的、普通人无法看到的世界，将新闻报道从平面拓展到三维空间。二维动画主要运用在政策解读上，难懂的政策变身新闻动画产品，更容易让受众接受。

一年以来，《新京报》动新闻动画视频的制作发布已经能够达到7×24小时全覆盖，同类产品无出其右。如今，团队日均生产8—10条动新闻，日均点击量超过1000万，总点击量在2016年6月已超过25亿，粉丝超过上千万。

二、平台创新

在当下，中国公众接触频率最高、时间最长的媒介是手机，与纸媒信息传播密切相关的移动媒介终端接触行为（线上阅读、线上社交）也表现出色。面对新的传播生态，《新京报》积极考虑自身应如何以一种新的姿态嵌入这个全新的传播生态链条当中。

依照现实状况为传统媒体在移动互联时代的转型方向提供的路径——平台化战略,《新京报》开始探索媒介融合、满足多元化需求,提升自身竞争力。平台是通过构建合理的商业机制与组织结构来吸引连接多元化的市场主体,将资源聚合、联结,实现多主体共赢。

立足面相移动互联网这个主导性传播趋势,《新京报》在平台建设方面有两个创新性思路和尝试:其一,是通过与互联网公司联合,实践"新闻＋资讯＋服务"的模式,构建优化的新型平台组织与商业机制,形成有效的多边市场。沿着这个思路,《新京报》与腾讯联手创办了大燕网;其二,是通过建立独立的移动终端产品,发展移动阅读,实现传统媒体新闻价值的落地,《新京报》就此思路推出了新闻热点话题互动社交平台"热门话题"。

(一) 大燕网

《新京报》的平台创新思路之一,是通过与互联网企业谋求合作来实现的。《新京报》提出了"＋互联网"的概念,与一些互联网巨头采取合作方式,借助核心竞争力嫁接外部技术、渠道、资金,产生新项目、独立公司化运作,不失为一种双赢的探索。

2014年12月28日,《新京报》以优势采编资源、品牌影响力与腾讯强势传播渠道、互联网技术强强联合,积极响应"京津冀协同发展"国家战略,上线了京津冀城市生活第一平台——大燕网。在这项合作中,《新京报》负责内容,腾讯负责渠道。《新京报》、大燕网还联合举办了一系列京津冀论坛,涉及教育、公益、医疗、旅游、房产等多个行业,都取得了非常好的效果。

据8月份最新数据,大燕网PC端和APP端日均UV900万,日均PV近9000万,已成为京津冀地区用户量最大的区域网站。2016年9月,国家新闻出版广电总局新闻报刊司举办全国报刊媒体融合创新案例路演,经评选,大燕网入选全国报刊媒体融合创新案例 30 佳，排名第 8 位。

（二）热门话题

《新京报》的另一个平台创新尝试，是将报纸上的优势内容转化为新的网络平台，与三胞集团有限公司合作推出新闻热点话题互动社交平台"热门话题"。

该款产品的运营公司名为热火朝天科技公司，这也是《新京报》的一次"创业"，内容团队的核心成员主要来自《新京报》。"热门话题"不是新闻客户端，而是"话题性内容类产品"，通过机器筛选和人工精编，给他们提供"有温度有趣有用"的新闻内容。

除大燕网和热门话题之外，在实践中，《新京报》充分拥抱新兴技术、渠道，将微博、微信、客户端等内容平台打通，实现多平台分发推送、优势互补和差异化运营，打造报网融合一体化。

三、跨界创新

如果说《新京报》的内容创新、产品创新、平台创新是运用分众化互动式的服务方式，拓展自身传播的深度与广度的话，那么"寻找中国创客"大型创业报道及大赛活动，则是传统媒体利用内容优势，主动寻求跨界合作，搭建平台，聚焦以"互联网+"为方向的产品、技术、商业模式创新，引导更广泛的社会资源支持创新创业。

"寻找中国创客"大型系列报道活动策划缘起 2015 年全国两会。在总理记者招待会上，李克强总理在回答《新京报》记者提问时表示：最近互联网上流行的一个词叫"风口"，我想站在"互联网+"的风口上顺势而为，会使中国经济飞起来。在 2015 年的政府工作报告中，李克强总理首次提出，大众创业万众创新将作为新常态下经济发展的新引擎。

为响应"大众创业、万众创新"号召，《新京报》自 2015 年 5 月 21 日起发起了"寻找中国创客"活动。并邀请著名企业家柳传志、王健林、马云、俞敏洪、张近东、雷军、郭为、周鸿祎，著名投资人李开复、沈南鹏、徐小平、熊晓鸽、阎焱、汪潮涌、毛大庆，作为中国创客导师，为创业项目把脉。《新京报》希望通过"寻找中国创客"树立标杆意义，营造全社会的创业氛围，寻找到影响未来的伟大公司。

现在"寻找中国创客"活动已经运行至第二季。自寻找中国创客项目启动以来，仅第一季就刊发报道 30 期，共计约 154 个版面，报道创业项目近 200 个，并举办了 5 场千人落地论坛活动，数场小型沙龙，引起社会强烈反响。

截止 2016 年 3 月底的统计数据显示，自参加寻找中国创客活动，得到《新京报》报道后，有 66 家企业已经完成下一轮融资，有个别公司完成两轮融资。至少出现三个独角兽公司，七个估值超过 10 亿人民币的公司。在公开估值的项目中，54 个项目估值过亿。部分企业在创客的帮助，成功融资到了下一轮。比如社交类产品 invite，成功融资到了天使轮。

现在除 60 多家合作投资机构外，《新京报》自己也成立了专项投资基金。在未来的活动中，《新京报》如遇合适的优质项目将直接进行投资。活动的传播渠道更为丰富，报纸和移动端之外，《新京报》还搭建了全新的"魅客"网站，构建创投全媒体生态圈。创客分享论坛也从北京走向全国各大城市。在上海、深圳、乌镇等城市落地。

本文原载于《中国记者》2016 年 9 月刊，作者系《新京报》传媒研究院总监

《新京报》两会报道：一次全媒体运作的成功实战

胡杰　全昌连　祝炳琨

2015年，是《新京报》第12次参与全国两会报道，也是《新京报》全媒体战略开展以来，遭遇的一次硬仗。除做好传统报纸传播外，还充分运用新媒体平台，推出了一批H5动图、"动新闻"产品（含3D动画、FLASH动画、现场视频）等适合网络和移动媒介传播的新闻产品，扩大两会报道传播的影响力，打造一个全媒体运作模式。

初步统计，从3月2日至16日，《新京报》共刊发两会报道版面180余个，新闻稿件380余篇，两会评论88篇，图片200余幅，制图、图表100余个，报网播发即时新闻近200篇，H5动图18个，视频新闻、3D动漫等"动新闻"作品共38个，整体报道规模和质量，在同类媒体中处于领先地位。

一、充分运用新媒体平台，自主作为，突破两会报道的二维空间

1．动画制作萌萌哒

在两会报道中，《新京报》动画团队共制作了六期动画作品，在"长画短说"的栏目中推出。6期作品中，其中3个是两会预热的报道。比如两会召开前夕，制作了《全国两会为何是"双鱼座"》《为啥是这些人为我们"代

言"》《两会代表委员如何带上了紧箍》等两会预热系列动画制作。《全国两会为何是"双鱼座"》这个标题一出,各大视频网站就放到首页位置、头条位置。很多人说看到标题就想点开。可能按照正常思维,这个标题应该起两会为何要在三月开?但这样的标题太平,而把3月3日、3月5日召开的两会比做双鱼座。把星座加入标题,就立刻引起了人们的兴趣。

两会预热报道:全国两会为何是"双鱼座"

为啥是这些人为我们"代言"

两会代表委员如何带上了紧箍

两会期间的 3 期动画制作，都是关于李克强总理的。3 月 5 日，"长画短说"栏目推出《别人春节胖 10 斤 强哥加班改报告》，不仅被优酷、第一视频、凤凰视频、腾讯各大视频网站首页推荐，还被中国政府网首页转发。3 月 12 日，"长画短说"系列第五期《强哥"下团组"，透露啥信号？》，仅统计到的几大视频平台总点击量已过百万，全国近千家网站转载，综合各大门户网站及其他视频网站，总点击量已过千万。3 月 14 日，配合第二天的总理记者会，推出了《明天的强哥记者会，有啥门道？》。这些新闻动画，引起网友热烈反响，纷纷为总理点赞，有网友留言评论说："总理好忙啊""强哥棒棒哒""总理为老百姓带盐（代言），好样的！"

别人春节胖10斤 强哥加班改报告

明天的强哥记者会,有啥门道?

2."动新闻"duang duang 的

除了动画,两会另外一类动新闻作品——两会现场视频也是《新京报》今年两会报道亮点之一。截至3月14日,两会期间"动新闻"38个作品中。

新闻视频作品 30 个。以"两会实拍"系列为例，3 月 3 日，两会召开当天，《新京报》上会记者抢拍到赵本山代表入场的视频。在其他媒体只是发布了照片的时候，《〈新京报〉独家！赵本山低调亮相两会自称挺好》的视频已在各大视频网站被迅速推广，成为当时的热门话题。本山大叔视频里回应《新京报》记者那句"身体挺好"也被诸多网站拿去做话题。

"身体挺好哒"

诸如此类，《两会实拍 成龙现身："duang"字很好玩》《两会实拍：刘翔现身女记者被挤倒 姚明到场"解围"》《两会实拍：赵本山参与分组讨论委员：你胖了》、《怕失传冯小刚建议少量繁体字重回课本》《毛新宇：军队反腐顺应民心 抓得很彻底》《莫言：希望农村学前教育免费》《王儒林：山西腐败是一坨一坨的》等两会实拍视频，都被网易、新浪、搜狐、凤凰网、优酷、腾讯、第一视频等网站转载。

"duang~"很好玩

3．3D动画解读政府工作报告

两会期间，《新京报》新媒体团队也制作了多个3D动画，对相对枯燥的《政府工作报告》《两高报告》等进行解读。对《新京报》来说，用3D动画来呈现两会内容，是从来没做过的事。编导、3D制作人员绞尽了脑汁。政府工作报告发布当天，大家紧锣密鼓研究政府工作报告，写脚本，建模，商议镜头的设置，一起把一点点看似枯燥的内容变成了动画。当日，《新京报》推出的3D动画《2分钟解读政府工作报告8大亮点》，登上了腾讯、优酷视频平台首页，仅腾讯一家平台，点击就上百万。很多网友留言点赞："这种方式真好，把枯燥的政府工作报告变得这么有趣。"

3D 动画：2 分钟解读政府工作报告 8 大亮点

4．H5 动图天天有

两会伊始，报纸编辑就与新媒体编辑、美编等组成数据制图团队，每天制作一条 H5 动图，除了发到新媒体，也为报纸"新图纸"的版面提供素材。从 3 月 1 日开始，每天推出一条 H5 动图，总共推出了 14 期。比如，第一期 H5 动图《代表委员知道多少？》，在代表委员报到当天发布，加入与受众互动的元素。3 月 14 日推出的 H5 动图《常委们的两会足迹》，1 天之内在微信朋友圈转发过万。

由于《新京报》的影响力和专业报道水平，本次两会，《新京报》也成为 26 年来首家在总理招待会上提问的都市类媒体，在外交部、商务部、人社部的新闻发布会上，《新京报》记者也都得到了提问机会，表现惊艳。为此，编辑团队专门制作了 H5 动图《《新京报》记者全国两会上的四次提问》、在《新京报》"传媒研究"等多个公号推出，扩大《新京报》在传媒领域的专业影响力。

二、用好新媒体平台，扩大原创新闻影响力

在这次两会报道中，除了新媒体团队的创新作为外，也努力用好多种新媒体平台，扩大《新京报》原创新闻的影响力。

两会前夕，《新京报》就设立了24小时编辑部，不间断滚动播发稿件。两会期间，播发独家即时新闻将近200条，每天有3条至5条左右牢牢占据门户新闻网站的新闻首页要闻区。比如，3月5日上午9点播发的即时快讯《国家卫计委研究所长：今年不会试点全面放开二孩》，很快被新浪、搜狐、网易、腾讯、凤凰、今日头条等门户首页转载并置顶，截至12日15时，点击量2332万次，跟帖量8687条，转载网站634家。

国家卫计委研究所长：今年不会试点全面放开二孩

两会期间，《新京报》推出"关注全国两会系列社论""观察家·代表委员议政录""我看两会""人大观察""政协笔记""微观两会"六大特色评论栏目，刊发了大量重磅评论。这些原创评论文章也在第一时间被各大门户网站转载，影响广泛。比如《会期延长，给代表充分审议时间》《开幕前夕，委员都干些什么？》等文章既有知识性，又具有新闻价值。

H5动图：代表委员知道多少？

会期延长，给代表充分审议时间

分享：评论 2015-03-05 03:30:26 来源：新京报　　　　　　　　　　　　A+ a

人大观察

昨天上午，十二届全国人大三次会议举行预备会，通过了大会议程。根据预备会通过的大会日程，今年大会是3月5日上午正式开幕，15日上午闭幕，会期10天半。在昨天上午举行的新闻发布会上，大会新闻发言人傅莹也特别强调说，今年大会增加了时间，一是为了让代表们有更充分的时间审议预算草案，二是要审议立法法修正案草案。

从近几年的代表大会日程安排来看，除了每届大会的第一次会议外，今年的会期可以说是非换届年最长的了。这几年，每年全国人大会议都是3月5日上午开幕，但去年是3月13日上午闭幕，2010年、2011年和2012年都是3月14日闭幕，只有2013年因为是换届年，闭幕时间为3月17日。需要说明的是，2010年代表大会也有法律案审议任务，但闭幕时间也是3月14日上午，与今年相比，时间少了一天。

我国有2900多名全国人大代表，因为代表数量多，受各种因素的制约，代表大会会期的安排不能过长。因此，在会期的安排上，就既要保证对"一府两院"报告和相关议案进行充分审议，又要提高会议的效率，将会期安排在一个合理的时间内。经过多年的经验积累，除了每届第一次会议外，近年来全国人大每次会议，会期一般都不超过10天，非换届年会期超过10天，今年算是近年来的首次。

> **开幕前夕，委员都干些什么？**
>
> 分类：评论 2015-03-03 02:30:26 来源：新京报
>
> **政协笔记**
>
> 政协委员提前到达北京之后到两会开幕的这段时间里呢，他们在做些什么呢？
>
> 这个问题，从我这两天忙碌的手机微信邀请函中就可以得到答案：仅仅在3月2日，我就收到了4份活动邀请。每一个活动都有政协委员、人大代表参加，内容涉及儿童安全、职业病防治、出租车垄断、环境污染治理。在这些活动上，不仅能见到不少委员代表，自然同行中也有很多熟面孔。
>
> 其实经常跑两会的老记者都会有印象，早几年，委员代表在两会前后都忙极了，自己领域的活动要参加，在京的朋友要会一会，还要出席一些商业活动。近两年，尤其是八项规定以后，这种商业性质的活动减少了很多。相对的，为不少民间机构同代表委员直接沟通提供了机会。
>
> 全国两会是中国民众政治生活中的一件大事，如何让这件大事能跟普通老百姓联系得更紧密也是不少委员代表一直在思考的问题。2010年，全国政协委员到唐家岭访问"蚁族"，曾引起媒体的震动。那之后，委员代表在两会期间便频频出现在两会会场之外，倾听普通民众的呼声。不少民间组织也充分利用这一契机，邀请政协委员、人大代表参与自己的活动，不仅能在两会期间吸引眼球，还可以直接把自己所关注的问题传递到两会上去。

解读好政府工作报告，是这次两会报道的重点之一。采编团队提前制定传播方案，记者提前独家专访报告起草组成员，并针对报纸、网络、移动端，编辑制作成不同的传播版本。3月5日上午10点45分，李克强总理刚一作完报告，《新京报》即刻播发独家权威的解读稿件，通过《新京报》新闻客户端APP、官方微信、官方微博、《新京报》网、门户新闻网站等，迅速多平台、全媒体、分层次、立体化传播，形成了传播的涟漪效应，瞬间引领网络舆论。

以《〈新京报〉独家专访报告起草人解读政府工作报告10大看点》为例，详细揭秘了报告起草经过，解读报告中提到的"意见征集：网民意见报告里都有体现""报告起草：总理春节都在琢磨修改""GDP增速：今年增长7%左右有把握""房地产调控：今年也没有提'房价'""雾霾治理：报告提出对污染零容忍""为官不为：报告专门对懒政提要求"等10大看点和亮点，回应了公众的关切，在网络上引起巨大反响。

第三方监控的数据显示，截至12日15时，《〈新京报〉独家专访起草组成员解读政府工作报告10大看点》，点击量356.5万次，跟帖量2536条，转载网站179家;《总理亲自将"有权不可任性"写进报告》,点击量1320.9万次,跟帖量1204条,转载网站254家;《看总理报告如何给"换挡焦虑症"开药方》,点击量323万次,跟帖量6395条,转载网站112家,传播范围和影响力空前。

  一言以蔽之,今年全国两会报道,《新京报》除了继续发挥纸媒的专业优势之外,更充分运用新媒体产品,在技术、表达、模式上都进行了创新,呈现出全面融合,全媒体、全平台传播的新气象。这样的融合创新,也使两会报道鲜活生动接地气,极大扩展了传播影响力,进一步奠定了《新京报》主流时政大报的地位。

  本文原载于《新京报传媒研究·第六卷》,中国书籍出版社2015年5月版,作者胡杰、全昌连、祝炳琨

纸媒也玩视频直播!《新京报》在下一盘多大的棋?

李晨

持续 16 天直播,累计直播时长 98.5 小时,在《新京报》网、《新京报》新闻客户端以及腾讯新闻各个平台上,累计浏览量超过 1 亿人次,剪辑制作视频新闻 120 余条,累计播放量将近 7000 万。

这是《新京报》在 2016 年全国两会报道上的表现。《新京报》与腾讯新闻合作,不间断、"零时差"、现场实时直播报道代表委员参政议政,全方位、多角度、全景呈现全国两会盛况。

上会记者转型"全媒体",除了每天采访、播发文字、图片报道之外,还全力以赴做好视频直播报道。这也是《新京报》在媒体转型方面进行的一次探索和实践。

对于一家传统纸媒来说,如此"任性"的玩法,幕后是如何操作的?前期预案和生产流程是什么样?纸媒如何拥抱技术和互联网?《新京报》到底在下怎样一盘棋?传媒研究记者独家专访《新京报》编委全昌连,关于视频直播的问题一一揭秘。

演练:"春运"直播摩托大军返乡

今年两会报道方案是从什么时候开始的?和以往相比,今年的报道方案有何不同？

全昌连：两会报道的筹备工作跟往年差不多，从春节前的一月中旬就开始酝酿和备题了。我们围绕传播形式和主要议题展开几次头脑风暴和讨论，除了两会程序性动态报道之外，敲定了几个大的策划专题。

相比往年两会操作的热点专题、新闻制图、"两会观"纵深解释报道、独家重磅即时快讯之外，今年主要的压力是，如何在以往报道的基础上进行创新、出彩。

今年两会报道的一大亮点就是全面视频化。其实，从去年开始，《新京报》就开始在两会报道中尝试视频报道，拍了10多条视频新闻，用相机拍完之后传回来，后方编辑团队进行后期剪辑，放在《新京报》网上发布。但没有"直播"的概念，而今年是"零时差"的同步实时直播，并且传播渠道也向移动端转移。

全国两会并不是《新京报》第一次尝试视频直播。

全昌连：之前做了两次测试和演练。一次是，北京市两会，直播"两会问政"，人大机关、一府两院等职能部门的相关负责人在会议现场"摆摊"，接受人大代表询问、政协委员咨询，我们直播了几个关注度比较高的场次，包括环保、教育、交通等。

另一次，是从"春运"第一天开始，直播摩托车大军返乡。农民工骑摩托车从广东肇庆回广西梧州一个偏远的村庄过年，我们的前方报道团队一路跟着摩托车大军到梧州，用了三四天时间。

这两次演练，为全国两会直播积累了哪些经验？

全昌连：北京两会上那一场直播大概持续了一个多小时，主要测试了设备、后台编导、直播软件和信号传输等。记者拿着自己的手机，装了三个直播软件，一个"Live Stream"，另外两个"看直播"和"移动直播台"备用，用手机拍摄视频，通过后台编导，利用4G或无线信号Wifi传输，直播视频呈现在移动终端和PC端。

全国两会直播之前，我们梳理前两次演练测试发现的问题，做了针对性的改进，比如，设备采购问题，直播设备的性价比及如何配置；信号传输问题，测算直播一天需要多少流量，哪个运营商的无线信号更加稳定；直播设备的电池续航能力问题，手机拍摄和直播云台的电池能持续多长时间直播；视频画面和声音质量问题，如何在移动拍摄中保持画面平衡、不抖动，用什么话筒收音效果更好……我们把这些问题梳理出来后，做了非常充分的评估和预案，并逐一讨论商定解决方案。

此次两会直播设备投入是怎样的？

全昌连：近20名上会记者，每人都配一套直播设备，主要包括：手持移动直播云台，使拍摄视频的手机保持水平平衡稳定、不抖动，同时也可以通过手柄上的按钮，上下左右移动以灵活调整拍摄角度；iphone6手机（64G）；移动直播后台软件，电池，便携三角架，4G卡网卡，雷达收音话筒等。一套设备大概花费一万五六千元。此外，还临时采购并升级了后方编导团队的计算机，以满足视频编导和剪辑的需要。

全国两会做视频直播如何把控风险？

全昌连：直播有很大的不确定性，必须要评估和考虑风险问题。为此，我们提前准备了几10页的脚本和预案，每一场直播事先制定周密详细的计划，包括直播开始时间、安排几个直播机位、明确到每一个时间点和每一个人，直播什么内容、画面如何切换调度等。

视频直播全国两会这样重大的政治活动，很多场合和场景很敏感，风险评估和把关尤为重要。直播前，前方记者和后方编导团队一起反复讨论推演，制定备选预案，有的还提前到现场去勘察踩点；在直播过程中，后方编导和审核团队，随时监看后台，遥控指挥前方记者，调度视频画面。

生产流程再造：每个人都要学会做视频

这次两会报道的团队组织结构是怎样的？

全昌连： 这次视频直播是《新京报》和腾讯新闻联合合作完成的，从《新京报》和腾讯新闻临时抽调了统筹、编辑和编导人员，与前方记者一起，组建了一个有近50人参与的临时项目组。大家分头办公，主要通过微信群等远程沟通的方式进行协作，建立了前方记者群、后方编导群，以及视频直播大群等。对采编的分工和协调信息，都发布在这些群里，可以共享。

直播内容主要由《新京报》来调度和审核把关。前方近20名上会记者，每人携带一套直播设备在现场，重要的场合还会安排多名摄影和文字记者同时在场，多几个机位和角度直播，后方编导团队根据各个机位拍摄的场景和画面的质量，进行切换调度。

文字记者同时负责视频直播工作，是否经过前期培训？

全昌连： 在记者上会之前，邀请了腾讯新闻的视频团队给记者做了三次培训，主要针对硬件设备和软件使用、拍摄技巧培训。此外，也请参加了北京"两会"和"春运"前两次直播演练的记者，跟大家讲解分享视频拍摄的经验，直播过程会遇到哪些技术问题、如何应对，拍摄视频、图片和播发文字稿件如何高效协调等。

视频报道同以前的图文报道形式相比，这是个很大的转变。

全昌连： 新闻报道视频化已经成为媒体转型的重点之一，报社也激励大家转型。对记者编辑来讲，主要是工作模式、思维的转变。就像写即时新闻和快讯一样，在几年前，报纸采编人员没有即时新闻的意识，为了强化新闻报道向移动端转移的意识，后来报社把即时新闻的条数量化成任务指标，纳入各个部门的考核。现在这种考核已经取消，因为大家已经转变了工作模式和习惯，一有新闻发生都能做到移动端优先、"先网后报"。

相对视频直播而言，同样如此。以前，大家做报道时的思维是"写一段文字""拍一组图片",而现在视频报道的意识、尤其是直播的意识在强化,会去想这个新闻有没有拍视频的价值,有没有直播的价值和可能。我们也在不断强化和刺激采编人员的这种意识,从管理层到一线的记者编辑,都要求大家改变惯有的工作模式和思维,以适应转型。

内容生产和传播方式也随之变化了,这意味着生产流程再造。

全昌连: 对。新闻生产方式的变化是基于传播方式的变化,因为资讯和信息分发渠道发生了很大的变化,以前是报纸、广播、电视和 PC 端,这些信息分发的渠道和媒介使用的场景受到限制,不能随时随地使用;而像智能手机这样的移动终端的普及,可以随时随地使用,变得更加快速便捷。因此,现在更多的是强调把新闻生产的资源和能力都往移动端迁移,包括即时新闻、深度解读等,都会"移动端优先","先网后报"。而且,现在强调视频报道,移动端也更加适合视频的传播和分享。

而且,"移动端优先"也能让报纸的流程提前,并为报纸操作更杂志化、深度化的内容腾出空间。

全媒体报道新突破:16 天现场实时视频直播

你认为这次两会报道有哪些成功之处?

全昌连: 今年两会实现了全媒体报道:视频直播、即时快讯、高端访谈、热点专题、纵深解读、数据新闻等,尤其值得一提的亮点和突破是,16天的现场实时视频直播。而且,实时直播之后,快速地把精彩的直播内容,同步精编剪辑了 120 条视频新闻,直播和点播在《新京报》和腾讯新闻各个平台上,累计播放点击量有一个多亿,也做到对视频素材的高效利用。

《新京报》的两会视频如何与其他电视类媒体、网络视频媒体做到差异化?

全昌连： 在移动视频直播方面，各大媒体平台都在尝试和探索，没有特别成熟的模式，跟电视直播相比，移动直播主要有三个特点和优势。

第一，更加原生态、更有现场感。比如，3月5日人大会议开幕直播，记者怎么安检、入场，代表委员在广场上被围堵采访，记者进了休息区之后席地而坐，一边翻阅研读政府工作报告一边写稿，大会堂会议休息区提供存放衣服、针线、文具等服务，这些很鲜活的场景和视频，是央视等电视直播没有的。所以我们的直播更有新鲜感、现场感，细节更加丰富。

第二，我们会在选题和角度上做差异化选择。像直播新闻发布会，央视等固定机位有优势、电视画面更加清晰，我们就会避开这些，安排前方记者根据自己的判断去观察、发现一些有意思的新闻。比如，黄洁夫等政协委员谈民生问题那场记者会一宣布结束，央视直播信号就中断了，但我们的信号还在持续，直播会后媒体采访黄洁夫谈看病难，根据直播精编剪辑的视频报道《原卫生部副部长黄洁夫：外孙到儿童医院挂号看病花了4小时急哭女儿》，成为当天《新京报》网上所有两会报道中点击量最高的。

此外，有的场景，央视等电视台没有做实时直播，比如，人大各个代表团的开放团日活动，以及参加两会的部长们在大会堂"部长通道"接受采访，我们全部做了全程直播，一场也没落下，反响很好。

第三，移动直播轻便灵活，可以实时跟踪、移动拍摄，更加有利于实时现场直播。

探索与转身：《新京报》要下一盘怎样的棋？

这次视频直播，有哪些值得总结的经验？

全昌连： 此次两会视频直播报道，既充分发挥了《新京报》内容生产的优势，又很好利用了移动直播这一新媒体技术和手段，还联合借力了腾讯新闻的传播平台和渠道优势，三者相得益彰。

这对未来的新闻内容生产有何借鉴意义？

全昌连：从大的层面来讲，可以将《新京报》的核心竞争力和优势，与互联网的平台渠道、技术优势，更好地融合和嫁接。

如何理解、看待报纸等传统媒体的核心竞争力？

全昌连：我们的核心竞争力和优势，在于优质的采编资源和优质内容的生产能力。面对新的传播生态和格局，我们要寻求合作，与互联网的传播技术和平台渠道强强联合。

《新京报》把这次两会报道作为今年转型的一次探索和尝试，其背后的改革思路是怎样的？

全昌连：对于我们来讲，转型的总体思路就是"+互联网"，利用《新京报》的品牌影响力，去拥抱联网的技术和平台，把自己的优势最大化。

对于视频报道和直播，有哪些规划和打算？

全昌连：我们会加大视频新闻报道的力度，让视频报道更加常态化，其中包括直播和录播类的视频新闻。

在题材方面，会选择哪些类型操作视频报道？

全昌连：初步设想是，围绕《新京报》的内容生产优势，设置一些栏目和产品，并打造成品牌。比如，实时直播、深度调查、新闻当事人访谈等。

计划以什么样的操作模式来运作？

全昌连：会组建专职的视频报道团队，设置专职的视频新闻采编岗位，参照制片人和产品经理的模式，通过制片人和编导团队来驱动和主导视频新闻的生产。从运营的角度来讲，计划成立合资公司，引入公司化的模式来运作。

本文原载于《新京报》传媒研究公号（xjbcmyj），刊发日期：2016年4月29日，作者李晨，受访者时任《新京报》编委

自主产品

《新京报》联手腾讯，"我们"要做最好的移动端新闻视频

二维酱

2016年10月9日至12日，《新京报》连续四天刊登了一组广告，醒目的宣传语分别为："新闻直播，看我们！""新闻视频，看我们！""新闻现场，看我们！""关键时刻，看我们！"

《新京报》的报纸和微信公号也推出了一则招聘启事，大规模地招募视频记者、编导。与此同时，悄悄上线一个月的"我们视频"在腾讯视频上的累计播放量已经超过5000万次。

站在直播和短视频的风口，"我们视频"坚定地表示"只做新闻，不做其他"。《新京报》与腾讯的强强联手，也给"我们视频"带来了内容质量与

这个"我们"是指《新京报》与腾讯合作推出的视频新闻项目——"我们视频"。

渠道的双重保证。

在融合报道的时代媒体机构如何占据主导权？《新京报》与腾讯的合作又能带来怎样的变化？记者联系到了"我们视频"的两位负责人彭远文和刘刚，且听他们的分享。

如何保持信息密度是一个巨大挑战

直播改变着人们获取信息的方式，也改变了新闻报道的生产模式。从华北暴雨到新宫火灾，从北京疯狗伤人事件到蔡甸监狱雷军逃脱案，通过《新京报》记者的手机镜头，公众与新闻之间的距离缩短到零时差。

这些直播可以直接从腾讯新闻客户端上收看，经过剪辑的新闻视频也同时在腾讯的多个渠道上分发。一个是以突发新闻报道见长的老牌媒体，一个是手握流量分发大权的互联网巨头，两者的联合为移动端视频新闻注入了一股强力。

恭喜"我们视频"上线一个月。现在不少媒体机构和平台都在切入新闻视频、直播这个领域,"我们视频"的特点和定位是什么?

彭远文: 关于我们的定位,前段时间团队开会讨论过一次,大家在黑板上列了几10个关键词出来,最后一个一个去掉,剩下五个词:

1. **新闻:** 现在直播和视频都是所谓的风口,比如各种秀场直播,还有像"一条""二更"等,都很火。"我们视频"不太一样的是:我们只做新闻,不做其他。而且在新闻里面,也主要做突发、社会、时政方面的内容;

2. **视频:** 这是我们的主要形式。《新京报》在做融媒体尝试,这里面视频其实是最难的,所以我们先集中力量把这块做好;

3. **手机:** 主要发布平台是以手机为主的移动端,小屏视频,这是目前受众的使用习惯决定的;

4. **专业:** 很多人说这是自媒体的时代,但我们相信新闻还是需要专业团队的力量,个人有很大局限性。比如网友上传的小视频,到底是怎么回事,不一定清楚;自媒体有非常多的评论,但事实可能是匮乏的。专业媒体去求证追踪,提供更准确更全面的事实,这样互相配合可能会更好;

5. **人性:** 这是我们讨论了很久留下的一个比较虚的词,但很重要,它会让我们不至于迷失,"关注新闻中的人并把人作为最高价值"。

《新京报》过去做出了很多高质量的报道,在"我们视频"的招聘公告中也提到你们的理念是"追求新闻的专业主义和视频的专业质量",那么专业主义在新闻直播中是如何体现的?

彭远文: 其实这里的专业主义和以往并没有区别,要求快速、准确、丰富,但这也确实是前所未有的创举,以往传统电视台不会像现在这样动辄做几个小时的直播,如何保持信息密度是一个巨大的挑战。不过受众的习惯也在改变,观众并不需要一直看几个小时,他可能看几分钟走开了,回头再来看看,带有伴随的性质。它会更加强调互动,记者的姿态也可以放得更轻松一些，总之这是新的形态。我们做的时间也并不是太长，一直在探索，虽然积累了一些经验，但并没有完善的解决方案。

另外，新闻直播当然会是"我们视频"非常重要的一块内容，甚至可以说是最重要的内容，但我们不仅仅做直播，我们还生产短视频和长片。直播、短视频、长片会是我们的三种主要内容形式，各有所长。直播的优势是快/无剪辑，短视频是短时间了解最精华的信息，长片则强调深度和纪实。这跟报纸一样，要有快讯，也要有深度特稿。这点从我们的招聘就能看出来，我们也很急迫地需要资深的编导摄像加入我们的团队。

融合式报道的时代来临：无直播无真相

在2016年6月份采访刘刚时，他还是《新京报》深度调查部副主编，当时在"李易峰车祸事件"的报道中，他就已经提到"全媒体融合报道"的形式。对于重大的突发新闻，在传统静态的图文之外，第一时间呈现出鲜活的现场视频，能够尽最大可能满足受众对公共事件的信息获取需求。

传统的报道流程《新京报》仍然在做，不过现在加上了直播的元素。据刘刚介绍，前方记者的直播设备的标配是：一个iPhone6s手机，4G手机卡，以及起稳定作用的手持云台。记者在赶往现场的同时就发起直播，把沿途的见闻，以及收集到的一些信息实时地传递出去，文字和图片内容同时在视频下方滚动。直播不是对图文新闻的代替，而是一种补充和融合。

上线一个月以来，"我们视频"已经做出了蔡甸监狱逃犯雷军抓捕现场等多个独家视频，与《新京报》以前的突发新闻报道流程相比，有哪些不同？

刘刚：以往突发新闻的操作是，一个记者在后方连线，一个记者去到现场采访，将采访到的内容回传到后方，发布及时报道，这已经是传统媒体适应互联网的一种生产模式。现在加上视频，又完全不一样了。

比如说，华北突降大面积暴雨，《新京报》往年遇到这样的事件，是当晚派记者出去，第二天成稿见报。现在这一块会延续，不过记者们都带上了直播的设备，可以实时地把一些大家关注的地方（比如南岗洼）的灾情和救援直播出去。那天我们从早上七点直播到第二天凌晨四点，持续了大概有20多个小时，流量数百万。记者就有10几路，去到北京、山西、邯郸多地，可以实现汛情的实时共享，还有跟网友的互动。当时网上有很多谣言，比如说北京市西三环的路被水淹没了，我们去到现场发现是假的，于是还可以实现实时的辟谣。以前BBS时代是"无图无真相"，而现在则是"没有视频直播没有真相"。

当时有记者在山西太原拍到了市长耿彦波在现场视察、指挥救援，这种很生动的画面也可以实时地呈现在公众面前，把一些现场不可预测的内容提供给网友。这些内容同时也被传到云端，剪辑生成短视频再次传播，文字记者又通过这些素材生成文字，在网站报纸上分发，这就是一种融合式的报道。

《新京报》联手腾讯，解决分发平台的难题

与其他媒体与互联网公司的合作不同的是，"我们视频"是由《新京报》和腾讯合资成立的一个独立公司，所以合作的深度很不一样。

负责人之一彭远文曾在《vista看天下》杂志社工作，之所以选择加入"我们视频"，也就是看好《新京报》+腾讯这个组合。在他看来，如果还想做新闻，现在很难找到比这更好的组合了。

《新京报》和腾讯是如何达成这次合作的？各自承担了什么角色？

彭远文：腾讯需要高质量的新闻视频内容，《新京报》也需要利用互联网平台进行传播；《新京报》有专业的新闻生产队伍，腾讯有传播平台和技术能力，正好互补。

传统媒体自己去做App，是非常难的一件事情，信息孤岛这个问题很难解决，到目前为止基本上没有看到过真正成功的例子。而这种合作方式解决了这个问题，举个例子，因为这种关系，"我们视频"生产的内容，在腾讯得到的推荐力度也就不一样。比如前几天我们生产的温州塌楼的短视频，就在腾讯网首页视频大图，以及微信的腾讯新闻头条同时被推荐。

除了《新京报》的所有新媒体平台，"我们视频"在腾讯方面的分发平台有新闻客户端排名第一的腾讯新闻客户端、第三的天天快报，视频客户端排名第一的腾讯视频，以及门户里面排名第一的腾讯网。因此，如果说传统媒体要找一家互联网平台合作，腾讯肯定是不二之选。同时，《新京报》在内容生产方面也是有口皆碑，在传统媒体普遍呈现颓势的情况，仍然维持着非常高水平的新闻生产能力。

现在内容分发渠道其实有很多，《新京报》和腾讯在"我们视频"中深度合作与以往有什么不同之处？

彭远文： 个人感觉，传统媒体与互联网平台的合作经常是不对等的，某种程度上可以说平台很多时候是想方设法忽悠传统媒体，试图免费（扩大你的影响力）或廉价（所谓广告分成，但连制作成本都不够）获取内容。成立合资公司也在改变这种不对等的合作关系，平台要分担成本和分享利润，这是一种更合理的合作伙伴关系。这就减轻了传统媒体的经济压力，现在很多所谓媒体转型，让做内容的人去拉广告、做运营，其实违背了传统的内容与营收切割的原则。现在我们不用操心钱的问题，做好内容就好，这是一件非常好的事情。我和刘刚唯一担心的问题是：生产能力跟不上，完不成任务，所以很急迫地要招人。

"我们视频"的成员构成和分工是怎样的？

彭远文： "我们视频"是一个非常纯粹的新闻生产团队，所以我们这里不设置任何管理岗位（除了我和刘刚作为项目负责人，实际上我们也是干活的），你做什么就是什么岗位，去前方采访就是记者，扛起机器拍片子就是摄像，做电脑面前编片子就是剪辑，要做一个栏目就是编导或制片人，这些岗位都不是固定的。我们希望改变一点，就是做新闻做久了就得安排一个管理岗位。这其实是非常严重的浪费，国外很多记者摄像都是一做就做一辈子——做新闻经验太重要了。当然，我们会让一线的人得到相应的报酬和尊重，不会比做管理岗位差。

从大的合作关系，到新闻生产与广告运营分开，到内部管理的去官僚化，"我们视频"都在往"正常化"的方向做一些努力和尝试。

虽然才刚起步，"我们视频"已经有了一个很厉害的"小目标"："成为中国最好的移动端视频新闻生产者"。关于这个目标有什么想说的？

彭远文：关于我们的目标，现在距离还相当遥远，我们现在生产的内容还比较粗糙。不过我很有信心，一是团队成员都年轻有激情，二是我看好《新京报》+腾讯这个组合。每个时代有不同的特点，媒体总是应运而生：因为社会变化、技术发展等方面的原因，七八10年代，香港电台出了《狮子山下》，九10年代，央视有《东方时空》，我相信未来如果还有这样的媒体机构，一定是依托于互联网而生。我们走在正确的道路上，有一个很好的基础，经过三年、五年，或是更长，我相信我们是能够达到这个目标的。所以这里我想再说一句，不管你是充满激情的年轻人，还是希望以新闻为毕生志业的资深媒体人，这里都是你不错的选择。

本文原载于公众号"媒记"（xdnmtzj），刊发日期：10月13日，作者：二维酱

《新京报》动新闻：希望成为转型的先锋

于陆　冯琪

对话动机

动新闻是什么？他们制作的关于天津爆炸的单条3D视频，单平台点击两千万；他们称自己"奇形怪状"；他们是《新京报》转型中，一群"摸着石头过河"的人。《新京报》传媒研究院独家专访动新闻负责人祝炳琨，给你答案。

成立动新闻工作室报社是出于什么考虑？从何时开始运营？最初状态又是什么？

祝炳琨：在视频化时代的大背景下，新闻传播方式也随之改变，这应该是报社着手做此事的考虑。

2014年6月份，刘炳璐老师、耿小勇老师带着几个视频编辑和动画编辑进行尝试，队伍慢慢组建起来。10月份，这个工作小组承担了报社11周年形象片的拍摄制作工作，得到各方认可。春节过后，动新闻从所在的新媒体部门中独立了出来，变成了动新闻工作室。

动新闻最初的产品形态、数量如何？与现在相比呢？

祝炳琨：2014年4月，动新闻出了第一支FLASH动画，叫《如何成为广场舞高手》。

6月，刘炳路老师、马金男老师、耿小勇老师等领着我们几个编辑，做了"女神干杯"和"疯说世界杯"等专题脱口秀节目。

最初动新闻形式比现在少一些，比如没有3D。像动画类的制作周期比较长，可能一个月才出一期。而现在，3D动画每天能制作两到四条，动画视频制作周期也越来越短，比如FLASH动画，遇到重大事件当天就能出来，这在业界非常罕见，乃至绝无仅有的。

那一条动新闻是如何出炉的？

祝炳琨：简单来说，首先编导找选题，确定选题后写脚本，再确定视频的表现形式（比如二维动画还是三维动画），之后给对应的编辑。然后动画编辑和编导一起开会讨论分镜。制作完成之后给视频编辑合成，然后审核。

不同的视频类型的制作流程和时间差别很大。比如制作一条3D新闻，可能要耗费八九个小时和六七个人的人力；如果是单纯剪辑的视频就很简单，比如有一次我们拿到了赵本山亮相两会的独家素材，这时需要抢时效，三四个视频编辑不到半小时就把这条视频制作好、上传了。

我们目前的团队组成是什么样的？

祝炳琨：目前团队30人左右，分为编导组、视频编辑组、二维动画组和三维动画组。

动新闻栏目设置是怎样的？

祝炳琨：长画短说、新闻囧播、3D视界、直播，近期还推出了一个新栏目叫强词夺理。

长画短说走时政类路线，从两会开始，我们推出了《两会为什么是双鱼座》《为什么是这些人代表你来开两会》《别人春节胖10斤 强哥加班改报告》，反响都不错；后来还做了一系列"强哥"的动画。这个栏目是用很轻松、很接地气的方式来讲时政新闻。

3D视频更偏重于现场还原类的。比如天津爆炸事件，就会推出3D还原现场地图，3D还原事发前后发生了什么，等等。另外也有科普类的、天文类的、医疗类的、心灵鸡汤类等。

强词夺理是新开设的栏目，主要面向90后，从一些比较奇特的角度来解读当下的影视剧热点。比如第一期的题目是"张起灵到底是不是处男"，第二期是"卖腐剧横行迎合了女生哪些性心理？"这些稿子都交给了最IN（in fashion）的90后来完成。

除了常规的新闻节目制作外，我们还有其他类型的片子吗？

祝炳琨： 我们还提供动新闻的定制服务，尤其看重与政府部门的合作。

比如我们和北京发改委合作，制作广告片，号召大家为10三五建言献策；还曾与西城区政府合作，为他们制作民族运动会宣传片；与东城区政府合作，弘扬社会主义价值观；等等；与房山区政府合作，为他们制作兰花大会的多个片子；除此之外，一些名企也经常找我们制作各种类型的宣传片，比如联想、安利、浦发银行等。

做此类片子，我们有很大的优势。因为《新京报》是都市报中的佼佼者，更是一份时政大报，那在这样的环境中熏陶，我们懂得如何用受众听得懂的、喜闻乐见的方式来解释、讲述一件事情。同时我们部门又非常年轻，有很多新新人类，他们也懂得如何把好的内容和网络热点结合，让客户的片子获得更好的传播效果。

比如我们制作过一个介绍创业项目的动画，就将其包装成一个武侠故事。看起来完全不枯燥。

新闻类的我们还在尝试联合出品。比如，10一期间，我们与中国政府网联合出品了《创业必看！总理力推的"三证合一"10一落地》的FLASH动画，在网上传播率颇高，仅一个平台点击就有一两百万；我们与上还要和腾讯合作，联合出品3D新闻动画短片。此前已经试运营一段时间，效果很不错。

动新闻可能在形式很新颖，那内容呢，是否足够有深度？

祝炳琨： 我举个例子。在两会期间，我们推出了这样一个动画叫《别人春节胖10斤 总理加班改报告》。在网上引起很大反响。这个动画是解密政府工作报告如何出炉的。这是首先由《新京报》社的时政部记者，采到了非常有分量的独家稿子，然后动新闻又将其转化为"动画语言"，并结合网络热词热句等——"每逢春节胖10斤"等，加工完成脚本。同时，动画的童鞋将其视觉化，通过幽默、干净的画风，将这些词句展现。内容形式，缺一不可。

除了《新京报》，还有很多媒体都在做动新闻。我们的优势在哪？是否感受到压力？

祝炳琨：我觉得上面提到的这个片子，就将《新京报》的整体优势发挥出来。

笼统来说，和自媒体相比，我们在时事新闻操作上更游刃有余；和严肃媒体等相比，我们更接地气。

压力肯定是很大的。我个人而言，比如地球上还有其他和我们一样拼命又懂新闻的人在做类似的事情，比如不知道别人还有没有我们完全想不到的创意。但最大的压力和恐惧来源于自己。我害怕我们会懈怠，害怕我们停滞不前，害怕我们没有等来黎明就在黑暗中死去。

是否遇到了什么困难或瓶颈呢？

祝炳琨：人。一方面做新闻出身的人在技术上比较欠缺，这也是所有传统媒体在转型的时候遇到的困境。我们身边缺乏技术方面的专家。一方面，同时懂新闻和动画的人比较少，人才的可选择范围就非常小。

那你对新闻视频化未来看好吗？

祝炳琨：我其实非常看好。有一些研究媒体的数据、报告，对未来趋势的判断的文章层出不穷，我就不说了。

谈个几个小例子。曾有90后和我说，一篇特别大的稿子很难看下去，但做成视频就很乐于接受。我们曾尝试过用3D形式制作一篇大的调查稿，开始我不是很有乐观，结果没想到在一个视频网站上就点击了几百万，这给了我信心。两会时我们也用3D技术、用大富翁的形式解读了政府工作报告的亮点，点击也是几百万。可能平时不太关心时政的年轻人也会点开瞅两眼。

香港有苹果动新闻,《新京报》动新闻是否有过借鉴?与其差别在哪里?

祝炳琨:苹果动新闻是做动新闻的先驱。我们团队会经常观看、学习苹果动新闻。苹果动新闻中会涉及暴力、情色有关的话题,所以我们在形式上对他们有所借鉴,但理念和价值观上是完全不同的。

在那些比较敏感的题材上,《新京报》动新闻是如何处理的?

祝炳琨:是按照《新京报》的价值观,不侵犯当事人隐私,不传播不该传播的东西,在坚守底线的情况下,生产网友和观众喜欢接受的东西。

你认为《新京报》动新闻还有哪些成长空间?

祝炳琨:团队目前是以内容制作为主,以后会扩充技术人员和产品人员,那样才能形成一个完整的生产链。我们除了做好内容的提供商,还要把渠道建设强大。

动新闻工作室准备搬到新的办公地址,是基于什么样的考虑?

祝炳琨:原因很简单,我们要引进美国最好的一个动作捕捉机器"魔神",原办公地址没有足够大的场地来安装这个设备,所以就只能搬出去了。

动新闻在《新京报》的新媒体转型中处于什么样的位置?

祝炳琨:我觉得应该是先锋吧,当然也可能成为炮灰。(笑)希望不是。我们就是一群摸着石头过河的人,希望将来能够反哺报社。

动新闻当前的发展规划是什么?

祝炳琨:我们现在的主要目标还是扩大影响力。

如果我们放开去接商业片的话可能会应接不暇,但那不是我们想要的全部,我们还是想做新闻。所以目前精耕内容是最重要的。

本文原载于《〈新京报〉传媒研究·第九卷》,中国书籍出版社2016年2月版,作者于陆、冯琪,受访者系动新闻负责人祝炳琨

"热门话题"的 4.0 时代

李晨　冯琪　于陆

热门话题 APP 由《新京报》和三胞集团投资，2015 年 4 月上线第一个版本，至今已经迭代到第四个版本，下载量超过 500 万。

经历了前三个版本的试错，热门话题 APP 在 2016 年 3 月的 4.0 版本开始尝试从传统的新闻客户端转变为基于兴趣的资讯分享社区，让用户参与到资讯分发的全流程，用户既是内容的贡献者也是内容的消费者。

热门话题此次转型的原因是什么？基于兴趣的资讯分享社区是个什么玩法？新闻客户端领域还有没有创业机会？《新京报》传媒研究独家对话热门话题 CEO 马金男，看他怎么说。

热门话题近期进行了一次大的改版，最大的变化是什么？

马金男：互联网领域里新闻资讯产品到目前为止共经历了三代：第一代新闻资讯分发模式是以新浪网为代表的"全能型"综合门户网站，第二代新闻资讯分发模式则是门户网站为了适应移动互联网浪潮而开发的新闻客户端，基本上是将原有门户中的内容按照原架构照搬到手机端，第三代新闻资讯分发模式是以今日头条为代表的算法推荐类新闻资讯客户端，虽然我用"代"这个词来描述这三种资讯分发方式的发展进程，但是从实际的市场格局中看，三种模式并非是依次替代的，而是共生共长的，只不过新一代的产品会比老一代产品有更强的用户吸纳能力。

我们目前探索的是第四代资讯分发模式，热门话题最新版本的 slogan（口号）是"全网热门资讯收藏家"。这个版本很特殊，跟前三个版本从结构和理念方面都已经发生了本质的变化，这变化是翻天覆地的。热门话题已经不是新闻客户端，也不是资讯客户端，而是成为一个基于兴趣的资讯分享社区，但从本质来讲，还是在做资讯分发，只是分发资讯的手段和方法改变了。

现在的产品形态是怎样的？

马金男： 首先热门话题 4.0 版本已经没有了频道的概念，替代频道的是收藏夹，用户可以把链接（喜欢的文章、音乐、电影或任何东西）放到他创建的收藏夹里面，给收藏夹命名。其他用户如果也喜欢这些内容，可以订阅这个收藏夹，并且实现实时更新。接下来我们会开放的让用户上传视频、语音、文字、图片。在新的产品模式中，用户参与了资讯分发的全流程，用户既是内容的生产者也是消费者。

为什么要转型做社区？

马金男： 我们发现，新时代用户阅读和获取资讯有这样一个特点：年轻人对信息的接收越来越"孤岛化"。由于信息爆炸、信息获取渠道的多元，加上传统媒体的话语权逐渐跌落，除了重大新闻之外，年轻人基本上只接收自己关心、感兴趣的内容，每个人都是一座信息的"孤岛"。

从信息贫瘠到信息过载，从生活娱乐方式匮乏到服务业和娱乐业逐步发达，用户留给阅读资讯的时间越来越少了，用户对于精准信息的阅读需求越来越明显，如何精准的分发信息是每个资讯类客户端必须要考虑的问题。

如果要往这个方向发展，摆在面前的比较大的困难是什么？怎么要达到这个目标？

马金男： 首要压力来源于资金。我们可能已经错过了移动互联网的低成本营销阶段。从现在移动互联网的发展趋势来看的话，营销成本越来越高，产品再好也需要推广出去。

第二是社区运营上的压力,就是如何调动用户创建收藏夹和发布文章的积极性,把社区氛围做好。这要求我们充分了解用户的心理:用户在想什么?他想要什么?他想和什么样的人交流?他的荣誉感、存在感是如何获取到的?这里面的难度比较大。

后面还会遇到人才匮乏的问题,技术人才、产品人才和运营人才的匮乏。随着信息量的增加,用户使用量的增多,要保证服务被顺畅地提供给用户,信息的存储等都是压力,就会产生人才的争夺。我们现在也在做人才储备。

热门话题的定位是媒体还是技术公司?

马金男:首先,我不认为我们会是媒体公司,第二,我们也不认为自己是技术公司。如果非要定位的话,我们是一个有产品技术背景的广告公司,通过精准的用户画像为客户提供高效的价值传播服务。

由于我们基本不做原创,因此不能仅仅把我们定位成一个媒体。我们技术团队的人员并不多,目前也不以技术取胜,因此也很难把我们定位为一个技术公司。我们去分析用户需求,做一个可能符合未来发展趋势的产品让用户去使用,通过收藏夹这个功能来沉淀用户数据,以兴趣和爱好等维度对用户做精准画像,从而匹配广告客户的传播需求。

APP的用户增长有什么规律吗?

马金男:会有一些规律。如果有些不错的文章、资讯、视频等被某用户分享了,同时这个用户的好友很多,很可能短时间内就会有很多用户进来。其实一个产品、一个平台首先要靠结构和规划,还要靠用户在其中生产足够优质的内容。

因此,我们要把重点要放在社区运营上,要调动用户去发布信息,发布优质资讯的积极性,让他认可我们品牌,然后把这个他喜欢的、好的信息放到里面去,分享给其他人。

这一次转型完成，预估需要多少时间？

马金男：从时间上，我们期待在 2016 年有一个比较大的发展，因为我个人判断，这一阶段的自媒体黄金时间只有两年：2015 年和 2016 年。我们希望在今年抓住这个黄金时期把产品发展起来。

这是怎么判断的？

马金男：观察一下发展态势。在自媒体中，大量有写作意愿、原创意愿的，无论是传统媒体人还是草根用户，在 2015 年开始疯狂涌入，这个长尾效应会延续到 2016 年，但可能很难延续到 2017 年，因为平台是有限的，真正有原创欲望的人不会等很长时间。再往后，进来的机会也变小了，获取粉丝的机会也会变小。

这跟微博的走势是类似的，在微博的整个发展过程中，可能用户疯狂增长大概只有两年时间，现在基本上微博增长有些乏力。其实微信的用户也已经到了天花板。

你认为未来会是什么趋势？

马金男：我觉得未来有种可能，就是 APP 的用户使用几率会慢慢变小，可能会有新产品出现来替代 APP。也许会通过一些智能设备，比如眼镜或手表，甚至 3D 虚拟等来实现用户获取信息。这些都是未知。

你曾讲过说，传统媒体不需要再做 APP 了，为什么这么讲？

马金男：我 2015 年年底参加了一个地方媒体新闻客户端上线的论坛。我发现，几乎中国所有省份的传统媒体都在疯狂做新闻客户端。我觉得很可怕。

第一，移动互联网高峰时段已过，传统媒体在 web 互联网时代就没有跟上潮流，这时候才开始反应过来，我认为时间有些晚了。

第二，对于这些地方传统媒体来说，他们缺乏懂移动互联网的人才，光有钱是没有用的。

第三，竞争环境非常恶劣，已经有几个新闻 APP 站稳了脚跟。市场容量是有限的，这时候挤进来做，想超越很难。哪怕能超越，获取用户的成本也在逐年增加，要准备大量的资金去推广这个产品。

像你所说的，现在已经很难突围了，您坚持在做热门话题，有信心吗？

马金男：正是基于这样的形势，我们改变了思路。我们没有坚持做新闻客户端，而是在做社区类产品，我们也不太希望用户把我们定位成一个新闻客户端。

热门话题要做资讯的收藏家，不做原创的内容，那可以理解为是在做聚合。现在的聚合类产品有很多，比如今日头条、pocket 和 zaker，热门话题跟他们相比有什么优势？用来吸引用户的核心竞争力在什么地方？

马金男：刚才你提到的这些平台其实都在做一件事——在给用户做信息归类。也就是说，是系统或者编辑在为用户做信息整理。它们是系统推荐，而热门话题是人与人之间相互推荐。这是用户的行为。也就是说，信息组织逻辑是不一样的。

热门话题要做社区，用户间互动形式是仅仅停留在收藏、订阅、点赞的层面吗？如果没有其他的对话方式，就很难发展成为强社交关系，这样如何保持用户黏性？

马金男：其实，热门话题中的收藏夹分享只是第一步。我们未来要做什么呢？要做社群。

很多用户会把自己的兴趣信息留在这个平台上，我们可以将同样兴趣的人进行组织，进入一个社区里面，将若干个信息孤岛连成一个大的岛屿。人的兴趣是分散的，也是交织的。其实热门话题做的，就是先用资讯和信息打一个地基，上层建筑是社群运营。

我们对未来有的盈利模式有什么设想？

马金男：整个互联网的盈利模式基本上是固定的。跟我们相关的，最有可能就是广告类信息的分发。未来我们在设计广告产品的时候，肯定要规划好，精准地帮客户去做营销。

目前我们还没有把精力放在广告上，还是先做产品。我们这个产品模式从出生开始，就注定不是立刻赚钱的产品。

您提到 2016 年是互联网最后的黄金时间，热门话题又该如何把握？

马金男：对我们来说最难的不是钱，而是如何做一个好产品。当产品好了，用户自然会来。哪怕我们不花钱推广，依托口碑效应都能带来很多的用户。用户来了，资金也会来，人才也会来。所以我们不会设定具体的目标，目的是给团队腾出来足够的时间和精力专心地去打磨产品。

本文原载于《新京报》传媒研究公众号（xjbcmyj），刊发日期：2016 年 4 月 8 日，作者：李晨、冯琪、于陆，受访者马金男系北京热火朝天科技有限公司 CEO

时政公众号"政事儿"如何实现"弯道超车"？

马俊茂

粉丝增长 40 倍，阅读量增长 50 倍，20 个 10 万加，连续三个月在第三方数据检测平台上，"北京地区纸媒公号排行榜"中排名第一。

文章成主流新闻网站和客户端首选，上海市委机关报《解放日报》用一整版进行报道。

这是一个叫"政事儿"的微信时政公众号在四个月内发生的变化，出自于《新京报》时政新闻部。

时政新闻在微信平台上的"移动化表达"源起于传统媒体的整体转型。在"政事儿"正式诞生的四个月前，"时政公众号"批量出现至少一年多时间，已逐步品牌化，并拥有固定的读者群。在很多人看来，"跟风"做时政公众号的最佳窗口期已错过，机会越来越少，想"弯道超车"更是困难重重。

"政事儿"正是在这种背景下起步的。

在这四个月时间内，用"野蛮生长"来形容"政事儿"的成长毫无夸张之嫌。在目前被读者熟知并认可的时政公众号中，"政事儿"不管在读者数量上，还是在内容影响力上，均有重要的一席之地。与此同时，并生而来的压力也在成正比增加。

作为统筹编辑，在这四个月内，笔者有以下三大方面的感触。

核心动力：技术变化多端，内容为王不过时

附带媒体属性的"微信公众号"是技术和内容的一次现代化嫁接，但不管技术和渠道如何变化，稀缺内容依然是赢得读者认可最核心的要素。

在"运营""活动""推广""渠道"等成为高频词的移动时代，"政事儿"在这四个月内没有做过任何一次活动和一次外部推广，全部读者和影响力均来自于文章本身。

"政事儿"的内容定位是"从小细节观察大时政"，在具体的操作过程中，会有如下三个标准项。

其一，差异化角度。

在信息过量和表达千篇一律的当下，读者会遇到选择上的犹豫点，如果想让他们在第一时间记住并关注媒体公众号，只能用"有价值的差异化"作为敲门砖。在别的地方能看到的报道，为什么还要来你这里再看一次？

不管在日常，还是在时政新闻的大事件面前，"政事儿"在大多数时间内都做到了内容上的差异化，不"跟风"同类媒体做过的角度，为读者保持连贯的"新鲜感"。譬如，在天津爆炸事件中，"政事儿"率先注意到前几场新闻发布会上无分管副市长出现并撰写文章，其后其他媒体跟进；9·3阅兵时，在现场的"政事儿"撰写了《天安门城楼上，阅兵观礼老同志的6个细节》；习近平访美期间，"政事儿"发布了多篇差异化文章：《访美期间，与习近平距离最近的六个人》《访美归来，习近平要干这三件大事》《习近平外访期间，国内发生大事怎么办？》等。

持续的差异化，一定是建立在长期的素材积累，对新闻的熟悉度和充分讨论的基础之上。

其二，重事实与解释，弃观点与评论。

"政事儿"强调新闻性，注重事实和对事实以及政策的分析解读，摒弃个人化表达的"评头论足"。

"观点"人言人殊，但新闻事实只有一个，合理的解释可以助力对新闻事实的理解。"政事儿"注重的是主题新闻本身和关联的增量信息，譬如，《中南海的八位"特殊智囊"》《哪些省部级官员胆大"妄议中央"？》《习近平的六位"老熟人"》《王岐山的28位"特种兵"》等。以及解释性的报道，譬如，《新闻联播主持人享受什么待遇和级别？》《尘封40年为何现在重启特赦？》《李小鹏访美为何要经过中央批准？》和《宋祖英的"官"有多大？》等。

其三，简洁化表达。

从标题到内容，"政事儿"尽量追求表达的简洁化，有事说事。

因信息过量和碎片化的阅读习惯，读者往往会形成阅读疲劳，标题不够简洁，不说核心事实，就意味着损失了一批用户。"政事儿"文章证明了，简洁的标题往往更受读者的青睐，譬如，《省长李小鹏的难处》《军中反腐先锋刘源》《温家宝退休这两年》和《市长不服市委书记，咋整？》等。

文章内文与标题同理，尽量讲核心事实和重点的关联事件，最大化去冗。

辅助动力：《新京报》品牌价值为"政事儿"护航

用户对"政事儿"的认可，一定意义上是对《新京报》12年来新闻专业主义的认可。

《新京报》创刊于2003年11月11日，再过几日就是创刊12周年，在这12年，曾获得"中国最有影响力的时政类报纸"等各种殊荣，2015年全国两会总理记者会上,《新京报》成为历史上首个获提问机会的都市报。

"政事儿"脱胎于母体《新京报》,从诞生起就带着"最有影响力时政报纸"新媒体的光环,从报道理念到时政素养,都继承了报纸的传统基因。因此,《新京报》这12年积累起来的品牌价值,也部分折射在了新媒体化的"政事儿"身上,这种内在的品牌价值也成了"政事儿"迅猛发展的辅助动力。

人为因素:小团队保持创业者心态,全力以赴

虽然头顶《新京报》的光环,但在新媒体的时政报道领域,"政事儿"是一个不折不扣的新兵,因此,后来者的压力也成了团队合力前进的动力,小团队以创业者的心态,全力以赴。

"政事儿"目前固定的小团队有3—4个人(含一名敬业的实习生),从四个月前的诞生之日起,包括一名报社编委在内,团队成员几乎没有一个完整的休息日,"政事儿"同样也没有停发一天。

每日编发一次,每次刊发1—3篇文章不等,大多时发两篇文章。"政事儿"不再是传统媒体的传统做法,团队都是坐班完成工作任务,从早上9点半到晚上不确定的时间下班,经过选题讨论、找资料、采访、写稿、审稿和编发多个程序。

凡事有成者,勤奋和敬业是基础,"政事儿"前期的小有成就正是建立在这个人为的基础之上。

当然,"政事儿"也有很多不足之处需要改进,不经意会显露出标题党的痕迹,偶尔也会有低级的笔误之处,文章内容也会有偏颇之时,这都是我们未来的着力所在。

本文原载于《〈新京报〉传媒研究·第九卷》,中国书籍出版社2016年2月版,作者系《新京报》时政新闻部副主编

《新京报》书评周刊微信是怎么炼成的

马培杰

这可能是目前最具有媒体属性的阅读类微信公众平台。在碎片化和泛娱乐化的微信阅读大潮中竟然仍存在这样的一个推崇深度阅读,不迎合潮流,彰显自我判断力的新媒体平台。这可能不是一个奇迹,但必定是一个异类。《新京报》书评周刊微信公众平台在2014年内突破20万的粉丝量,是好多人都没想到的事。但这也同时证明了,我们的读者并不如我们想象中的那般不堪。

当然,《新京报》书评周刊微信公众平台并非单纯地把《新京报》书评周刊印刷版的内容进行拷贝或进行一些变化后重新呈现,甚至也不是对《新京报》书评周刊的编辑思路进行传承。继承而来的可能仅是对于文化现象和文化事件的观点和态度,以及对于做好这样一个深度阅读类媒体的初心。如此,从风格上说,微信端的《新京报》书评周刊仍与报纸上的书评周刊统一。

基于这些坚持,我们并不把粉丝数量或者阅读量看得太重,我们做的其实是把认同书评周刊的人们逐渐聚集,然后以网状形式慢步扩散。我们不可能让骚动的人群沉静,但我们却可以给追求沉静的人群一个栖息之地。2014年,我们在探索和反复中逐步做到了这件事,这比20多万的粉丝数量更重,也更让我们欣慰。

我们坚持原创只是因为,我们的传播要求我们原创。我们在与书评周刊报纸版面有效打通的背景之下,发布了大量新闻性原创内容,从而发挥了微信平台的快速传播优势,也成了国内重要的文化新闻发布平台。自 2014 年下半年以来,在全国范围内首发《周啸天的"新闻诗"》《李银河:我这不是出柜》《周国平:我是一个女性主义者》等文化新闻稿件。

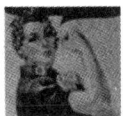

就在写这则小文的前一天,我们几个记者刚刚熬了一个通宵,只为了等待"赫敏"的扮演者艾玛·沃森的一个在线维权节目,我们要保证能够第一时间将我们想要呈现的内容直达所需人群。就在那个眼睛也睁不开的凌晨里,我们清楚地知道,这篇文章的传播绝不会太广(事实正是如此,本文单日仅有不到 2 万的阅读量,此时首文单日平均阅读量为 2.5 万),但是我们仍然义无反顾地去做了,好像就是觉得这是我们该做的。有读者看到专题后分享并留言:"原来如此,我可以大声地说我是一个女权主义者了。"OK,能影响到一些这样的人,做这样的努力,值了。

前面其实说了蛮多所谓内容为王或者新闻理想的老生常谈,但是我们确实也在灵活性地处理一些文章和采取一些运营策略。比如说"标题党"这种事。《纽约客》曾统计过,什么样的文章会增加转发量:

1. 文章主题积极,读完后让读者感到兴奋;
2. 让用户非常愤怒和恐慌的文章;
3. 让读者觉得自己不仅聪明,而且消息灵通、见多识广;
4. 实用且容易记住的内容;
5. 有价值的故事。

这五点也一直被我们当成一把平衡的尺子，常常拿出来忖度一个选题，研究一个标题。有时，我们甚至会用上一个钟头去磨一篇标题，也会用数10分钟去修改一篇文章的封面图片。我们希望能做到先声夺人，以至于我们在年度书单发布的那一天采用了至今绝无仅有的排版方式，这样的惊艳我想确实是给书单的发布添了一把猛柴。

我们希望给读者以价值，但是我们仍然尽量采用新媒体的思路和语言去说话。我们希望读者像看待一个朋友一样看待书评周刊，我们传达给他的内容就好像一个朋友在跟他聊天一样，只不过这个朋友有点见识，说的话也都是真知灼见，而且字字有根有据。如此，我

们策划了"教育部的朋友圈火了"这样一个插播了各种无厘头和搞笑段子的严肃新闻，名人的手稿也成为我们调侃的对象。用新的形式包装既有内容，所有新的形式都会积极进行尝试，视频、动图等，在月度好书榜的发布中，我们也首次采用了H5页面，让传统的书单跳脱起来。

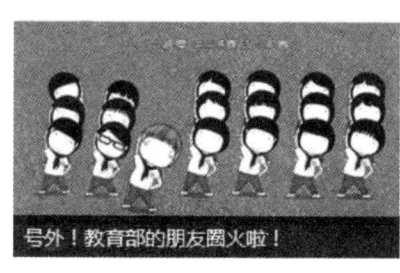

做好的内容是必须，可如何真正地知道读者在哪里，如何增加与他们的互动，才是新媒体区别于传统媒体的根本。传统媒体时代，A到B的思维决定内容为王，移动互联网时代，读者细分化与定

评论 | 给教育部上一课：孩子话得这么说

他山之石 | 揭秘"洋学生守则"

向传播决定做新媒体的思路必须转变。要留住读者并真正知道读者在哪里，怎么办？

我们包装了几个拥有自己特色的栏目，"每日荐书""周末读诗""送书福利""观乐观剧福利"等。"每日荐书"为原创视频类荐书栏目，是微信功能性体现之一，增强用户黏性，形成固定期待，虽然有时量并不是很高，但会让我们知道忠实粉丝有多少。聚沙成塔，从腾讯视频播放量统计上看，截至此文成稿，"每日荐书"视频的总播放量已经达到20万。"送书福利""观乐福利"更是直接地与读者进行文字或当面交流，因为观乐活动，我们在微信上培养了一批古典乐的爱好者，因为送书活动，我们获取了读者阅读习惯、阅读水平、阅读范围等最有效信息。而这，对日后的商业化提供了一种可能条件。

做好内容与栏目就够了吗？答案是否定的。运营同等重要。好的内容如果不加推广和运作，便会埋没于移动互联网大潮中。现阶段公众号内容鱼龙混杂，版权意识淡漠，充斥最多的就是心灵鸡汤和有色没色的段子，这些内容的阅读量动辄10万+。那些真正的好文章和好内容往往在一隅悄悄藏好了身形，在等待有心的读者发现。于是，做好了内容，我们发到相关论坛，@相关名人，请他们帮忙转发，与其他公众号进行内容资源置换。与此同时，我们并不排斥互推，接受来自其他公号的新鲜血液，当然，互推的公号都是经过严格挑选，与我们气质相符的。

奥斯卡·王尔德说过："做好你自己，因为别人都有人做了。"坚持原创，坚持媒体属性，融入新形式，做真的新媒体，相信我们已经做到合格，但是还远远达不到一个优秀的层次：我们的影响力相比之下还不够大；我们还没有将全部热爱我们的读者聚集起来；我们还没有让大部分的读者形成固定期待，如此种种，书评周刊仍在路上，书评君也在路上。

本文原载于《〈新京报〉传媒研究·第六卷》，中国书籍出版社2015年5月版，作者系《新京报》文化副刊部编辑

五

我的纸里包着我的火——《新京报》企业文化

论"持久战"

戴自更

一、关于《新京报》

去年（2010年）底开始，我就想着怎么来纪念报社成立8周年，为此还专门成立了《新京报》传媒研究院，目的是总结过去8年的经验，展示成绩、鼓舞士气，同时给《新京报》人一个抒发情感、规划未来的机会。当初定的方案是出一套书，包括：《新京报》8年来刊登的重要报道，传媒界著名学者对《新京报》的研究文章，本报有关人员阐述办报理念、营销理念和实战案例，本报员工8年的工作、生活记忆。后来在一次讨论会上，同事问应该给这套书取个什么名，我脱口而出，叫"论持久战"——8年，正好是打一场抗日战争的时间，大家都笑了。

不过这确实是我的心里话。在内部会议上，我曾经说过，《新京报》能够存在，本身就是个奇迹，能做到今天这样的局面更是个奇迹，毕竟它有着特立独行的"不合时宜"，因此办这张报纸真的如同一场持久战，并且是每天都在发生的战争。不仅做新闻像打仗，内心矛盾的交织更像打仗，在我，包括很多《新京报》人，总纠结于：是遵循新闻规律还是屈从利益集团，是坚持新闻理想还是得罪广告客户，是执着新闻人的良知还是向人情社会妥协……8年来，我们有过无奈，有过失落，但更多的是在坚持，日复一日，年复一年，打着持久战。

　　8年前，有许多人预言《新京报》不可能成功。他们说北京报业市场已经饱和，没有机会了；他们说《新京报》会水土不服，在现实环境下是死路一条；他们说《新京报》只是小报，办一份与首都地位相称的报纸纯属痴人说梦；他们说《新京报》的版面架构有致命缺点，不可能熬过第一个冬天。但是在他们的猜疑中，《新京报》从无到有，从小到大，从弱到强，走着一条高速发展的道路，如今无论社会影响力还是经营业绩，已是北京地区同类媒体之首，并连续两年被权威研究机构评为引导舆论热点的主要媒体，与国内最大的通讯社和最大的门户网站并驾齐驱。

　　《新京报》的成功是遵循新闻规律的成功。《新京报》的最高标准，也是最基本的标准，就是"尽可能地真实报道，尽可能地说真话"。这有两层意思：一是对新闻事件的报道必须是真实的，是经过充分求证还原的，刊登的评论是理性的，是基于基本常识的；二是要"尽可能"地把稿件发出来，在现有体制框架内，最大限度地满足读者的知情权、表达权、参与权、监督权，在判断不会带来重大风险的前提下，让稿件见报。凭借扎实的调查、客观的报道、理性的评论、贴近民生的服务意识和矢志不渝的创新激情，《新京报》赢得了读者的认可和赞赏。

　　《新京报》的成功是坚持文化品位的成功。《新京报》始终保持"有尊严的报格"。作为媒体，我们一向坚持独立自主的办报理念，就算是"工具"，也是维护国家和人民根本利益的"工具"，而不是为某地、某人服务的"工具"。其次，《新京报》具有积极向上的价值观，坚守法治精神、人文情怀，遵从进步的、美好的价值取向。第三，《新京报》的报纸形态是有内涵的而不是肤浅的，是高雅的而不是媚俗的，是适合阅读的而不是为难读者的。

　　《新京报》的成功还是自由创新的成功。《新京报》发轫于《南方都市报》，但又在很多方面进行了改良。在借鉴传统都市报和传统党报优势的基础上，我们提出了"走第三条道路"的办报理念。《新京报》重视对现实的批判，更强调报纸的责任，重视对权力的制衡，更强调秩序的重建。《新京报》有着较为广泛的、专注于新闻本身的自由，在理念一致的前提下，具有较大的新闻操作空间。在《新京报》，没有不能报道的新闻，只有不会报道的记者。

二、关于《新京报》人

我曾在很多场合形容过《新京报》人："他们是可爱的自我完美主义者，对生命、对生活、对事业有自己独特的理解。他们张扬个性，但是协作互助；他们挥洒激情，但是恪守责任；他们筚路蓝缕，但也乐天向上。他们纯粹如永不长大的孩子，深刻如度尽劫波的智者。他们有诗人的情怀，学者的专注，僧徒的虔诚，也有政治家的敏感。"在我眼中，《新京报》人好像就是作为真正意义的新闻人而存在的。

《新京报》人简单，他们不需要知道社会潜规则，唯一要面对的就是把工作做到极致；《新京报》人正直，他们可以坦诚地表达自己的意见，不用拐弯抹角小心谨慎；《新京报》人职业，无论什么情况都把自己应该承担的责任放在首位；《新京报》人充满激情，他们觉得一个新闻人活着的意义，就是要尽最大的努力去真实地报道这个世界，并推动其不断进步。

是《新京报》的制度和文化铸成了《新京报》人。《新京报》是个充斥民主精神的地方，上到总编辑，下到记者编辑，只有岗位不同，没有人格高低，在《新京报》永远是对事不对人。这里没有拉帮结派，没有阿谀逢迎，没有整人搞事，没有繁文缛节，没有无事生非，没有文山会海，特别是不会在业务上逼着大家去做不想做的、违背职业准则的事情。因为对传统体制有切肤的感受，我们尽可能的反其道而行之。《新京报》有清晰的制度规范，但没有违背人性的人身约束，大家相处的基本准则就在于价值观的趋同。当然即便如此，也不是所有人都满足，他们可能有更理想化的期望，甚至要突破"报社共同利益"的底线，那就只能合则留，不合则去。

8年来，《新京报》的人走了一茬又来一茬，差不多有上万人来来去去。以前我也曾为此叹息，但现在已经看淡很多。因为文化在，报纸的灵魂就在，变的是面孔，不变的是精神，退一步说，即使报纸没了，那些在《新京报》待过的人，不是依然带着《新京报》的烙印吗？9月初，报社有些变故，一些从《新京报》出去的人夤夜从千里之外赶来探问究竟，让我深为感动。我说过，《新京报》就是一所没有围墙的学校或军营，能够永久相处固然最好，但人总在进步，《新京报》不可能为所有人提供更高的职位，何况外面的世界也很精彩，唯一希望的就是曾经的《新京报》人，是带着美好、带着充实、带着感情离开的。

《新京报》的民主氛围和《新京报》人的职业感，是这份报纸能够有今天成就的一大原因。很多时候，为了一篇稿子的刊发，我和王跃春等人要没完没了的挨批评写检讨赔好话，而我们很少跟记者说，甚至也不会跟中层说，为什么？就因为记者、编辑、中层都各有其职，写稿、编稿、内容核实是他们的事情，但发不发稿、发多大篇幅、会不会有风险，是我们的事情。常常是我们一边为一篇很有影响力但被有关部门批评的稿件写检讨，一边还要在报社内部肯定这篇稿件采编人员的职业精神。《新京报》培养了一大批名记者，在他们最有影响力的稿件背后，往往有我们一干人的检讨，甚至要付出更大的代价，但这是我们应该担当的职责。为此也常想起鲁迅的话，"肩住黑暗的闸门，放大家到光明去"。这8年，我能起到的作用就是一柄雨伞或铺路石。

三、感谢的话

借此机会，我要感谢为《新京报》的创办和发展付出心血、做出贡献的人。

程益中，《新京报》首任总编辑，他是《新京报》文化的奠基人之一，尽管与《新京报》相处的日子只有几个月，但他在推动南方与光明合作、选派和培训团队、确立《新京报》报纸形态方面发挥了重大的作用。他是一个有才华、有激情、有领导力的人，也是一个有原则也懂合作的人。

喻华峰，《新京报》首任总经理，他是《新京报》经营的奠基人之一。最初合作办报方案，就是我跟他在一个咖啡厅达成的。他是个务实的、顾大局的人。《新京报》的经营人才大多是他带出来的，经营模式也基本沿袭《南方都市报》。让我感动的是，在他身陷囹圄的时候，依然让人带来有关市场经营的建议。

还有杨斌、韩文前、王跃春、孙献涛、孙雪东、李多钰、郑万洪、罗旭、迟宇宙等，他们是《新京报》第一任班子成员，他们都有才华，都很职业，都很真诚，都很正派。《新京报》有句广告词，叫做"做什么事情很重要，与什么人一起做事更重要"。现在我还是很诧异怎么会有这么多优秀的新闻人集中在一起办一份报纸。记得那时有点事就开会，无论夜里还是周末，从没人缺席。对有关报社的任何事情，大家都当仁不让，由于个性都强，甚至争得不可开交，但丝毫不会影响彼此感情。8年来，他们有人出去创业，有人另谋高就，也有人坚守至今，但大家对《新京报》的支持、关心、爱护一如既往，因为这里留有他们的智慧、心血、理想，有他们可歌可泣的经历。

还要感谢包括曾经在《新京报》工作过的所有《新京报》人。白手起家，从头开始，那种艰难困苦、难堪境遇，只有亲自经历过才知道，可以说是《新京报》人的青春、热血和必胜的信念支撑《新京报》走过8年，走向荣光，他们是最值得骄傲的，也是《新京报》的价值所在。

还要感谢《光明日报》袁志发、苟天林、胡占凡三位总编辑和薛昌词、赵德润、李春林、刘伟等编委。他们有的是这份报纸创办的直接决策人，有的为这份报纸承担了很大的压力，有的为报纸的生存委曲求全。要感谢南方日报范以锦、杨兴锋两位社长和王春芙、张东明、钟广明等社委。他们在《新京报》创办等关键时期调动很多人力和资金资源，给予了决定性的支持，在后来外部环境不如意的情况下，依然义无反顾地信任《新京报》、扶持《新京报》。最后要感谢主管单位的有关领导。在《新京报》有些成绩的时候，他们总给予充分的肯定，在《新京报》出现问题、受到批评的时候，他们多以一个读者的身份给予善意和帮助，没有他们，也不会有《新京报》的今天。

本文系《新京报》8周年系列图书《新号外》的序言，新星出版社2012年7月版，有删节，作者系《新京报》社长

往事如歌

戴自更

大概是 2004 年深秋的一个下午，本报北京地理发了一篇介绍京西爨底下村的文章，不知谁提议的，我、王跃春、罗旭、郑万洪、李多钰等都想去一看究竟，于是当即开车上路。

一头走、一头问，傍晚时分，在驶过一条小溪后，终于到了爨底下。我们一行在这个坡度很陡、房子全由石头砌成的村子里转了不到半圈，天就黑了，找到一个农家，狼吞虎咽一通后，准备住下来，但看了几处，觉得不合适，看看漫天繁星，一番踌躇，决定原路返回——诡异的是，在开了 3 个小时车后竟又回到爨底下村口，再次掉头回来，才发现走错了岔路，虚惊一场。回到北京，已经一点多了。

像这样"无厘头"的、兴之所至呼啸来去的事情，在《新京报》初创时期，着实做过不少，往往是有人一倡议，大家群起响应。像我这个年纪的人，本来早没什么玩性，起始是勉强应和，渐渐的欣然相从。混迹期间，如去什刹海看月，去大觉寺喝茶、去凤凰山赏花、去黑龙潭泛舟，去金海湖探幽，甚至开社委会也要去"天下第一城"——很多地方是我这个"北京人"以前没有去过的。

除了小范围玩的事情，还动辄搞成千上万人规模的活动，如拉着 2000 多人去野外穿越，搞有几百人登台的文娱晚会，派上百人的方队参加马拉松赛，动员全报社人员搞车房展，还有承办国际小姐选秀，卡拉OK比赛，四大联赛，等等，常常忙得人仰马翻，但众人依然乐此不疲，好像一进入《新京报》，大家就沉浸在兴奋的创造之中，有着无穷的精力，业务繁忙自不待言，即便寻常生活，也要追求超常，不断地寻觅着、尝试着、探究着……

在创刊一周年的时候，我曾这样形容《新京报》人："他们是可爱的自我完美主义者，对生命对生活对事业都有自己独特的理解。他们张扬个性，但是协作互助，他们挥洒激情，但是恪守责任，他们筚路蓝缕，但也乐天向上，他们纯粹如永不长大的孩子，深刻如度尽劫波的智者。他们渴望成功，从不敷衍塞责，他们知错即改，决不文过饰非，他们坚持原则，拒绝妥协退让。他们有诗人的情怀、学者的执着、僧人的虔诚，也有企业家的敏锐。"

人力资源部说，截至今日，有11513人曾在《新京报》工作过，按报社常态计，流动人员达五倍之多，这么短的时间这么频繁的人员变动，在一个单位是难以想象的，比照战争年代的部队是不是也这样？一个番号下面，曾经有无数的人聚集过，他们来了又走了，成就了一支队伍的辉煌。

7周年相册里，可以看到无数张欢乐洋溢、风采飞扬、满是憧憬的脸，最直接的感觉是：这是一个大的家庭，一个事业上的、心灵上的家。在这里大家可以歌哭，可以欢笑，可以敞开心扉，可以无拘无束。有人说《新京报》是一个奇迹，其实在当下现实中的《新京报》社更是一个另类，正是这块简单、真实、纯净的土壤造就了《新京报》人，也因此成就了《新京报》。

一些往日的同事告诉我，他们最怀念、最有成就感的是在《新京报》的日子，只有那段时间投入的是自己的生命和心血，在其他地方不过打工过日子而已。在我也是一样，有时是休息日，从家里开车出来，不由自主的会驶上去报社的道路，往往是到办公楼前才恍然醒悟。在很多同事心中，《新京报》就是一种寄托，这7年间积聚了太多的情感、智慧和青春，不少同事的生命中已经深深地烙上《新京报》的印记，很难磨灭。

激情、创造、自信、进取、快乐、坚持……我能想到的与《新京报》相关联的都是这些词。常言道，一个人做什么事很重要，但和什么人一起做事更重要。再过几天，是《新京报》创刊 7 周年的日子，出这本影集，算是我的倡议，关注点是《新京报》人在《新京报》的生活，借此勾起广大同事对过往的回忆，重温一下我们从哪里来？是怎么来的？在时光飞奔的路上，我们还将继续彼此扶持、尽力绽放，哪怕之后落英纷纷，也应坦然自若，永不后悔，因为我们曾经这样地经历过。

本文系 2010 年《新京报》七周年纪念画册《我的纸里包着我的火——七年，我和新京报》的序言

《新京报》人的十种气质

戴自更

如果说《新京报》是报业成功的一个范例，我个人体会有以下方面的原因：

1. 信念。相信一份美好的、进步的报纸是充满前途的，《新京报》人对此从来没有动摇过，开始时有人《新京报》曲高和寡难以为继，还是后来很多人认为报纸遭受新媒体的冲击将走向死亡，我们一直不以为然，走自己的路，百折不挠。

2. 激情。有信念才会有激情，因为爱这份事业，才能全身心的投入，就像爱情，念兹在兹，无论你身在何方，无论你快乐还是高兴，都会身不由己，我们的很多报道、策划、活动，都是充满激情的。

3. 坚持。"虽千万人人吾往矣"，衣带渐宽终不悔，为伊消得人憔悴。《新京报》能否成功，有时就是一念之差，2005年年底是，创办时候也是，一年有过60多个阅评更是，我们默默承受。我们说一出生就风华正茂，但让别人认可必须经过千辛万苦，没有坚持，这张报纸早就不在了。

4. 认真。《新京报》出现的几次大的风波，起因就是细节，在北京办报，稍有不慎全盘皆输。多年来我自己也是身体力行。《新京报》现有的文本格式是怎么来的，是我创导的，我怎么来的，是因为有一次见到科学院的院长亲自动手改公文的体例。我最不能容忍同事手下，因为不认真出问题，还经常改不了这个毛病。这样的人是不可能成就事业的，大事更不可能。

5. 同舟共济。目标一致，志趣相投，各司其职，高度协作，这是《新京报》能够一举崛起的很重要的原因。我们来自五湖四海，天南地北，但是凑在一起后，互相包容，互相欣赏，互相提携，互相砥砺，就办出了一份好的报纸。"兄弟同心，其利断金"。对《新京报》，这不是一句套话，有着许多的事例作支撑。无论在谷底，特别是面临厄运的时候，我们的团结是这份报纸得以存在的基石，这方面很多同事记忆尤深，我对《新京报》第一代的领导层是充满敬意的。许多事情之所以能够成功，不是因为一个人，而是因为有一群人。

6. 创新。《新京报》就是创新的结果。从报纸形态到报纸内容架构，到每个版面每个文本形式，都是创新。曾经想过模仿南都，但最后还是放弃了，除了骨子里或者说办报理念是借鉴了南都的，《新京报》的形态与南都相差很远。此外远到跨地区办报的模式，小到像今天这样的广告外包封，都是创新的结果。这是《新京报》成功的核心秘诀。我们引资也好，搞管委会也好，搞成本考核方案也好，年终述职也好，都是创造性的。报道上的创新更是不胜枚举，可以说我们每天每时都是在创新。

7. 机制。机制对事业成功有保证作用，我们要信任人，看重人的作用，但是机制可以让优秀的人更优秀，差劲的人遭淘汰。我们的用人制度、考核制度、激励制度、奖惩制度、决策机制、管理结构等，尽管不是10全10美，但是在国内还是开先河的，也是比较符合实际情况的，正是有一套制度的保障，《新京报》才能够走得更远。

8. 文化。《新京报》的文化是由一系列的制度、规定和参与这些制度和规定的广大员工共同形成的。是一种氛围和软环境。比如我们崇尚简单的人际关系，崇尚实干和创新，崇尚职业和专业，崇尚个性自由，崇尚正直善良，崇尚民主平等，崇尚美好正气，等等，我不知道大家对《新京报》的工作软环境怎么评价，自己感觉还是比较好的，我们的制度和文化总体结合得比较好，既有严肃的制度约束，职业准则，还有道德底线。因为我以前在体制内，对尔虞我诈，当面一套背后一套，说假话说空话的文化深恶痛绝，才希望《新京报》能够干净、简单，对事不对人，有一种真善美的东西，希望大家到这里工作能够觉得快乐、有趣和轻松。

9. 资源整合。任何事业的成功离不开资源整合。采编与经营，人才与市场，平台与机遇，等等，要善于找到结合的契机。《新京报》的创办是把南都的人才资源、市场资源、管理资源、内容资源、品牌资源等与光明日报的政治资源结合起来；《新京报》的发展或者壮大，也需要不断的整合资源，其实我们一直是这样做的，去年底创办杂志，去年中创办京探网都是，今后也会如此。

10. 视野。心有多大舞台就有多大，视野有多开阔事业会有多大的建树。《新京报》创办时，很多朋友认为没有机会，但是我们几个一意孤行，结果证明"北京的都市报没有饱和"，所有报纸都有机会。我们引资，搞两会报道，决定发表"上访者被当作精神病人监管"，等等，其实就是眼光。如果没有眼光，报纸就办不好，经营也不会上档次，事业也不会有发展。

《新京报》成功的因数很多，我是从自己的角度考虑的，不一定全对，供你们参考。

节选自戴自更2009年《一出生就风华正茂——〈新京报〉的创办和探索之路》一文

一张报纸的模样就是一群报人灵魂的样子

朱学东

1.

在我所能见到中国所有报纸中,《新京报》的品相是最与众不同的。

这份创办于 2003 年 11 月 11 日的报纸,从一出生起,就让人眼前一亮。

最直观的,自然是《新京报》的版式。相较于传统报纸四平八稳,浓眉大眼,毫无设计美感缺乏亲和力的传统版式,《新京报》的版式设计极其用心,简约,淡雅,从容,大气。

这种简约风格的版式一出来,与北京乃至全国的报纸迅速形成了形象上的差异化。这种差异化,不仅是报纸设计观念的改变,也代表了报纸背后的报人们的专业能力和审美趣味,更代表了一种新的时代的审美趣味,以及价值追求。用《新京报》人的话说,就是服从于受众导向,服务于传播阅读的便利。

一张报纸的品相不仅体现在版式设计上,更在这些版式所承载的内容上。从创办起,《新京报》就开始重新定义北京地区的办报理念和关于内容的价值。那就是回归报纸的基本属性,把报纸当作真正的信息传播载体。

《新京报》创办之始,便确立了以新闻立报的理想,强调报纸的影响力来自于新闻报道及其对受众和消费者市场的影响,而非所依存的权力。因此，《新京报》所做的，就是让报纸的基本属性复归，即真正的信息传播的载体，即使承担的宣传教化功能，也要通过正常的新闻和信息的传播来实现。这一理念被贯彻到新闻操作的日常选择中。

"回到读者需要的新闻，是办给读者看的"，核心就是遵守新闻规律，按新闻规律报道新闻和办报纸，满足和尊重受众需求，既非仰望权力，也非附骥资本，更非俯视众生，而是以社会生态链中的一分子，谨守社会职业分工的要求，以平等的视角来处理报道传播新闻事件。这种世俗化、平民化的新闻报道理念，真正成为办报理念，始自《新京报》。直到今天，大多数报纸依然没有做到。

但《新京报》坚持了下来。这也是转型时期一种新闻观和社会价值观的重建。由此，也让读者在《新京报》上看到了过去传统都市报很难看到的报道：

日常报道中对SARS后的骨坏死患者故事、嘉禾拆迁、新兴医院的送子神话、上访者的故事、沙漠之殇、最后一班地铁、神医巫汉、呼格案的系列报道、网购帖吧、江南弃儿等的深入调查，也有突发事件如汶川地震、伊春空难、温州动车事故、天津港大爆炸、河北洪灾等还原真相的努力。

这些年来，《新京报》的报道，有热点，有独家，通常通过两个方向展开，一个是呈现还原普通人在大时代的生活和跌宕起伏的命运，一个是通过关注普通人命运，呼吁司法纠错，维护民众权利，捍卫司法尊严。这些报道，不仅还原了当事人的命运，也改变了许多人的命运，同时也呈现了我们时代和社会的痛点，引发了诸多思考。

相较国内同行，《新京报》在重视市场和服务的同时，更强调法治和人文精神。

"《新京报》给人的感觉是有责任感、使命感的，是有新闻理想、专业品质的。大家清楚做报纸的目的就是真实记录时代，准确诠释常识，从而推动社会的进步。因为有共识，所以《新京报》人比较纯粹，也有情怀。"《新京报》社社长戴自更在《新京报》创办 10 周年答记者问时，很好地回答了《新京报》在新型都市报这条路上的坚守和努力。

正是《新京报》的努力，很大程度上改变了舆论主管部门和公众对都市报惯有的"小报小刊"的成见。

2015 年 3 月 15 日，在中国两会例行的总理记者招待会上，《新京报》记者获得了向李克强总理提问的机会。

这是一张报纸的品相。

2.

这种品相，是《新京报》办报理念的呈现。

《新京报》创办时，时值文化体制改革的一个高峰，也恰好是传统都市报的一个黄金时代，实力和人才储备比较强大，而新的力量，互联网在最初的铩羽之后，再次呈现卷土重来之势，互联网带来的全球视野和新的精神，开始影响中国。

参与创办《新京报》的南方日报报业集团，地处当时中国市场化水平最高的南方，旗下的《南方都市报》及其同门报纸南方周末，代表着当时中国市场化报纸的最高水平；而其另一方合作者《光明日报》报业集团，也有着深厚的历史背景，不仅在中国新闻史上大大有名，也因为改革开放鼓与呼在中国政治史上留下了自己的印记。

可以说，这个时候创办的《新京报》，天然带着这个时代和这个行业先进的基因，加上《新京报》落地北京，北京是中国的首都，政治经济文化中心，所谓登高声自远，北京的一举一动皆有极强的辐射力。这个时候在北京创办的《新京报》，注定会成为改变北京乃至中国报业和传媒业的蝴蝶。

《新京报》最初是由南方和光明合办，毫无疑问带有南方媒体的基因，但这种南方基因，并不是简单复制《南方都市报》的办报理念，而是要办一张超越《南方都市报》的现代意义的新型主流都市时政大报。

南方曾是中国改革开放的前沿,在当年南方代表着开放、进取和包容的精神。《新京报》的精神底色中所谓南方的基因,其实就是开放、勇猛进取和包容的基因。

《新京报》也承袭了《光明日报》曾经的改革、理性的精神传统,并把这种传统,在北京与南方的精神有效融汇,形成了自己既有南方又有光明既不同于南方又不同于光明的独特的精神底色。

2004年8月20日,《新京报》社长戴自更在人民网在线访谈中这样表述:

"新都市报就是这样的报纸:立足当地、胸怀全球,把传统的党报跟传统的都市报的优点结合起来,把政治家的智慧和知识分子的良心结合起来,把社会责任和自由精神结合起来,把职业报人新闻理想和职业经理人的营销理念统一起来,把深厚的新闻底蕴和强烈的市场意识统一起来。既重社会效益,也重经济效益,既注意避免传统都市报格调不高的缺陷,又注意克服传统机关报思想僵化的问题。《新京报》正在朝我理想中的新都市报目标前进。"

《新京报》希望在传统都市报和传统党报之间,走"第三条路",探索出一条办"新型时政主流城市日报"的道路。

相较于国内其他同行,《新京报》一开始就确立了新型都市报的基本特征:强调报纸的社会责任和自由精神、新闻理想和职业操守,追求职业化和专业化,把本地化和国际化结合起来。

在具体操作层面,《新京报》进行了以下几方面的探索:

第一,从单纯的社会新闻到时政新闻报道的改变。

《新京报》一开始就拒绝画地为牢,它不是通过报道一些低端的社会新闻和生活服务信息来抢夺同行的市场,它有更高远的目标,那就是"对国家和人民利益的看护,对理性的呼唤,对行政的制衡,对本真的逼近,对美好的追求，对公义的捍卫，对丑恶的暴露——这是超越国别和不同社会制度的媒体的普世价值和终极价值"，所以，凡是社会大众关心的话题关心的新闻，凡是事关社会大众利益的新闻和政策，凡是事关国家社会发展的新闻，《新京报》都会去做，主动去做。

除了事关国计民生的重大时政新闻之外，《新京报》同样关切发生在民众身边的社会新闻，只不过，与过去传统的对社会新闻蜻蜓点水式的报道简单告知式的报道不同，《新京报》不仅要报道这些社会新闻，它更注重新闻的延展性，去挖掘新闻背后的故事和逻辑。

尽管一开始磕磕绊绊，但《新京报》咬定青山不放松，如今，无论是政府机构，还是人大、政协等部门，公检法等司法部门，有关他们的新闻，不再被传统主流媒体垄断，《新京报》等开始以更加专业更容易为受众接受的方式报道这类传统主流时政新闻。

可以说，《新京报》在开创都市报纸新型时政报道之路的同时，也让自己真正成为了一张主流时政报纸，成为国内各大门户网站和其他报纸的重要信源。

第二，创立了评论版，让评论和观点独立于新闻报道，同时回归常识。

《新京报》创刊时，它的编辑大纲里，有关评论版的定义，是四个字：观点新闻。

但是，观点新闻并不意味着新闻与观点的混杂。过去中国媒体在报道时，习惯于夹叙夹议的风格，常把新闻报道与意见表达混搭，这也与新闻业发展的专业主义精神相违。

《新京报》自创办起，就在内部制度的设计上，落实了新闻报道与意见表达分离的要求，由专业的新闻和评论生产部门统领各自的内容产品，各有版块，互不干预。

之所以把评论称为观点新闻，按照戴自更的阐释，它有两层含义：一是说明评论的重要性，它是以新闻为载体的报纸的必要组成部分；二是说明评论必须紧扣时事和新闻，不能无病呻吟，脱离实际，空洞无趣。

在坚持法治精神和人文关怀的基本价值观和常识的普及基础上，《新京报》的评论转向了更加专业和建设性的方向，结合具体问题的评论阐发，开始给读者提供新的价值，给社会提供新的启发。

《新京报》将评论时评视为一种言论的公共表达平台，不仅通过自己报纸的社论表达立场，同时让知识分子和普通民众在这个平台上表达意见，让评论回归人间。

第三，深度调查报道的创新。

深度调查报道是媒体皇冠上的明珠。《新京报》脱胎于《南方都市报》，深度调查报道的风格精神自然有与南方一脉相承的地方，但它的深度调查报道也吸纳了时代的精神，形成了自己独特的风格。

《新京报》的深度调查报道，题材不单是偏重社会事件，关注领域更广泛。同时，与过去一些媒体主题先行不同，《新京报》的深度报道努力以专业主义要求自己，注重事实和逻辑的梳理，尽管同样注重人文关怀，但是尽量克制，尽量避免煽情，避免道德审判。

需要指出的是，在互联网和社交媒体时代，《新京报》的深度报道早已不局限于传统都市报的偏社会的深度调查报道，也不只是一个深度报道部在承担深度调查报道任务，而是整个报社都在努力让报道深度化，有延展性，比如，社会新闻有以暗访为主的"调查"等栏目，时政新闻有"中国眼"等栏目，国际新闻有"世界观"等，经济新闻有"上市公司周刊"等。在承续同业深度调查报道法治精神和人文关怀的传统同时，《新京报》的一些深度调查报道，也发挥了普及常识和科学精神的作用。

尽管深度调查报道在国内生存空间日益艰难，但《新京报》的深度报道，已然是报纸深度报道中的中流砥柱。

第四，社会新闻报道的变革。过去传统都市报的社会新闻，大体以生活中琐碎的社会现象和刑事治安事件为报道对象，通常报道只涉及或偏重于孤立的、公开发生的事件的表面结果，在传播过程中同样偏重于以自身为中心，通过采写告知读者发生的事情。

《新京报》作为后办的报纸，在社会新闻的报道上，汲取了其他都市报的经验教训，提炼出了一套自己的操作理念。

首先是社会新闻的民生视角。回到民生的视角，不是以媒体的价值，而是以民生的价值，来报道社会新闻，还原新闻价值。

在此基础上，《新京报》的社会新闻报道，突破了原来现象新闻的日常报道模式，而是"无延展不新闻"，真正去做事件新闻，探求新闻事件背后发生的社会背景和逻辑。典型如《卧底天通苑》这样的报道。

在操作方式上，《新京报》在选择报道社会新闻时，大量采用了过去只在深度调查报道里的手法，把一个单独的社会新闻，做成了调查性报道，而且常常采用连续跟踪报道的做法，把一个社会新闻做实做透。

"把社会新闻调查化"，让《新京报》摆脱了日常社会新闻低层次的同质化竞争，拥有了独家的新闻信息，同时成为话题的设置者，也因此成为移动互联时代引爆新闻传播热点的主要新闻供应商。

第五，在报道的表达形式上，《新京报》的时政新闻报道摒弃了传统时政报道领域居于资源信息和渠道垄断地位的机构的居高临下的报道形式，首先是在报道内容上，回归平民视角，向读者传递本报所采集到的有效有价值的新闻信息。在内容采集过程中，《新京报》常采用调查的方式来做时政报道，不是简单的新闻搬运工，而是深度挖掘者。

在表达形式上，也是在这个时代所允许的空间和允许的表达方式，也是用读者最能够接受的形式，对时政新闻和相关事件做出解释性报道。这是一种对读者的尊重。

整体而言，《新京报》的新闻报道，尽管是事实为宗，但是它是带着温度的报道，这种温度，是尊重，是平等的价值观赋予的。

3.

这种办报理念，不只是纸上规划，而是由一代代《新京报》人践行出来的。

一张报纸的品相，代表了它背后报人的志趣和努力，是办报人的精神人格塑造了报纸的品相。这也就是所谓的报格。品相是外形，报格是灵魂。

媒体、内容产品的生产，虽然生产过程也有与流水线相似的程序，但是，与流水线生产工业产品生产完全不同的是，它的每一个产品，每一份报纸，都与手工艺品类似，它的生产过程，都是凝结着人的情感和智慧，而不是千篇一律的标准化的工业产品，即使是同样的选题，类似的基本信息，不同媒体所呈现出的报道，也不会是完全相同的，因为每个媒体都有与众不同的精神底色；即便是同一家媒体，不同的记者做出来的，也会不完全一样，因为不同的编辑记者的教育阅历各不相同。

正是因为办报人的精神人格投射到了生产的产品上，所以，他们才能生产出不同的产品，让自己的报纸拥有了独一无二的品相：

现在《新京报》已经成为市场化媒体中门户网站、聚合平台最大的原创新闻源，拿下了市场化媒体中最高的版权收入。

这背后每一篇报道，都是《新京报》人的心血的结晶，是他们用脚丈量出来的。读者也许并不知道这些报道背后的艰辛。

远的报道不说，2015 年天津大爆炸报道中，《新京报》的年轻记者们，当得到信息后，第一时间奔赴爆炸现场，深入爆炸腹地，把一手信息发回后发，年轻记者彭子洋，距离爆炸核心只有 15 米；

无论是平谷金矿调查，还是北京市海淀区地下赌场调查，《新京报》的记者，都是冒着生命危险，卧底进行；

2016 年河北洪灾，《新京报》年轻的记者，徒步 40 公里，深入孤岛；在大贤村，《新京报》的记者凌晨一家家核实遇难者信息；

悬崖村小学，《新京报》记者跟着在悬崖上攀上攀下，为我们奉献了一手的视频和文字报道；

就在11月8日，记者节，《新京报》记者从早到晚，白天连着晚上，把河北机井救援场面，报道给关心的人们……

正是因为这种付出，才造就了《新京报》与众不同的品相。

这种付出，尽管是职业和专业要求，但同样应该被铭记，因为这种付出，并不是所有人都能做到的。

他们追求的，就是追索真相，关怀社会。支撑这种追求的，其实就是两个字：责任。

无论是《新京报》初创提出的"负责报道一切"，还是后来的"办一份进步和美好的报纸"，到如今的"品质源于责任"，其实关键词都是"责任"，《新京报》人从来没有忘记自己的初心，那就是一份有追求有思想有尊严的媒体对社会的责任。

不唯如此，在技术主导的社会变革中，《新京报》紧紧跟上了技术推动媒体变革的步伐，已经从一张单纯的报纸，发展成为一个嫁接了移动互联技术的全媒体平台，拥有从报网到微博微信APP，到互联网区域门户、动新闻等领先的新媒体平台，从即时播报到深度调查，影响覆盖无远弗届。可以说，《新京报》的品相，随着自己的内容产品，已经延展到了新的传播平台。《新京报》转型的三个新平台：山水从容、风起云扬和动闻天下，正值逆风飞扬，可谓风景这边独好。

13年来，无论环境如何变化，无论道路怎样曲折，《新京报》坚定不移地追索事实真相，发现赞美真善美，揭露鞭挞假丑恶，传播公序良俗，呈现社会关怀，就像苏格拉底的牛虻，永不停歇，以一报之力，介入社会生活中发生的各类事件，推动更多人关心并参与公共事务，关心并记录当事者的命运，并通过自己的报道，改变了许多当事人的命运，也在相当程度上推动了行政、司法等多方面的制度建设，在更广大的空间里改变了他人的命运。

就在 2015 年天津突发大爆炸报道任务结束后,在与报社参加报道的年轻的同事餐聚时,戴自更社长感慨地说,只要《新京报》的价值观在,《新京报》就不会垮,年轻一代就能迅速成长起来。

诚然。

"报纸的印刷不论好坏如何,终究是外型的躯壳,报纸真正的价值,是存在于他们有没有灵魂和特有的精神。"

新闻界的前辈余纪忠先生在 1968 年的感慨,值得我们念兹在兹。

是的,报纸的灵魂和精神,其实就是报人的灵魂和精神。一张报纸的模样,其实就是报人灵魂的样子。

本文首发于《新京报》传媒研究(xjbcmyj),有删节,刊发日期:2016 年 11 月 14 日,作者朱学东,系《新京报》传媒研究院常务副院长

《新京报》的精神气质

范以锦

《新京报》变了没有？变了。有很大的变化，变的方面可以列出一大串，但坚持不变的是精神气质。

阵地虽转移，报格仍坚挺

作为一家市场化程度高的纸媒，《新京报》在发展过程中总是伴随风风雨雨。令人敬佩的是，不管环境怎样变化，其一直以良好的报格坚挺前行。

一件大好事

2003年11月11日，由《光明日报》报业集团和南方报业传媒集团联合创办的《新京报》在北京呱呱落地。这是国家批准的第一家跨地域的联合办报，也是中国首家股份制结构的时政类报纸。《新京报》从原刊号定位更换开始到确定报名，乃至联合办报的审批，都得到了国家媒体管理部门和相关领导的重视和支持。《新京报》的办报模式和发展思路上报到国家媒体管理部门之后，有关领导指出，两大党报集团合作办报符合中央有关文件精神和文化体制改革的精神，有利于党报集团发挥优势、互补互利、做大做强，是一件大好事；并在有关汇报请示材料上做出明确批示，表示赞成和支持。当时的国家新闻出版总署还把《新京报》作为跨地区合作办报的试点，要求有关部门注意跟踪调研，及时总结经验。

时隔近八年之后的 2011 年 9 月，风云突变，正值鼎盛时期的《新京报》脱离光明报业和南方报业被划归为北京市管辖。作为曾经力推创办这家报纸，并在谈判签约中签下了自己名字的合办方之一的负责人，我听到这个消息后心里并不痛快，而且有点不祥之兆的感觉。毕竟对这张报纸充满了感情，我在叹息之余静观其变。我预料《新京报》进入北京管辖之后将会走完这样的程序：先从整顿领导班子入手，来个大换班，然后订出新的办报方针，报纸重新定位。这当然不是我一个人的预料，许多业界和学界人士都做出这样的判断。因为，这种方式过去见多了，传统的做法往往会在历史的惯性中重复出现。然而，几年过去了，到今天我发稿时为止并未见到这种方式在《新京报》重演。诚然，进入北京管辖后《新京报》从领导班子成员到员工走了一批又一批，但并非"逼"走的，大多是自己选择跳槽的。我虽未弄明白怎么回事，但对北京相关部门的"宽容"和"策略"，依然感觉很欣慰。

生产经典

从《新京报》的一系列新闻实践来看，与未脱离光明和南方两报业前一样，依然保持着极强的新闻原创力，经营出一批又一批堪称经典的高品质作品。这几年，在我作为终审评委参加的一些年度传媒好报道评审活动中，这些好报道评审程序科学、严格，经过提名，激烈角逐，初审、复审最终进入终审阶段。我每次看到《新京报》的作品都有一种兴奋感，几乎每次评审他们都可以以高分获奖。2015 年年度，《新京报》关于天津滨海突发爆炸事件，当之无愧成为当年年度突发事件报道大奖的获得者；评论《人们为什么愿意相信章含之拿走了聂树彬的肾？》入围当年度的年度评论奖；图片报道天津爆炸系列入围当年度摄影奖；记者刘刚入围年度记者；记者朱柳笛的《潘小梅的最后一班地铁》入围年度特稿奖。

其中，天津滨海突发爆炸事件的报道至今仍给受众留下深刻的印象。《新京报》编辑部获悉这一消息后，毫不犹豫立即派出记者第一时赶到事发现场，不止是一两个部门参与，而是将社会新闻部、深度报道部、全媒体编辑部、评论部、动新闻等采编力量都投入到了现场，进行全方位的报道。编辑部后方的组织指挥和版面策划、新媒体互动等工作也紧锣密鼓地进行。在各部门和前后方的采编人员的积极配合下，《新京报》共推出爆炸事件报道包括报网即时新闻197条、报纸版面71个版、微信矩阵117条、微博174条（其中原创微博86条）、动新闻46条、热门话题70余条，还呈现了有震撼力的一线现场图片。

2016年，《新京报》的报道依然强劲，年度突发报道、年度调查报道、年度解释性报道、年度特稿、年度评论等，《新京报》都有上佳表现。比如《邢台洪灾系列报道》是年度突发报道的佳作，《外卖食品安全系列报道》是年度调查报道佳作，《江南弃儿》则是年度特稿佳作，而《对"专车新政"的10条建议》则是年度评论的佳作。这些报道都是公认的佳作，每一篇报道都体现了《新京报》记者的不寻常功力。如《邢台洪灾系列报道》，《新京报》在众多媒体中率先报道了这一事件，在一时无法弄清台前幕后原因的情况下，尽量以现场的场景和当事人的描述为主，力求客观公正呈现，现场令人震惊，引发众多媒体的关注和参与报道，也引发相关部门的高度重视。

有别于"光明"和"南方"的《新京报》精神

有人看到一些表象，就认为《新京报》精神就是"南方"精神。其实，不尽然。

传承与延续

《新京报》的创业团队基本上是南方系过去的，即便现有的一把手戴自更虽是《光明日报》派出的,但由于他由《光明日报》派驻广东多年,受广东改革开放的熏染,有强烈的开放意识、市场意识,办报理念先进、创新能力强,加上他与南方系的人比较熟悉,因此他称得上不是南方系的南方系人。正是这些原因,有人将《新京报》的精神当成南方系精神,或者是南方报业精神。更多的人认为是南都精神,因为当时南方报业派到《新京报》的创业团队成员,几乎都是从《南方都市报》人员中挑选的。然而,我认为那样的表述并不准确。

《新京报》拥有的是《新京报》精神,既非光明报业精神,也非南方报业的精神。应是光明报业与南方报业联姻之后,由此形成的《新京报》精神,但含有光明和南方的基因。当时创办《新京报》时,我们就非常明确,这张报纸要发挥南方报业的人才优势和办报理念的优势,也要用好《光明日报》权威大报的优势,继承《光明日报》的光荣传统。《光明日报》有一段非常值得自豪和纪念的历史,那就是在真理标准讨论的时候,以极大的勇气和智慧打响了真理标准讨论的第一炮,为"文革"动乱之后的中国的拨乱反正、推动中国的改革开放做出了巨大的贡献。而且,在这次两报业合办《新京报》的初创阶段,时任《光明日报》总编辑的袁志发以及分管《新京报》的《光明日报》的领导班子成员,发挥了重要的作用。为了取得合法的联办资格和确定报名,袁志发又跑腿又打电话,与上头沟通。没有他们的支持是很难办成的。所以,公道地说,《新京报》的成功不是单方面起的作用,而是光明和南方两报业良好合作充分发挥双方优势的结果。

为了将这张报纸办好、办出自己的特色,当然需要有精神气质,要培育自己的企业文化。创办时,大部分是南方报业的人员,《光明日报》只派了几个人。两方面的人员如何谋合,与不断从外面招聘进来的人员如何谋和,都是需要面对和解决的新问题。我们南方报业的态度很明朗,进去的人员就是《新京报》的员工,不能说谁是代表南方报业、谁代表光明报业、谁代表新招聘来的人员。如果各方都有自己的代表人,那就会分裂成几个山头形成几股势力，这就很难管理，也无法把报纸办好。当然，《新京报》是光明报业与南方报业双方合办的，就会涉及各自的利益问题。谁能代表各方利益？那就是董事会成员，各方派出的董事会成员是代表各方发言的，有利益等方面的纠缠拿到董事会讨论解决。至于《新京报》的员工就是与《新京报》一起打造利益共同体，不代表投资合作的任何利益方。为此，南方报业还下了很大决心，进入《新京报》的人员全部与南方报业的人事关系脱钩。当然，这里也有另一层意思，让他们没有回头路，以破釜沉舟的勇气办好《新京报》。后来，因《新京报》办报出现的一些问题，曾有人找到我要求将人员撤回南方报业，列出了260多人的名单。我说不能撤回来，我们早就与他们割断人事关系了。那次发生的事件引起了一些震荡，如果那260多人都撤回来后果更不堪设想。正是留下了"种子"，《新京报》才没有出现人才断崖式的下滑，一代又一代具有光明基因和南方基因的《新京报》人成长起来了，确保了《新京报》的健康发展。

什么是《新京报》精神？

什么是《新京报》精神？这得让《新京报》员工自己来总结。从我的角度来看，我觉得它融合了历史上的《光明日报》作为主流大报的气派，又具有市场经济背景下南方系、南方报业、南都强烈的市场意识、开放意识，以强烈社会责任感和敢于担当的极大勇气打造出有别于他人的精神气和精神产品。当然，也包括有别于光明报业和南方报业。《新京报》创办之初，其口号"负责报道一切"就很特别。这个口号引发了各方的争论。有的说："你能报道一切吗？""太狂妄了吧！"《新京报》在一些场合和宣传册子上作了补充性的解释："'负责报道一切'，两层意思，第一层意思报道一切可以报道的事；第二层意思对报道过的一切负责。"这是一种态度和责任，当然具有强烈市场意识的《新京报》人也试图通过有点刺眼和激情的话语引发社会广泛关注。南都也曾有过这样的气质和风格，但毕竟办报还得考虑社会政治生态环境，考虑方方面面接受的程度。

后来，口号逐步变得比较平稳一些，即便不考虑外界的因素，从自身的发展来看口号也得与时俱进。到了传统纸媒竞争进入白热化之后，适应细分的市场成为竞争的重要策略，不可能像过去那样"报道一切"了，而应该首先圈定自己需要争取的读者群，然后推出相关的内容。到了互联网快速发展的今天，纸媒无法像过去那样抢时效、拼版面厚度，而是要瘦身强身做精品，因此《新京报》又提出"品质源于责任"的理念，走"差异化、深度化、精品化、视觉化"的道路。不管现在发生了如何的变化，我们从《新京报》创刊时发出的口号就可看出《新京报》人雄心勃勃的精神风貌。即便在全球性的纸媒萎缩的背景下，《新京报》至今依然斗志不减。南方都市曾提出"办中国最好的报纸"的目标，《新京报》也坚持这一目标，直至今天依然可看出其有别于其他媒体的风格，新闻品质不断提升。

这几年不少纸媒碰到困境后总是往后退，甚者连报纸具有重要优势的具有高度、深度的调查性报道也不做了，相关的部门建制也撤销了。然而，《新京报》创刊13周年，不忘初心，一以贯之，《新京报》的深度报道、舆论监督的报道的相关建制部门至今为止没有变过。在这些具体部门的操作下，经营出颇具影响力的重大报道，成为业界标杆。

当然，有些媒体之所以放弃这类报道和相关建制，与采写环境的变化有关，也受纸媒经营困境的影响，毕竟做这类报道要花较多时间，要付出较大的精力和财力。这是现实的问题，但是媒体既要考虑传播的社会价值和变现的商业价值。从传播的社会价值来看，《新京报》等报纸做出有影响力的报道在社会上都引起了很大的反响，尽管自身的纸媒的传播平台影响力在下降，但通过自身的新媒体和社会各类商业传播平台、自媒体平台的合力传播，形成了非常强大的影响力。不管环境怎么变化，《新京报》等纸媒生产出的新闻产品是有非常高的社会价值的，在网络舆论空间经常回荡着《新京报》不同寻常的声音。至于经营方面的商业价值，这是另一码事，但可以预料的是放弃那些高品质的报道，纸媒将会陷入更大的困境。尽管纸媒的内容品质难以直接变现，但打造出的品牌影响力可以延伸到新媒体产业或其他产业变现，也就是拐个弯变现。《新京报》正是明白了自己的社会责任和明晰面对困境下的突围之路，所以无论传播形态和渠道发生何种变化，无论生存困境有多大，至今没有放弃过对新闻内容生产的努力，确立以优质报道为核心竞争力。深度报道、舆论监督报道，对外地重大突发事件的报道，他们一直在做。在条件许可的情况下，可以说哪里有重大新闻哪里就有《新京报》人的身影。

在无止境创新中坚守

当今是万物皆媒时代，面对传播平台迭代更新、风起云涌，《新京报》依然强调其职业精神的坚守，但不是消极的坚守，而是在无止境的创新中积极坚守。

审时度势　始终如一

《新京报》创刊之时，传统媒体依然是兴盛的年代，因此很快打开市场，创办三年就实现了预定的赢利目标。然而，很快就有传媒学者提出"拐点"论，继而业界又有人提出纸媒将进入漫长的严冬。正如人们的预料，各类传播形态以排山倒海之势进入了社会各个领域。尤其是微博、微信的发展，社交媒体上众多自媒体人的传播呈现千姿百态，给传统媒体造成从来没有过的困境。

善于审时度势的《新京报》无论顺境中还是逆境中始终如一沿着自己认定的道路前行。在互联网尚未形成传播优势时，《新京报》抓住机遇，锐意经营，使得该报风行一时。在《新京报》创办之前，《京华时报》的创办为北京报刊市场注入了活力，《新京报》的进入被视为北京地区报业市场化程度最高的报纸，其强势进入后促使北京各报业的经营者不得不改变经营策略，更重视市场的竞争。我认为，这也是《新京报》对中国报业发展做出的贡献。如果没有《京华时报》、《新京报》对北京报业市场的搅动，纸媒应对市场的能力就会更弱，在新媒体快速发展的今天就会更被动。两报尤其是《新京报》进入北京市场之后，明显地增添了媒体人的市场意识，明显地强化了纸媒机构的危机感，明显地提升了媒体经营团队应对挑战的能力。这些都是应该肯定的。

《新京报》正是抓住了时机，在办出报纸特色的同时，磨炼出一支特别能战斗的队伍。这支队伍一代又一代相传下去，不仅保持了《新京报》的品质，也为转型储备了一定的力量，虽然做新媒体与做传统媒体不同，但具有先进的理念和市场意识的一部分人转型新媒体后承接新的使命，继续发挥传播的重要作用。至于有一批人辞职了也要客观看待，他们中相当一部分是内容型人才在新的领域的延伸，也就是他们原来是做采编内容的，他们在新媒体领域、新的传播平台上依然做内容，确切地说是做内容产品。他们在这些领域的平台上继续为发展中国新闻事业添砖加瓦，这也是《新京报》所做的另一个积极贡献。

除了理想，什么都可能改变

精神气质对一家媒体来说，无论过去、今天还是未来都是不可或缺的。《新京报》在坚守精神气质的同时，面对当今互联网技术、传播环境生态的变化，无论如何也得积极思考如何以一种新的姿态嵌入这个全新的传播生态链条当中。强调"变"，归纳起来就是传播形态要变、传播方式要变，生存模式当然也要变。

在传播形态和传播方式方面，《新京报》已从一张报纸发展成为横跨报纸、杂志、网络和移动新媒体、活动营销、文化投资多个领域的最具影响力的全媒体平台。从《新京报》披露的信息来看，《新京报》已拥有报纸、杂志、报网、微信矩阵、微博、动新闻、新APP、北京网、大燕网、热门话题、影视投资、京津冀论坛、中国创客。坚守中的《新京报》纸媒，与新布局的传播平台，运用新技术、新技巧广开传播渠道，让《新京报》内容在更大范围内落地。据悉，《新京报》官方微博的粉丝已超过了2200万。微信矩阵里，政事儿、《新京报》官微、《新京报》书评、重案组37号、沸腾等诸多公号，都是同业翘楚。目前《新京报》原创内容（包括视频）每天可达340条左右。

如今的《新京报》"报"味依然很浓，但不只是纸质的。无论传统的纸媒还是新媒体都在求变中表现良好。

未来之路怎么走？这是《新京报》也是不少纸媒正在探索的问题。现在媒体纷纷在转型，而转型中最大的困扰是生存问题，也就是如何解决商业模式、赢利模式问题。如果模式问题不解决，无法形成支撑媒体生存发展的强大的物质力量，就不能进行先进技术的更新，无法解决采编中的成本开支，无法以优厚的待遇留住人才。这不只是经济问题，也是关系到主流舆论阵地能否巩固的问题。过去互联网还没有兴起的年代，毫无疑问就是"内容为王"，只要做出了优质的内容，以内容影响力引发读者和广告客户的注意力，客户自然就能投放广告。这种"二次销售"模式，曾是传统媒体出奇制胜的法宝，现在行不通了。

一方面虽然纸媒做出的内容依然有强大的影响力，但主要由新媒体广为传播，尤其是社交媒体，纸媒自身平台吸纳受众能力弱了。广告客户看中的不是谁创造了内容，而是内容在哪个平台最有人气。这自然影响了对纸媒的广告投放。另外，现在可供广告传播的平台越来越多，如果传统媒体还是把赢利模式死守在广告投放上很难摆脱困境。所以，《新京报》不仅在传播形态、平台建设等传播手段及技巧上不断突破，还尝试种种可能的生存方式。除了继续坚持影响力营销，利用内容优势打造品牌，然后开展线上线下的活动获取收益之外，还积极借助新打造的新媒体产品集群，与产业对接、与资本对接。在向全媒体转型中探索商业模式非一日之功，但我们相信《新京报》将精神力量与创新能力完善结合，终会找到突围之路。

本文原载于《新京报》传媒研究公号（xjbcmyj），刊发日期：2016年11月7日，有删节，作者系暨南大学新闻与传播学院院长、教授、博士生导师，南方报业集团前董事长

后记

诞生之初,《新京报》就坚信"负责报道一切":关注SARS后的骨坏死患者命运、聚焦嘉禾拆迁、打破北京新兴医院的"送子神话";迎风生长,《新京报》坚持"品质源于责任":揭开造假书记王亚丽、探寻湄公河上中国船员、记录北京"7·21"暴雨;沧海横流,《新京报》坚守"我自大道且直行":第一时间抵达天津爆炸事故现场、报道腾格里沙漠污染、发出都市报总理会第一问、见证"悬崖村"孩子艰难上学路。

从"一出生就风华正茂",到"风景这边独好",从"生时报业繁茂",到"如今几近独秀",创刊13年来,《新京报》的成功就在于始终把"责任"二字烙在身上,尽最大的努力恪尽职守新闻的基本准则,以人文和法治作为义不容辞的价值追求。作为一份诞生于社会转型期的报纸,《新京报》为这个时代做了尽可能忠诚的记录和理想的解释。致力于创办一份承载新闻人理想,一份以责任为灵魂,一份致力于记录时代步伐,一份进步的、美好的报纸。

进入新媒体时代,《新京报》积极投身转型,适应科技发展带来的变化。通过多平台、全媒体、深度化的传播方式保持影响力。"《新京报》不止是《新京报》",如今,《新京报》已发展成为全媒体内容生产原创平台,每天生产超过330条原创内容、覆盖3000万用户。微信矩阵、视频直播、动画新闻、创投公司,每个领域都有《新京报》的触角,都有《新京报》的声音。

本书集纳了13年来有关《新京报》办报理念的各类重要文章。从初创时社长戴自更对报纸定位的构想,到转型中总编王跃春对未来新闻的思考。从在内容上对新闻专业主义的坚守,到经营、发行上以"影响力营销"为指导,开创的有效经营之路。《新京报》傲立中国报业13年的原因何在?读完本书就会有所感悟。

《新京报》传媒研究院总监　李晨